中国语文教育研究丛书

顾之川　主编

黄　伟　梅培军　著

阅读教学中的文本解读

YUEDU JIAOXUE ZHONG DE WENBEN JIEDU

广西教育出版社
南宁

序

中国教育正在加速推进现代化，立德树人成为教育改革总任务，完善中华优秀传统文化教育成为共识，新课标已陆续颁布，小学、初中语文教材已重新回归国家统编时代，高中语文新课标教材已在北京、天津、上海、辽宁、山东、海南开始试用，新高考改革方案正在稳步推进，语文教育的重要地位日益凸显。我国语文教育改革迎来新的发展机遇。我们必须清醒地看到，我国语文教育取得了举世公认的成就，同时也面临着诸多困难和问题。如何站在历史的高度，以严谨求实的科学态度，总结梳理中国语文教育教学改革所取得的成就，直面存在的困难和问题，深入剖析原因，为语文教育改革与发展献计献策，推进语文教育现代化，成为新一代语文教育工作者的神圣使命和义不容辞的责任。

2013 年 10 月，中国教育学会中学语文教学专业委员会召开第十届年会，选举产生了新一届理事会。新一届理事会成立后，我们研究制订了《中国教育学会中学语文教学专业委员会事业发展规划（2013—2018）》，其中有一项重要内容，就是要“策划一套图书”。具体设想是：这套图书应分理论与实践两部分，前者重在全面系统地总结改革开放 30 多年来我国语文教育的经验教训，作为今后发展的借鉴；后者重在归纳梳理我国当代语文名师的教育教学思想，深入挖掘 20 世纪 80 年代语文名师的当代价值，同时推出一批当代语文名师，为新生代名师擂鼓助威。我们这一设想，与时任广西教育出版社副总编辑黄力平编审的想法不谋而合。他邀我们组织编撰“中国语文教育研究丛书”，纳入他们正在组织实施的中国学科教育研究系列图书的出版计划。

编辑这套“中国语文教育研究丛书”的基本思路是：

把握时代脉搏，聚焦立德树人。

这套丛书着眼于推进语文教育现代化，把握时代脉搏，聚焦立德树人。围绕语文教育改革创新，推出一批反映、代表乃至引领我国语文教育现代化的研究成果，具有鲜明的中国当代特色。从时间上说，以改革开放到新世纪的发展历程为主，尤其注重反映我国实行新课改以来的语文教育研究；从内容上说，则力求反映我国语文教育理论与实践研究成果。

树立整体观念，开展综合研究。

这套丛书力求树立整体观念，开展语文教育教学的综合研究，全面深入系统地梳理总结我国语文教育改革成就和存在的问题。既有语文教育语用观、传统文化教育、语文工具论、语文教育民族化等理论层面的深入剖析，又有语文教材编制、语文教师专业发展、语文教学创新设计、语文考试评价改革等实践层面的研究。

拓展研究视野，实现互联互通。

这套丛书强调语文教育整体观念，整体观照中国语文教育各领域。纵向上，打通小学、中学与大学，努力挖掘语文教育的共同价值，避免过去那种“铁路警察，各管一段”的情况；横向上，涵盖中小学语文教育、汉语国际教育及华文教育等，并以宽广的国际视野，从中华文化圈的角度，审视我国语文教育教学改革的成就与突出问题。

理论联系实际，研究注重实效。

本丛书注重沟通语文教育理论研究与语文教育教学各组成要素的实践，包括教材编写实践、教学实践、考试命题实践以及教师培训与专业发展实践，努力克服过去学科理论研究与教育教学实践“两张皮”，教育理论研究“不接地气”等缺陷，既注意反映我国语文教育理论研究的新成果，也注重将一线语文教师的教学经验、教学智慧进行理论上的梳理与提升。研究尤重建设性，以建设性思维为统领，着眼于解决我国语文教学领域存在的实际问题。

坚持守正创新，强调原创研究。

这套丛书坚持守正创新，注重权威性与代表性，继承我国语文教育优良传统，借鉴国外先进的母语教育理念和方法，注重吸收各种语文教育理论和各个教学流派的研究成果，反映作者最新的原创性研究成果。弘扬改革创新主旋律，传递语文教育教学正能量，在保证科学性的基础上，注意可读性。内容新颖，资料翔实，数据齐全，为以后的语文教育研究留下可资参考借鉴的理论成果。

我们这一设想，得到我国语文教育界专家同仁的积极响应和大力支持，他们同意将其最新研究成果惠赐给我们，列入本丛书。

广西教育出版社是我国很有影响的教育出版社之一，在教育理论、教材教辅及文化艺术等方面，均出版了不少影响深远的系列图书。尤其是出版于20世纪90年代的“学科现代教育理论书系”，曾极大地推进了我国教育改革，实现了社会效益与经济效益的双丰收。进入新时期以来，该社审时度势，又策划出版学科教育研究书系，立足于中国本土，以独特敏锐的眼光，打造具有中国特色的学科教育理论体系。这不仅是教育创新的要求，也是新时代的呼唤。

目前，这套丛书正在陆续出版，作为丛书主编，我既有欣喜，也有不安，深恐由于自己的浅陋和粗疏而使各位作者的佳构留下缺憾，更期待着广大读者尤其是语文教育界同仁的批评、指教。令人欣喜的是，在广西教育出版社诸位同仁的努力下，经国家出版基金管理委员会批准，“中国语文教育研究丛书”（第一辑）被确定为2017年度国家出版基金项目，获得经费资助。这也是对我们这套丛书的学术价值与出版意义的肯定。在此，我不仅要对黄力平编审、广西教育出版社相关编辑等同仁表达谢意，更要对北京大学中文系温儒敏、曹文轩两位教授的热情推荐表示感谢。

值此新中国成立70周年，中国教育学会中学语文教学专业委员会成立40周年之际，南国传佳音，我得到一个好消息，说这套丛书已出版的8种，经过教育部组织专家评审，全部列入全国中小学图书馆馆配目录，即将重印。这再次证明这套“中国语文教育研究丛书”的学术价值与出版意义。

学术总是薪火相传，研究贵在创新发展。牛顿说他站在巨人肩膀上，杜甫说“转益多师是汝师”。我们进入一个大众创业、万众创新的时代，改革创新成为当今中国的时代主题。建设创新型国家，培养创新型人才，语文教育工作者肩负着神圣使命。语文百年，众多语文人默默耕耘，浇灌出语文学科生态园的参天大树；百年语文，无数语文人直面问题，探寻语文教育改革创新之路。我们策划、组织这套丛书，就是想为实现中华民族伟大复兴的中国梦略尽语文人的绵薄之力。我们的愿望如此，至于效果怎样，那就要由实践来检验了。

顾之川

于京东大运河畔两不厌居

2016 年 3 月 23 日初稿

2017 年 4 月 18 日第一次修改

2019 年 9 月 24 日第二次修改

顾之川简介：浙江师范大学教授，人民教育出版社编审。兼任中国教育学会中学语文教学专业委员会理事长，国家社科基金评审专家，教育部考试中心特聘专家，教育部“国培计划”首批专家，国家统编义务教育语文（七至九年级）教科书主编。主要从事语文教育研究和语文教材编写工作，主编人教版多套初中、高中语文教材。著有《语文工具论》《顾之川语文教育新论》《顾之川语文教育论》《语文论稿》《明代汉语词汇研究》《顾之川语文人生随笔》等，并有古籍整理著作多种。

前　言

文本解读的研究成果已经颇为丰盛，其中以《名作重读》（钱理群）、《名作细读》（孙绍振）和《解读语文》（钱理群、孙绍振、王富仁）为执牛耳者。文学理论大家关注中小学课文解读对中小学语文阅读教学无疑具有重要意义。他们的研究成果不仅加深了我们对课文文本的理解，还引领一大批学者、优秀教师为了语文教学而深入研究中小学课文文本，由此，形成了面向语文教学的文本解读研究热潮。高校文艺理论家和中小学语文教研者共同关注甚至联袂解决语文阅读教学中的课文理解问题，是当代语文教学研究领域的崭新态势，它对提高语文教学的有效性、推动语文教学改革具有重要价值。因为课文文本理解是阅读教学的起点与基点，语文阅读教学的有效性必须建立在正确地解读课文的基础上，而语文阅读教学的失范、失效也大多源于对课文理解失之偏颇甚或走入迷途。

同时，我们也必须清醒地认识到，文艺理论家们的文本理解并不能根本地解决语文阅读教学中的所有问题，甚至不能很好地解决语文阅读教学中的关键性问题。因为这些文艺理论家们的解读是基于他们的学术旨趣而非中小学语文教学的实际需要。况且，就中小学课文文本解读的现状来看，他们所解读的对象基本是文学文本或文学性较强的文本，而语文阅读教学并非都是基于文学文本，文学解读不能包揽或替代语文阅读。这些解读成果为语文教学提供了丰富的语文专业知识、文学理论知识，对指导语文教师专业进修、备课研课大有裨益，但这些解读基本属于文学评论和文学鉴赏层面，而非属于教学解读，这也是这些解读成果可以作为中小学语文教师的重要的案头阅读资源而不能直接用于课堂教学的原因。

课文文本不只是文学文本的一种，它还包含诸多其他文章体式。因此，不仅要有对课文中文学文本的解读研究，同时也需要对其他类别的文本进行解读研究。更为重要的是，不仅要有依据文学或文章本体知识的解读研究，还要有基于并服务于阅读教学的解读研究，而基于阅读教学并服务于阅读教学的课文文本解读对语文教学来说才是最切要、最适用的解读。为此，在文学文本解读百花争艳的春天里，我们呼唤教学解读的正位。

那么，什么是教学解读呢？简而言之，就是“阅读教学中对课文文本的解读”。首先，这种解读是在教学之中，也就是为了阅读教学并用于阅读教学；其次，它解读的对象是课文或直接用于阅读教学的文本；再次，它是一种解读，它要立足于文艺学、文章学的基本原理，运用文学、文章本体知识来对课文文本进行解析。而教学解读正要整合这三个要素，根据教学目标的指导和教学需要来对文学批评性、鉴赏性解读和文章评论性、分析性解读进行筛选、提取、分解、改造、补充和转换。换言之，教学解读就是对文学解读或文章解读的再加工，是从语文本体知识和课程教学知识的双重视角来认知、理解课文文本，从中发现、掘取乃至加工、改造可教可学的元素，这种解读不仅指向理解文意和文法，同时也指向理解阅读行为和阅读方法，还指向理解过程中的阅读主体发展，即学生语文素养的全面提升与人格的健全发展。

由此看来，要真正实施教学解读，必须实现两个超越，必须要有三门知识。两个超越是指：第一，必须从仅限于文学文本的解读扩展到包括文学在内的文章解读，这种解读不仅需要融入文学理论知识，也需要融入文章学、语言学等知识；第二，必须从一般性的文学或文章解读进入阅读教学的特殊解读，它不是在对象上选取中小学课文文本进行解读，而是要实现解读的价值论和方法论的转换。三门知识是指：第一，语文本体知识，教学解读需要语言学知识、文章学知识、文艺学知识；第二，阅读学知识，教学解读需要用来阐明阅读行为和如何阅读的知识，使得文本解读本身具有方法论意义；第三，教学论知识，教学解读需要明确在课程与教学的语境下，某一具体课文阅读的重点、难点、疑点在哪里，选取什么样的读法，读到什么程度，等等。由此可见，仅凭文艺学理论来解读中小学课文是远远不够的，这种文艺学的解读只是为我们提供三门知识中一门的一维知识。

有鉴于此，我们在汲取了一线教师的阅读教学的实践探索经验和既有的文本解读研究成果的基础上，努力运用语文本体知识、阅读学知识和教学论知识，立体地建构阅读教学中的文本解读四种范型：本文直读、共情赏读、互文参读和审辨研读。这四种解读范型的建立，依据不同文本特质和相应的解读理论，注重教学解读过程及其实践路径，注重提取文本独特的或具有优势的教学价值及解读方法与过程所蕴含的教学价值，旨在为中小学阅读课堂教学中的文本解读提供方法论依据、具体操作策略和价值指向与坐标。

为了让读者便捷地了解全书的概要与轮廓，特呈现简明的框架结构表如下：

解读范型	概念解释	主导理论	解读要津	具体读法	教学价值
本文直读	本文直读中的“本”是动词，意思是本着、沿着，以文为本，即贴着文本走。比喻化的说法就是“裸读”“素读”，不需要提供阅读前知，不需要任何附加资料，直接接触文本，砥砺文本，扎进文本，从文本本身理解文本，研摩文本的寓意、结构艺术和语言艺术	以“文本中心论”的形式主义文艺理论和文体学理论为主要理论资源，综合运用和吸收“文本细读”“现象学美学”“解构主义”以及文体学等文本解读理论	一、文意解读：如何读懂文意 二、文体通读：如何读通文体 三、文本细读：如何读出韵味 四、文本重建：拆解与重组	一、朗读与默读 二、圈读与复读 三、涵泳与熟读	一、辨识文本原初意，培养文感和语感 二、寻求精神发展的津梁，实现主体的自我建构 三、在真实切实的对话中培养学生的对话能力 四、培养阅读基本能力，打好个性阅读的基础

续表

解读范型	概念解释	主导理论	解读要津	具体读法	教学价值
共情赏读	指读者与文本及作者形成思想情感的共振，在以心会心的阅读过程中品赏文本的艺术韵味	以“哲学解释学”“读者中心论”的文艺美学为主要理论资源，综合融汇“接受美学”“审美经验论”“诗无达诂”等中外文本解读理论	一、跟着语脉与情思走，把握文本情理脉搏 二、沉浸作品的思想情感与体验的生成 三、玩赏文本的匠心之处和特异之处 四、结合自己的阅读经验，品味篇章技巧与语言韵味	一、审美性诵读 二、会通性品读 三、体验性悟读 四、个性化重读	一、审美与立美 二、补偿与丰赡 三、陶养与提纯 四、照亮与唤醒 五、省己与共情
互文参读	在阅读教学中把文本置于一个有效的参照网络中，形成多种文本的相互参照，互释互解，从而达成有广度和深度的阅读	以“互文性文化理论”为主要理论资源，综合运用“互文性”“互文见义”“比较文学批评”等理论和方法	一、与文本创编和流传过程中产生的互文进行参读 二、与相应的“类文本”进行参读 三、与相关资料进行互文参读 四、与文本改写产生的互文进行参读	一、速读与浏览 二、回读与比读 三、精读与链读	一、读出文本的多种可能性 二、阅读量的提升和阅读速度的训练 三、信息的提取和问题的提炼 四、比较鉴别以择善而从

续表

解读范型	概念解释	主导理论	解读要津	具体读法	教学价值
审辨研读	运用文艺批评、价值评判、审美鉴别、比较审查、批判反思等方法来阅读文本，审辨性阅读的核心内涵是批判性阅读，它同时也是研究性阅读，是理解、分析、综合、推论、辨析、澄清等多种思维方式的综合运用	以“关系理解论”为主要理论资源，综合运用“批判性思维”“反思性思维”等思维学、逻辑学和“批判美学”等相关理论	一、如何读懂文本的表层义与潜在义 二、如何重证文本 三、如何重建文本 四、如何对文本祛蔽	一、研读与深读 二、疑读与问读 三、整读与鉴读	一、学会思考方法，发展理性精神 二、涵养独立人格，点燃自由思想 三、培养重构能力，激发个性创造

综合运用文艺学、文章学、语言学、阅读学和教学论等理论来阐释阅读教学、解决阅读教学中的文本解读问题，并提出阅读教学中文本解读的四种类型，也是四种方式，或简称为“四型解读”，是一次艰难的尝试，也是一次胆战心惊的创新。四型解读，既建立在文艺学、文章学、语言学、阅读学的理论基础之上，又紧密结合中小学阅读教学实践，力避远离阅读教学实践而空谈理论。

细心的读者不难看出，理论创新和实践运用以及二者的有机结合是本书的追求。在理论上，总结并提出阅读教学中文本解读的四种基本范式，阐释每种范式的方法论。同时，把各种解读范式运用到具体的教学实践和课堂操作中，不仅在文本解读对象上选取的是中小学课文，而且每一种实践操作案例也来自笔者和一线教师的课堂教学。希望通过这样的努力，为中小学阅读教学提供可资参照、直接借鉴、切实好用的解读方法和教学策略。

目　录

绪　论

完整的文本创造活动是由作者、文本、接受者这三个元素构成的。文本的接受是阅读活动中一个不可忽视的环节，在阅读活动中文本不是静态呈现的，而是动态生成的。阅读活动中的文本接受呈现动态特点，读者接受文本之后文本的创造活动才最终完成。哲学解释学认为，接受具有本体意义，接受过程应该看作是与文本的生产同等重要的本体构成。因此，从阅读活动来思考文本的接受问题意义重大。

如果将文本的接受问题放在语文教育的视域下来考察，可以将文本的接受划分为三种类别：第一种是普通接受，是以普通读者的阅读姿态来接受文本，对文本的接受基本上属于初步的感性接受，更多地属于一种“消费性”的接受，这种接受基本上有“读”而无“解”，即使有“解”也是非专业的。第二种是专研性的接受，这是一种专家型的接受，对文本从被动接受走向主动解读，可称之为“专家解读”，而文艺学解读、文章学解读又是专家解读中最典型的解读模式。文艺学解读主要依据文艺学理论、美学原理对文本进行高层次的解析，有相当的理论深度；文章学解读则主要依据文章学的观点和方法对文本进行深度解读，有较深的技术精细度。第三种是教学中的接受，可称之为“教学解读”，教学解读既要以普通阅读、普通接受为基础，又要吸收专家解读的养分，依据课程教学的目标及学生实际情况等，厘析文本教学价值。

一、普通接受作为教学解读的基础

普通接受是一种不以专业眼光，而是以普通读者的阅读姿态来接受文本，且不以批评鉴赏、教学等为目的的文本接受。这种接受基本上处于初步的感性接受阶段，或是基本的信息的获取阶段，更多地属于一种“消费性”的接受。虽然从文本解读上来说，这种接受难以达到批评鉴赏的层面，甚至可能连欣赏层面都没有达到，但是对于教学解读而言，这种普通的文本接受也并不是毫无意义的。我们的教学解读往往忽略了这种普通阅读的价值，事实上普通阅读应该是阅读活动的一种真实起点，只有重视这种真实的起点才有可能实现有效的教学解读。因为普通阅读具有一种原初意义，从原初、原点出发才可能更好地发生真实有效的升华式的解读，否则只能是一种跳跃性的、植入性的解读，不能在学生的心灵生根。

我们把这种普通的文本接受状态称为“阅读的原初状态”。这种阅读的原初状态是指阅读主体在接触文本时，产生的最初始、最真实的理解和体验。这种感知感觉、理解体验是直观的，仅仅以阅读主体自己的生活经验为基础而不以或少以专业的观点来接受文本。阅读的原初状态可以更好地反映出文本接受中的主体性特征，抓住这种主体性特征才能更好地介入较高层次的解读活动，比如体验式的阅读往往离不开这种主体性特征。阅读活动之所以是一种个性化的行为，根源就在于这种原初状态的不同。事实上不仅学生的阅读的原初状态需要保护，教师本人作为普通接受者的阅读的原初状态也值得保护，甚至还可以成为教学解读中重要的资源。个性化阅读之所以难以达成，很大程度上是因为我们的阅读教学变成一种标准化的解读程式，忽略了甚至是抹杀了这种阅读的原初状态。如果进一步从教学价值上来看，这种阅读的原初状态即学生阅读的认知水平的体现，也就是阅读教学的基本学情之一，关注阅读的原初状态，才能把握学生面对文本时基本的阅读水平，以及阅读的认知、思维、审美情趣等。总而言之，对学生阅读的原初状态的关注是对文本从被动接受走向主动解读的起点，也是一个连接专家解读和教学解读的真实关联点。

二、专家解读与教学解读的关系及其转化

语文教师需要吸收专家解读的养分，但更核心的是，要关注从专家解读到教学解读的转化。一方面，大多数一线教师常常会有这样的困惑，读了一些专家的文本解读，感觉很有深度，但是就是不知道如何将其运用到自己的教学中；另一方面，从学生的认知层面来说，学生在阅读中对于专家的解读似乎也很难产生共鸣，这就决定了语文教师需要从多个角度来思考文本的解读，既要认识几种解读的差异与联系，又要寻求专家解读向教学解读转化的方法，还要通过教学解读找到提升学生阅读素养的有效路径。

（一）文学解读的基本脉络

从文学理论思潮的发展历程来看，我们可以初步理出当代文学文本解读的基本脉络，大体上可以分为以作者为中心、以文本为中心、以读者为中心、以关系为中心等四种文学解读的基本范式。这四种文学解读的基本范式不同程度地影响着我国中学语文教学中的课文解读。

1. 以作者为中心的文学解读及其对阅读教学的影响

文本的价值和意义从哪里追寻？传统的文学理论认为，要通过文本去发现作者寄寓在文本中的意义，他们相信解读文本就是去探寻作者的真实想法，作者创作出了文本就必然有其创作动机，这个创作动机就是文本的绝对意义。那么要追寻这个绝对的意义就应该从作者的身上以及作者所处的社会环境下功夫，其文学理论渊源用西方话语说是“社会决定论”“作者中心论”，用中国古代文论的话语来说是“知人论世”。“知人论世”理论对我国阅读教学产生了深远的影响。

《普通高中语文课程标准（实验）》也明确提出：“应引导学生在阅读文学作品时努力做到知人论世，通过查阅有关资料，了解与作品相关的作家经历、时代背景、创作动机以及作品的社会影响等，加深对作家作品的理解。”基于这样的文学解读思想，一线教师长期采用“作者介绍—背景介绍”的解读模式，客观地说，围绕作者及其生活与时代去思考文本的意义，对于学生阅读能力的培养也是非常必要的。作品与作者之间有重要的联系，作品必然附着作者及其时代的印迹，那么，循着这个印

迹去探索文本的意义，也是一种十分重要的路径。在这个路径上，可以培养和构建学生较深层的阅读思维。

然而这一解读思维正如“作者中心论”“社会决定论”在文学理论大潮中衰落一样，在语文教学中，“传统三部曲”（时代背景、作家作品、中心思想）也逐渐僵化，成为一种生硬的解读模式。有了教材、教参设定的“拐杖”，真实的语文往往被“遮蔽”了，错过了沿途那些优美的风景。这种教学定式常常表现为对文本进行思想意识的曲解，这样的僵化解读在我们的语文课堂中仍然存在，这种文本解读逐渐成了“贴标签”“钻套子”。事实上“作者中心论”，甚至“社会决定论”，其理论基点并没有问题，但如何使其成为课文解读的一种有益方式则需要我们进一步去探明。

2. 以文本为中心的文学解读及其对阅读教学的影响

改革开放以来，中国文学理论界引进了大量西方文学理论，各种理论和学说进入我们的学术话语体系。这些新理论、研究方法大大开阔了我们的学术视野，其中，“文本中心论”成为一个主要潮流，以形式主义文论为主要代表，俄国形式主义文论在文学理论史上具有重要的时代意义，它开启了文本研究的先河，直接影响了后起的英美新批评、法国结构主义等理论思潮，转变了人们对文学本质的认识。俄国形式主义文论认为文学的本质就是形式，即文学的文学性，从创作过程上说，至关重要的是如何对材料进行重新加工与配置、设置合理的程序与结构，使作品产生陌生化效果，运用各种技巧使作品以新颖的形式存在，让接受者获得惊奇感、陌生感。他们反对将内容与形式人为地割裂，认为作品表现的内容已转化为形式，并成为形式不可分割的一部分，不再有内容、形式的区分。在形式主义文论家看来，文学鉴赏是对扭曲、变形了的文学形式的独特感知，接受者在这种似曾相识的陌生感中获得审美再创造的愉悦。

《义务教育语文课程标准（2011年版）》在精读评价中提出：“精读的评价，重点评价学生对阅读材料的综合理解能力，要重视评价学生的情感体验和创造性的理解。第一学段可侧重考察对文章内容的初步感知和文中重要词句的理解、积累；第二学段侧重考察通过重要词句帮助理解文章，体会其表情达意的作用，以及对文章大意的把握；第三学段侧重考察对文章表达顺序和基本表达方法的了解领悟；第四学段侧重考察理清思路、概括要点、探究内容等方面的情况，以及读懂不同文体文章的能力。"《普通高中语文课程标准（实验）》也明确指出："根据语境揣摩语句含义，运用所学的语文知识，帮助理解结构复杂、含义丰富的语句，体会精彩语句的表现力。"这些阅读教学的建议和评价的基本观点，突出文章的思路结构、突出语言的品味推敲，应该说与"文本中心论"的文学理论有一定的关联。

以文本为中心的解读更加深入到文本的审美特质和文学性本身，这种解读思想是一种有益的补充，甚至可以说是一种本体性的补充。在阅读教学中这种解读思想突出文本的语言、结构和技巧，通过对字词的读音指称、文本结构、修辞手法和表现手法等进行分析，引导学生深入文本，精研文本的细节，注重文本的形式美，这对于提升学生的"语言建构与运用"素养有重要的意义。王宁教授这样界定语文核心素养："语文核心素养是学生在积极主动的语言实践活动中构建起来、并在真实的语言运用情境中表现出来的个体言语经验和言语品质；是学生在语文学习中获得的语言知识与语言能力、思维方法和思维品质，是基于正确的情感、态度和价值观的审美情趣和文化感受能力的综合体现。"[1]这说明语言的运用是语文素养的重要基础，但是如果完全割断了作品与作者的联系，割裂了作品与生活、时代的联系，那也是不可能完全深入文本意义中的。

3. 以读者为中心的文学解读及其对阅读教学的影响

二十世纪七八十年代以姚斯为代表的接受美学兴起，他的核心观点是倡导读者的重要创造性，认为文学作品的价值和意义最终应该由读者来创造和完成，从"作者中心论""文本中心论"转向了"读者中心论"。他们认为，文学作品中存在大量的"未定性""空白点"，读者只有通过阅读文本使"未定性"得以确定、使"空白点"得以填充，文本才能被称为"作品"。这种研究方法加强了文学作品研究的主观性、多元性、相对性。姚斯的理论是对传统"文本中心论"和"作者中心论"的挑战，

[1] 王宁. 语文核心素养与语文课程的特质[J]. 中学语文教学，2016（11）：4-8.

姚斯指出，“在这个作者、作品和大众的三角形之中，大众并不是被动的部分，并不仅仅作为一种反应，相反，它自身就是历史的一个能动的构成”，“一部文学作品，并不是一个自身独立、向每一个时代的每一读者均提供同样的观点的客体。它不是一尊纪念碑，形而上学地展示其超时代的本质。它更多的像一部管弦乐谱，在其演奏中不断获得读者新的反响，使本文从词的物质形态中解放出来，成为一种当代的存在”[1]。文本、作者、读者本是三足鼎立的关系，姚斯的接受理论锯掉了其中的两足，把文本、作者逐出审美释义的中心，而根据“审美经验”和“期待视野”提出了“读者中心说”。事实上中国古典文论所提出的“留白”理论与接受美学也是可以相互照应的。

《全日制义务教育语文课程标准（实验稿）》指出：“阅读教学是学生、教师、文本之间对话的过程……要珍视学生独特的感受、体验和理解……逐步培养学生探究性阅读和创造性阅读的能力，提倡多角度的、有创意的阅读。”《义务教育语文课程标准（2011 年版）》更加鲜明地提出学生体验的重要性：“阅读是学生的个性化行为。阅读教学应引导学生钻研文本，在主动积极的思维和情感活动中，加深理解和体验，有所感悟和思考，受到情感熏陶，获得思想启迪，享受审美乐趣。要珍视学生独特的感受、体验和理解。教师应加强对学生阅读的指导、引领和点拨，但不应以教师的分析来代替学生的阅读实践，不应以模式化的解读来代替学生的体验和思考；要善于通过合作学习解决阅读中的问题，但也要防止用集体讨论来代替个人阅读。”《普通高中语文课程标准（实验）》提出要“注重个性化的阅读”，“阅读文学作品的过程，是发现和建构作品意义的过程”，“注意作品内涵的多义性和模糊性，鼓励学生积极地、富有创意地建构文本意义”。可见，“读者中心论”的文本解读方式对我国现行阅读教学影响极为深远。

“读者中心论”突出了读者在阅读过程中的积极作用，关注的是读者个性化的、独特的体验。这一理论解放了读者，鼓励读者以一种更为积极的态度参与审美过程，鼓励读者以自己的体验为核心建构文本意义，

[1] 姚斯，霍拉勃. 接受美学与接受理论[M]. 周宁，金元浦，译. 沈阳：辽宁人民出版社，1987：24-26.

并在这一过程中培养审美情趣和审美能力。新课程实施以来十分重视学生的阅读个性体验，但是在阅读教学中我们也发现，存在一种泛个性化的阅读教学现象，实际上读者的个性阅读体验也有层次高低的不同，真正的个性化阅读需要较深的积淀。

4. 以关系为中心的文学解读及其对阅读教学的影响

通过对以上文本解读的文学理论脉络的梳理，呈现了重要的文学解读观的转向，由过去只注重解读作家，转向解读文本，再由文本转向读者。这一系列重大转向开辟了文本解读的新时代，促进了文本解读观的多层面变革：解读本质观，将文本解读作为寻求理解和自我理解的活动；解读对话观，把文本解读作为文本与读者“主体间性”的对话；解读建构观，把文本解读视为对意义的开放的理解创造，文本对读者是不断敞开的；解读体验观，认为解读即体验，体验即意义的生成，解读是通过读者的体验显现文本意义。

随着这些新的文本解读观的兴起与发展，语文教学已经开始摒弃过去只注重“作家—作品”的解读模式，把文本解读的重心转向“文本—读者”，突破了源于苏联的“社会分析法”和“阶级分析法”。文本不是社会、阶级的简单反映，文本解读也不是单方面的对象性阐释，而是文本与教师、学生的反应交流过程；文本解读不是复制文本，而是对文本的建构，它造成文本的开放性，将文本从静态的物质符号中解放出来而还原为鲜活的生命。在此基础上，现象学、哲学解释学的兴起，将文本解读推向了“关系中心”的时代。

胡塞尔现象学后期所大力倡导的“主体间性”理论认为人是主体，而文本及由文本所构成的种种文化也是主体。人与文本是一种互为主体、互相解释、互相沟通的关系。在“主体间性”理论视域中，文本解读是以理解、解释和建构文本的意义为旨归，在解读过程中读者总是通过文本与潜在地存在于文本中的作者见面，这就必然沟通了解读主体和创造主体这两个主体世界，使读者与作者以文本为媒介发生心灵碰撞和进行灵魂的问答。文本解读是“主体间性”的对话，是“主体间性”的一种寻求心灵交流的活动，而语文教学活动则是“文本—教师—生活世界—学生”这样一个多向运动的解读反应过程。这种文本解读对话观，确定了学生在解读活动中的主体地位。学生与文本的沟通与融合，是学生经验与文本结构互为揭示、相互生成的过程，它标明阅读教学活动是一种主体能动的参与行为，而教师首先是一个解读参与者，同时又是启发学生参与的引领者，并不是全知全能的告知者、传授者。胡塞尔的学生海德格尔和海德格尔的学生伽达默尔则完成了解释学从方法论到本体论的转向。伽达默尔不把解释学看作解释各种经典的技术和方法，而认为它有一种哲学功能，并以人的一般“世界经验”为对象。这种经验存在于人的“理解活动”和人的理解史或被理解的东西的“效果史”中。他强调理解者和被理解的东西之间有共同性，认为这种共同性在不断的理解和解释中发展。他重视“偏见”在解释和理解活动中的作用。“偏见”不是理解的障碍，而是认识的前提，“偏见”有历史必然性，抛弃“偏见”就是抛弃理解。哲学解释学研究理解与文本意义的关系问题，即文本意义是谁赋予的，是作者还是读者。哲学解释学认为，文本意义是作者和读者“视域融合”的产物。哲学解释学美学化之后，也就形成了以这种“视域融合”的“关系中心”为主体的文本解读观。

《普通高中语文课程标准（实验）》指出：“阅读教学是学生、教师、教科书编者、文本之间的多重对话，是思想碰撞和心灵交流的动态过程。阅读中的对话和交流，应指向每一个学生的个体阅读。教师既是与学生平等的对话者之一，又是课堂阅读活动的组织者、学生阅读的促进者。”这种文本解读范式是通过作者、编者、教师、学生的多向交流形成“视域融合”关系，最终理解和建构文本意义。

（二）文章学解读的基本构架

文章学总体上有两种界定，一种是把文章学理解为文章写作技法方面的理论。如曾枣庄认为：“文章学是研究诗文篇章结构、音韵声律、语言辞采、行文技法的学问。”[1] 另一种则把文章学理解为关于文章的形成、创作、鉴赏的系统研究。“张寿康《文章学论略》认为，文章学的内容有源流论、类别论、要素论、过程论、章法论、技法论、阅读论、修饰论、

---

[1] 曾枣庄. 文章学须以文体学为基础[M]//王水照，朱刚. 中国古代文章学的成立与展开——中国古代文章学论集. 上海：复旦大学出版社，2011：6.

文风论、风格论等。”[1]这两种不同的界定虽然对文章学的外延有不同的划分，但是总的来说都认为文章学是一门关于文章写作技法的学问，如果说文学理论更多的是探明文本的意义，那么文章学则更多地探明文本创作的技法和轨迹，架起阅读与写作之间的桥梁。我们将从篇章结构、音韵声律、语言辞采、行文技法等方面对文章学解读的基本构架进行简要的说明和梳理。

1. 篇章结构（文脉）

文章的组字成句、组句成章、组章成篇都要有一定的讲究，这是文章学的一个基本起点，也是文章学解读的一个关键。明代陈懋仁注梁代任昉《文章缘起》说：“篇者积句成章，出情布事，明而遍也。”篇章结构分析要在句子以上的层次进行，其内容包括句间照应、语意连贯。句间照应的手法，主要有以下几类：参照关系，如《石钟山记》里郦道元和李渤对山名由来的看法；替换关系，如《伶官传序》中“盛衰之理，虽曰天命，岂非人事也哉”“原庄宗之所以得天下，与其所以失之者，可以知之矣”二句便可互换；省略关系，如《谏太宗十思疏》中“诚能”二字仅出现一次，但下文每一分句起首必须补足之，语义方可贯通；连接关系，如《〈指南录〉后序》中描述多种濒死处境时，句与句依时序排列，连接紧密；词汇照应，如苏洵《六国论》中两次出现“弊在赂秦”。

句间照应是指句子之间形式上的联系，属于语篇的表层结构，而语意连贯属于其深层结构。一个段落通常由一个主题句和一个以上的句子或句群构成。这些句子或句群所讲述的具体主题有所不同，但其总体内容都在段落主题的概括之下。如《项脊轩志》中追忆家道中落和先妣及先大母的事迹，虽事由各异，但都寄寓了物在人亡、三世变迁的感慨。同理，语篇也须具有一个宏观的逻辑框架，语篇中所有段落都要统一于这个框架之中。这种逻辑框架可能是时间顺序、空间顺序，也可能是对比、类比、渐进、分类、概括等。如《鸿门宴》以时间顺序展开；《虎丘记》基本按空间顺序描述虎丘胜景；《劝学》通篇对比；《种树郭橐驼传》类比说理；《秋水》阐述小大之辩，渐进说理；《谏太宗十思疏》喻分二柄，

[1] 吴承学. 中国文章学成立与古文之学的兴起[J]. 中国社会科学，2012（12）：138-156.

取守并论，思作十端，分类明晰；《过秦论》先极言秦、九国、陈涉等复杂的攻守关系，后以“仁义不施而攻守之势异也”总括全文。至于一般的篇章结构特点，则如朱宗洛《古文一隅》所说：“前有总冒，后有总束，中有过脉，是其纪律森严处。”

2. 音韵声律（文声）

鲁迅在《汉文学史纲要·自文字至文章》中说，中国文字“具三美：意美以感心，一也；音美以感耳，二也；形美以感目，三也”。中国文字的声韵之美便成为文章学一个重要的部分，诉诸听觉的声音向诉诸视觉的书面文字的转移，是文学产生和演进的基本脉络，文章的字里行间从来不乏声音的回响。且不说韵文，单以文章而言，汉赋形式上趋于骈偶，为讲究骈对、辞藻和声律的骈文开创了先锋之路，而此后“赋—骈文—八股”的文体都十分重视骈偶音韵。即使是散文，清代桐城派古文家对声音在散文中的作用也多有阐发。他们指出，声音上通神气、下主字句，不仅是涵泳体味的重要途径，更属缀字成篇的关键因素。

3. 语言辞采（文采）

《易·乾·文言》说：“修辞立其诚，所以居业也。”司马光《温公易说》解释为：“君子外修言辞，内推至诚，内外相应，令无不行，事业所以日新也。”可见，古人对语言辞采相当重视。自先秦以来，文献中的修辞现象十分普遍，修辞文本十分丰富，陈望道在《修辞学发凡》第五篇中总结的修辞格多达 38 个。写作涉及不同的认知过程，以及个体与语言、文化之间的关系，这些关系最终体现在写作行为的结果——文本上。修辞学能够通过提供一些方法、模式或途径使这个复杂的过程变得容易操作，因为修辞主要关注语言的构成，语词的选用，甚至具体到选择开音节的响音词还是轻柔婉转的词，选择整句还是散句、辨析色彩语体等，学习修辞学有利于提高实用文章写作的可操作性。

4. 行文技法（文法）

宋朝人吕祖谦在《古文关键》“论作文法”中说：“（文字）或缓或急，或显或晦，缓急显晦相间，使人不知其为缓急显晦。常使经纬相通，有一脉过接乎其间然后可。盖有形者纲目，无形者血脉也。”这里，“缓急”“显晦”的安排便是文言文行文技法的关键。苏轼写夜游石钟山有缓有急，抑扬顿挫。先写大石“森然欲搏人”，上有云霄间栖鹘的惊啼，下有山谷中鹳鹤的怪叫，写得阴森恐怖，寒气逼人；“余方心动欲还”，暂缓紧张气氛；突然又听见“大声发于水上”“舟人大恐”，又重趋紧张；经过“徐而察之”，发现是微波冲击石缝发出的声音，又趋缓和。《项脊轩志》则充分运用显晦相间的技法表情达意。言及先妣及先大母，归有光“泣”，“长号不自禁”，婉凄之情显豁易见；而篇尾说“庭有枇杷树，吾妻死之年所手植也，今已亭亭如盖矣”，借庭中枇杷树寄寓人亡物在的感慨、死者渺远的怅惘，含蓄隐晦，意味深长。片面讲求“急”与“晦”不合古人审美，因此在运用行文技法一定要注意“常中有度，正中有奇”的原则。

5. 文章学解读对文章阅读教学的意义

语文教学更加重视“语言”和“文学”两个方面，事实上“文章”也应该是语文教学的重要内容。文学的解读更多偏向于文学文本，而文章学解读虽然与文学解读有一定的交叉，但是文章学解读对于我国传统文章（文言文教学）和非文学类文章（议论文、说明文）有重要的指导意义。

文章学是我国的一门传统学科。以文言文阅读教学为例，中国古代的文体，每一种都有自身不可替代的形态、面貌、构架。就文言文而言，骈体文与散体文的差别非常鲜明，其体制上之所以有这样明显的差异，与各文体的每句字数、全篇句数、全篇篇幅长短以及音韵声律要求不同有关，也与其特定的句子和篇章架构有关。文言文句篇架构通称句法、章法，句法、章法虽各有不同，但一般讲求工整和谐，即有整有散，整散结合，在散句之中穿插运用对偶、排比等整齐句式，正如吕祖谦在《古文关键》中所说：“文字一篇之中，须有数行齐整处，数行不齐整处。”而体制的差异往往造成行文技法的差异。

在文章学解读指导下，文言文阅读先要辨析其体制，这是中国古代文章学特有的东西，是西方文本解读无法替代的，赋、记、传、志、论、说、疏、序等，从标题上便可区分。再从篇幅长短着眼，初步判定其表现手法是“铺陈”还是“纡折”。接下来看它的表达方法，即按表达方法判定其段落或篇章是叙事体、抒情体还是议论体、说明体，抑或是多种表达方法综合运用。其次分析体性和篇章结构，辨析不同文体的体性。

如赋多言山川风物、人文名胜，以托情寓理；游记多叙事写景，传情抒怀；序跋多借品评作品人物，表明作者的审美主张。宏观把握语篇的逻辑框架，看文章的行文逻辑是时间顺序、空间顺序，还是对比、类比、渐进、分类、概括。中观把握每个段落内部的语义关系，筛选关键句子。从修辞格角度入手，筛选出运用修辞手法的文句进行赏析。接着从炼字的角度，筛选出具有特定表达效果的动词、形容词、拟声词、数量词进行赏析。最后，从语言风格角度入手，整合上面两步工作，概括文本的语言风格。进一步探究文本的行文技法，赏析其“缓急”和“显隐”的安排。宋朝人王若虚谈及文体基本特征时，曾说过“定体则无，大体须有”的名言。纵观中国文学史，文体的形成和确立使文本结构规范化，便于写作和阅读，即使作者“破体为文”，也是在突破创新之后确立新的文体规范。在文章学解读的引导下进行文言文和其他一些非文学性的文本的阅读和教学，会更加科学、有效，并且可以搭建阅读与写作之间的桥梁。

（三）解读的差异及误读风险

1. 解读主体和目的的差异

从解读的主体看，普通的接受解读者是一种“消费式”的解读者，将文本当作一种娱情或消费的对象，阅读便是相应的娱情与消费活动方式。这种解读从严格意义上来讲只有感性地“读”而没有理性地“解”，即使有“解”也基本耽滞于经验层面或感性层面。专家解读则具有较强的专业性、专研性，是以一定的专业知识作为基础的。文艺学解读，其解读的主体主要是文学理论研究者，其目的是通过“读”而“解”出文本背后的文学性和规律，并且有文艺学理论、美学思想的观照。以小说的文学解读为例，一般文学消费的读者，仅仅被情节、人物形象等方面所吸引，并不会进一步解读背后的规律和奥秘，而作为文学研究者的小说批评家，往往要深入研究作者的创作意图、小说人物形象的典型性、小说情节的叙事艺术，评鉴小说风格特征，评价小说的社会价值等。文章学解读也基本类似，文章学解读的主体也往往是文章学研究专家，通过“读”文章来探索文章本体及其读写、应用的规律，其目的一是探索文章的原理，二是探索文章的读写技法和应用规律。

教学解读是一种教育学语境中的文本解读，其解读的对象不是单纯意义上的文学文本或文章学中的文章本体，而是教材。教材的特殊性在于它含有课程的意蕴、国家社会教育的目标、编者的用意，其有着特定的取向，承载着教育的价值。其解读主体是语文教师与学生，解读的对象和主体都具有一定的差异，这就决定了它们解读目的的差异。教学解读的目的指向提高学生的阅读能力，培养学生的语文素养。因此，教学解读要考虑文学性、文章学特征，更要彰显教育价值。以教育价值为出发点的文本解读，才是教学解读。

从教育价值的基点来思考，学生是教学解读的真正主体，而教师是教学解读的“引导性主体”。在教师的引导下学生通过对课文文本的阅读提出自己的观点以解读文本，在这一过程中可能有认知层次的区分，比如同样阅读一首古诗，小学、初中、高中三个学段的要求是不一样的。由于认知水平的影响，学生的解读也可能存在误读，在这种情况下教师作为“引导性主体”就有了重要的意义和作用。教学解读即使提倡个性化的、创造性的解读，也一定是在教师的科学引导下进行的。基于文本进行多重对话，形成合理的教学解读，才是有教育价值的教学解读。

2. 解读风险的层级性

文学误读是文学接受、文学鉴赏中一种比较常见的文学解读现象，我们可以在解释学、接受美学中找到其理论依据。按照克罗齐所说“一切历史都是当代史”，按照哲学解释学的理解，这都是“视域融合”的结果，我们也可以说一切文本解读都存在误读的风险。三种解读中文章学解读的误读风险最小，因其主要是技法结构等方面的探索，当然文章学解读需要较强的知识性，是一种结构性解读。文艺学解读的误读风险最高，文艺学解读往往是在一定的文学理论、美学思想的观照下的研究性解读，是一种对意义的解读。文艺学解读的主体往往是研究者，在很大程度上文学解读需要一种理论的“自洽性”，比如有文学研究专家从女性主义文艺理论的角度来研究《红楼梦》，那就需要做到自圆其说。文学解读的误读可能在学术界引起讨论和争鸣，从这个角度上说，文艺学解读的误读是一种正常的现象。

而教学解读是面向学生的，学生在认知层面上与专家有较大的差距，很难像专家一样具有较强的知识和理论储备，事实上也不需要。教学解读是一种成长性、学习性的解读过程，其误读可能来自教师，如由于教师的错误引导造成的误读；也可能来自学生，学生的误读可能主要来自于认知的局限。有意义的教学解读会给学生带来巨大的教育价值，如知识的建构、素养的养成、情感的升华。但是其风险也不小，教师的引导性误读对学生的影响是巨大的。教师需要在具有引导性的解读过程中发掘学生认知性误读的成长价值，使学生的阅读素养得到提升。

（四）从专家解读到教学解读的转化

接受美学把读者分为多种类型，在这些类型中，教师应该是其中的“有见识的读者”，费希指出：“有见识的读者”（informed reader）或者称之为“内行读者”，“他具有足够的阅读经验，以至于把文学话语的各种特性——从最局部的技巧（比喻等等）到整个体裁等等——全都内在化了”，他是“一个竭力要使自己获得知识的有阅读经验的读者”[1]。专家解读虽然与教学解读有差异，但是它们也是有共性和联系的。专家解读对教学解读具有较强的指导意义，教学解读往往要从专家解读中获取相关的知识、文化意蕴，形成教育教学的资源和价值。文学、文章、语言是语文的三个重要方面。曾祥芹在《文章学与语文教育》一书中指出语文教育的任务要“通过语言教学、文章教学、文学教学方能完成”。可以说，文学、文章、语言是语文学科本体知识的三个重要方面，它们是语文教育的重要的理论支柱。

文艺学解读、文章学解读应该说都属于专家解读，是教学解读的丰富源泉。语文教师作为教学解读的重要主体之一，需要汲取专家的文艺学解读、文章学解读的精华。孙绍振、王富仁、钱理群等文学研究者介入中小学语文教育的课文解读，为一线教师提供了优秀的课文解读素材和资源。不过文艺学解读、文章学解读必须经过转化才能成为语文教育语境中的教学解读。名家的文学解读、文章学解读从总体上来说学术性、研究性还是过强，不能完全符合学生的认知能力和水平，不能直接用于教学，必须由教师作为中介将这些专家解读转化为适合课堂教学的课文解读。那么转化的标准是什么呢？自然是阅读教学的核心价值。具体而言，

[1] 王先霈，王又平. 文学批评术语词典[M]. 上海：上海文艺出版社，1999：483.

首先是教学内容的确定原则。文本承载着诸多教学内容，如语言教学的字词句、文学的意蕴、文章学的结构、审美价值、思想教育价值等，明确了“教什么”，文学解读、文章学解读就可以转化为课文解读。那么教学内容又如何确定呢？解读一个文本，不同的语文教师不仅教学方法不同，很有可能教学内容也不同。语文教学内容的选择有两个重要的标准：一是课程的规定性，二是学生的认知基础。教学解读要面向学生，教师的解读是具有引导性的中介性解读，其教学价值还是需要在学生自我的阅读成长中实现的。确定教学内容，将文学解读、文章学解读转化为教学解读，实现教学解读的教育价值，最终还是要以学生为出发点，了解学生的认知层次、文化背景、对相关知识的掌握等学情。这就需要语文教师具有把握教学解读转化尺度的能力，不能过度，亦不能肤浅化，不能偏谬，也不能一元化。

因此，我们在本书中提出本文直读、共情赏读、互文参读、审辨研读四种教学解读范式，试图梳理出阅读教学中从专家解读转化为教学解读的方法和路径，彰显教学解读的特殊意义和价值，以期启发和引导语文阅读教学实践。

第一章　本文直读与阅读教学

“本文直读”形象地说就是“裸读”“素读”，“本”是动词，意思是本着、沿着，以文为本，即贴着文本走。不需要提供阅读前知，不需要任何附加资料，直接接触文本，砥砺文本，扎进文本，从文本本身理解文本，研摩文本所表达的意涵、结构艺术和语言艺术，这可以培养学生对语言文字、文章文学的读解力和认知力，培养学生对语言、文本的敏感性。

本文直读的文学解读理论基础主要来自形式主义和新批评文学理论，从大的哲学方向上看也可以说是语言哲学转向的一种文化表现。俄国形式主义文论认为，文学研究的主要对象应该是文学的文学性本身，并对“形式”进行了新的界定，他们认为艺术内容不能脱离艺术形式而独立存在，当“内容”呈现为“形式”的时候，“内容”已经融入“形式”中去了。俄国形式主义文论提出了“陌生化”的核心概念，他们提出陌生化是艺术加工和处理的最基本原则。所谓陌生化就是将对象从正常的感觉领域移出，通过施展创造性手段，重新构造对对象的感觉，从而提升认知的难度和广度，不断给读者以新鲜感的创作方式。文学的价值就在于让人们通过阅读恢复对生活的感觉，在这一过程中产生审美快感。读者在文本的形式上获得审美体验的过程越长，文学作品的艺术感染力就越强。陌生化手段的实质就是要设法增加读者对艺术形式感受的难度，拉长审美欣赏的时间，从而达到延长审美体验过程的目的。

“由于这种（语言陌生化）疏离，日常世界也突然被陌生化了。在日常语言的俗套中，我们对现实的感受和反应变得陈腐、滞钝，或者——如形式主义文论者所说——被‘自动化了’。文学则迫使我们对语言产生强烈的意识，从而更新那些习惯反应，而使对象更加‘可感’。由于我们必须更努力更自觉地对付语言，这个语言所包容的世界也被生动地更新了。杰拉德·曼利·霍普金斯（Gerard Manley Hopkins）的诗可能为此提供了一个非常形象的例证。文学话语疏离或异化普通言语；然而，它在这样做的时候，却使我们能够更加充分和深入地占有经验。平时，我们呼吸于空气之中但却意识不到它的存在：像语言一样，它就是我们的活动环境。但是，如果空气突然变浓或受到污染，它就会迫使我们警惕自己的呼吸，结果可能是我们的生命体验的加强。”[1]这里很好地说明了如何通过文本形式实现思想教育和情感陶冶的独特性问题。

直接受到形式主义文论影响的新批评派面对文学的基本问题即内容与形式的关系时，他们的回答与传统形式主义文论没有区别。他们认为形式比内容更重要，甚至形式产生内容。但新批评派对许多问题提出了新的看法，形成了一套不同于其他形式主义的特殊的理论和批评方法论。新批评派受到康德美学、黑格尔辩证法等的影响，如瑞恰慈提出了文学特异性，并提出其是三维的。在这第三维上立论，是新批评派的一大特点。新批评派以散文为对立面来说明诗的特征，但他们实际上是以“科学文体”为对立面为“文学文体”辩护，也可以说，诗是新批评派所搜寻的“文学特异性”最完备的体裁。新批评派诗辩的一个最触目的特点是反对诗与真理不相容。兰色姆在《新批评》中提出了本体论批评，瑞恰慈的一个提法可近其意：重要的不是诗所云，而是诗本身。兰色姆认为，最符合新批评派本体论要求的是他的“构架—肌质”论，因为他认为诗的本质、精华及其表现世界本质存在的能力，都在于肌质，而不在于构架，肌质才是具体的“世界的肉体”。如果把内容看作“构架”，把形式看作“肌质”，两者在不相

[1] 伊格尔顿. 二十世纪西方文学理论[M]. 伍晓明，译. 西安：陕西师范大学出版社，1987：5.

干的情况下，可以说诗的本体在形式（也就是肌质）上。当然对文学解读影响最大的还是新批评派进行内部研究时所创造的一种具体的文学批评方法——文本细读法（close reading）。瑞恰慈在剑桥大学讲授诗歌时采取了“去掉署名”阅读的实验性方法，结果有对大家之作和平庸之作的评价正好相反的情况。瑞恰慈认为这正说明了人们在阅读文本时会受到“先入之见”的影响，这个实验与现象学美学所提出的“悬置文本”有异曲同工之妙。瑞恰慈为新批评提供了方法论基础，他通过引入语义学的方法使人们将注意力引向语言，提出“提高分辨能力”的教学方法和批评方法，将文本孤立出来“细读”，进行语义和结构的分析，这种文学作品阅读方法成了新批评“细读法”的起点，文本细读通过找出由复义（含混）、悖论、反讽、隐喻、象征等形成的诗歌语言张力结构，挖掘出文本形式美学的意蕴。新批评的文本细读作为一种以文本为中心的阅读方法，对当前中学语文教学中的课文解读有较大的借鉴意义。作为阅读的一个重要环节，文本细读对学生的阅读写作能力和审美判断有着重要的影响。引导学生细读文本，仔细分析文本语言和结构，提供具体的文本细读方法，对阅读教学具有重要的意义，我们将在后文进一步分析文本细读，并探讨其在阅读教学中的价值。

无论是语言的陌生化还是新批评的细读，都属于形式主义美学的范畴，以此为基础的本文式直读从美学形态上说正是形式美学的彰显。思想内容的解读是当前语文教学的基本思路，但其实文本的独特性常常不在思想内容方面，而在于文本的创作者能够“道人之所不能道”的独特的文本美学形式、运思路向、言说方式、形式技法、形象塑造。应该说本文直读是多年以来阅读教学的一个盲区，以工具论为主导的阅读教学以训练为纲，零敲碎打、肢解文章、架空文意，缺乏对语言、结构等的深耕细作和对整体文意的追寻，以人文论为主导的阅读教学则太追求思想内容的深度而极少落实文本的基础性阅读，使人文精神的追溯成为无本之源。工具性和人文性的天平需要本文直读式的文本砥砺作为支点。我们把这个支点绘成一个稳定的三角：文意解读、文体通读、文本细读。又以文本的拆解和重组作为三角的中心，以此来透析文本建构的奥妙。

第一节　文意解读：如何读懂文意

读懂文意，是阅读教学的起点和支点。阅读教学的后续工作都必须由此出发并建基于此。但是，文意是如何被我们读出读懂的，长期以来在阅读教学中这一问题并未得到应有的重视和深入的讨论。一般认为，读懂文意是一个自然而然的过程，文意似乎是读完文本之后自动生成的，也许对于一个阅读水平高的读者确实如此，但对于阅读能力较弱的读者特别是中小学生，事实可能并非如此。可是，在阅读教学中我们常常忽略这一隐蔽的问题，在教授一篇新课文时，首先布置任务：读读课文，说说大意。问题是，语文阅读教学不仅要帮助学生读懂文意，更要教会学生如何读懂课文。阅读教学，在很大程度上就是“教学阅读”，就是要帮助学生掌握阅读方法，使之学会阅读，而如何读懂文意，则是教会阅读的第一步。面对一篇课文，我们可以从以下门径或方法进入课文理解。

一、读懂文意的常用方法

古人对如何读懂文意有过经验总结，如“书读百遍，其义自见”“故书不厌百回读，熟读精思子自知”。这里强调的是自我琢磨，自己感悟，实际上都是在“暗里摸索”。语文阅读教学不能仅仅是“暗里摸索”，更要“明里探究”，要能够用说得出、道得明、用得上的方法来指导学生阅读。总结起来，有八种方法，姑且称为“释文八法”。

（一）情节、线索梳理法

一篇文章，无论长短，无论繁简，都有它的情节和线索。无论是欲略知大意，还是想穷尽其意，都可以从浏览、速读它所叙写的对象入手，即知道它写了什么人、事、物，它的时间顺序和空间位置是怎样的，事件是如何展开的，空间方位的转换是如何构成阶段性和连续体的，然后把这些人、事、物统整到一起，便可观其梗概和轮廓。

情节和线索的梳理是解读小说最典型和常见的方法。小说文本往往具有一定的篇幅，要让学生能够快速地掌握文本的大意，最简便的方法就是抓住整个文本的事理纲要，这个纲要就是对“人、事、物”的一种时空、逻辑安排。以往的小说阅读教学常常以“开端、发展、高潮、结局”进行情节方面的梳理，但这其实仅仅是一种解释性的阶段划分，并不能真正教会学生掌握文意的方法。如果想掌握通过梳理情节线索把握文本文意的方法，应该在“人、事、物”的叙述编织（下文将单列论述）方面深入探究。比如鲁迅的《祝福》，如果以“人”为纲，既可以以祥林嫂的生活变迁来进行梳理，也可以以“我”的见闻来进行梳理；如果以“事”为纲则可以以“祝福”事件作为线索来进行梳理。再以莫泊桑的《项链》为例，既可以从玛蒂尔德的行为事件入手，也可以以“项链”为线索来思考故事是如何开展的。也就是说从读懂文意的角度来看，把文本分为几个阶段是很难进入文意的，而应当深入抓住叙述编织的关键。这个关键实际上也很简单，就是“人”或“物”与“事”的交织，通过分析这种叙述编织可以把文意读出来。

从广义上看，“情节”指人物、事件、情景安排的连续体，有先后顺序、前后联系，所以情节线索梳理法不仅可以用于小说，也可以推及其他文本的文意解读。比如散文，以《背影》为例，可以通过梳理“父亲”的行为事件来掌握全文的大意，通过对“父亲”“奔丧”“谋事”“送别”等一系列事件的梳理，文意自然清晰。通过情节线索的梳理不仅可以于整体上把握大意，还可以深入文意的深处，比如《祝福》中祥林嫂的三次生活变迁、鲁四老爷对祥林嫂的多次责骂、四婶多次阻止祥林嫂参与祝福等，通过梳理这些情节线索，学生不仅把握了小说的大意，而且深入了解了文意的细节之处。再以契诃夫的《变色龙》为例，奥楚蔑洛夫在几分钟内经历了五次变化，对狗的称呼及态度也改变了六次。第一次不知是“谁家的狗”时表示要弄死狗，罚狗的主人。第二次有人说“这好像”是“将军家的狗”时表示狗是无辜的，原告是“敲竹杠”。第三次巡警说“这不是将军家里的狗”时表示狗是“下贱胚子”，“原告”是受了害，要教训狗的主人。第四次有人说“没错儿”，狗是“将军家的”时称“狗是娇贵的动物”，用自己的名义派人把狗送到将军家去，“原告”受到斥责。第五次将军家的厨师说“我们那儿从来没有这样的狗”时，他表示“这是条野狗”，弄死算了。第六次厨师说“这是将军的哥哥的狗”时，奥楚蔑洛夫表示小狗怪伶俐的，咬人咬得好，“好一条小狗”。这样的情节梳理不仅使学生掌握了文意，还将奥楚蔑洛夫的性格特征呈现出来了。通过梳理这些“事”，可以更进一步地深入文意，帮助学生理解人物形象、思考相关的背景、形成对环境的认识。

对于情节线索的梳理方法，阅读教学不应该停留在一种静态的解释，而应该主动建构方法。首先应当教会学生对“事”的梳理，即厘清何人何时何地做了何事。然后教会学生找到情节的关键的突破口，这个突破口可以是事件的高潮之处、矛盾的集中爆发点，如《祝福》中祥林嫂的逝去就是这个突破口，以此来展开追叙；也可以是最能凸显人物性格的事件链条，如《变色龙》中奥楚蔑洛夫的“变”的过程。线索是贯穿整个文本的具有结构性意义的主线，起到推动情节的作用，其作用就像是一根串联起人、事、物的红线，使文本成为一个有机的结构整体。线索有明线和暗线，一般以物品、事件、人物、时间、地点等为线索。以具有特殊意义的物品为线索，如《项链》中的“项链”；以事件的发展为线索，如《分马》以“分马”事件的发展作为线索；以人物为线索，如《祝福》中的“我”作为见证者而成为线索；以时间、地点为线索，多见于散文中，如柳宗元的《小石潭记》以地点的转换（游踪）为线索。根据这些分类就可以指导学生寻找文本的线索，如由物寻线，找到文本反复出现的具有特殊意义的物象；如以时空串线，大多数写人记事散文、游记散文都具有时空特点，通过时空的转换抓住文本的线索；如以事理线，通过事件的推进来找到文本的线索。

（二）情路、理路厘清法

文章无非是作者思想情感的表达。为了很好地表达其思想情感，一定得遵循可以识别的路径，因此，文章总有它的情路和理路。古人所说的“披文入情，沿波讨源”也可以理解成一种读懂文意的方法，对此，叶圣陶也说：“作者思有路，遵路识斯真。”实际上，作者的思路是看不见的，但它有外显的形式，这就是“情路”和“理路”。运用情路、理路厘清法来解读课文，不仅能够读懂文意，还能读懂文脉。

情路就是隐于文本背后的情感线索和路径，就是作者通过文本表现出来的情感轨迹，“披文入情”是文意解读的重要法门，如果能够找到这个情感的轨迹，寻迹入文不仅可探见文意，还可探见文脉。以老舍的《母鸡》

一文为例，文章主要通过赞颂母鸡进而赞颂母爱。整个文本的情感变化是十分鲜明的，文本使用了欲扬先抑的手法，开篇就表达了鲜明的情感态度“我一向讨厌母鸡”，描写母鸡乱叫、不敢反抗、炫耀成绩等，都是表达对母鸡的厌恶。“可是，现在我改变了心思，我看见一只孵出一群小雏鸡的母鸡”，情感由此发生了变化，进而描写了母鸡“负责、慈爱、勇敢、辛苦”，赞颂母鸡作为母亲的伟大，“我不敢再讨厌母鸡了”。作者前后的情感形成了鲜明的对比，情感由讨厌转为不敢再讨厌，转为尊敬和赞颂。只要抓住文本前后情感线索的变化，文本的大意主旨就显而易见了。

再以苏轼的《赤壁赋》为例，教学参考书是这样梳理其情路的：“开篇的写景，江山风月，旷远宁静，传达了沉醉其中的喜悦之情；欢歌的变奏，乐极而生悲，抒发了内心对人生短暂的感慨和对长江永恒的羡慕；因悲生悟，‘客亦知夫水与月乎’后的议论，是写景、抒情之后明确的说理，变与不变，取与不取的辩论最终让作者悟透而喜，物我两忘，‘相与枕藉乎舟中，不知东方之既白’。”[1]然而在赤壁之景的背后到底是怎样的情感轨迹，这是需要细细梳理和探寻的。苏子泛舟赤壁之下，清风徐来，水波不兴，江面上境界开阔，于是他生发出“遗世独立”之感，若“羽化登仙”之境。“于是饮酒乐甚”，“乐”的具体体现就是“诵、歌”，表现出泛舟之时心情的愉悦，这里有山水之乐也有诗酒之乐。“客有吹洞箫者，倚歌而和之”，极尽音乐之美，然则这种美仿佛是一种凄美，于是“愀然”，由乐转悲。悲什么呢？悲“英雄安在”，悲“蜉蝣天地”“沧海一粟”，怀古的典故与作者本人的遭际交织在一起，悲人生短暂功业难成。面对苦短人生，苏轼又是如何思考的呢？此时由情路转为理路，通过自然之理彻悟人生。“天地之间，物各有主，苟非吾之所有，虽一毫而莫取。惟江上之清风，与山间之明月，耳得之而为声，目遇之而成色，取之无禁，用之不竭，是造物者之无尽藏也，而吾与子之所共适”，最终达到超脱旷达的境界。通过这样的情路、理路的厘清，文章的思想情感自然地彰显出来；通过这个情感轨迹，读者探见了文脉。

师：这一段描写夜游赤壁的情景，展现了一个诗情画意的境界：清

[1] 丁帆，杨九俊编. 教学参考书高中语文必修1苏教版[M]. 南京：江苏教育出版社. 2013：146.

风和明月交织，露珠和水色辉映。在这澄清、幽美的夜景中，主客秋夜荡舟，把酒诵诗。置身于如此良辰美景之中，作者油然而生“遗世”“羽化”之乐，不禁飘飘欲仙。从而为全文定下了一个悠扬和谐的基调。

师：这一段的感情色彩以什么为主？

生：喜悦为主。

师：依据是什么？

生：“清风徐来，水波不兴。”“白露横江，水光接天。”两句中的“清风”“水波”“白露”以及“水光”写的是宽阔、瑰奇、壮美的景色，是以乐景写乐情。

生：还可以从“举酒属客，诵明月之诗，歌窈窕之章”“纵一苇之所如，凌万顷之茫然”“浩浩乎如冯虚御风，而不知其所止；飘飘乎如遗世独立，羽化而登仙”等语句中看出苏轼的喜悦心情。

师：好。请具体说说。

生：前一句劝客人喝酒，吟诵《月出》中的诗句，后二句写坐在小舟上的感受。

师：言之有据，言之有理。作者的这一段描写蕴含着一种深远隽永的诗意，一下子把人带进了诗的国土，沉醉在山水风月之中，同作者一起领略那深蕴的人生意义。（板书：因景而乐）

师：我曾亲眼看见庐山一景“三叠泉”，因其巨大落差而心动不已。同样，苏轼在《赤壁赋》中也写出了自己的情感反差。请同学们说说在文章第二段和第三段中，作者抒发的情感是什么？

生：悲伤。

师：何以言之？

生：通过两个反差表达作者的情感。一是作者饮酒放歌与客人悲凉的箫声形成反差，二是曹操的英雄气概与作者的青春虚度形成反差。

生：还有第三个反差，就是人生短促与作者志向难以实现形成反差。

师：说得好。我们先看第一个反差。作者饮酒放歌的欢乐和客人悲凉的箫声所形成的反差。

师：此段中的“乐”有何作用？

生：此段中的“乐”比上段“乐”更甚，与下层转入“悲”形成更大的反差。

师："美人"古代常作为圣主贤臣或美好理想的象征。歌词中的"美人"指代什么？歌词表达了主人怎样的情怀？

生："美人"指作者内心所思慕的人，追求的一种理想。表现了作者的政治感慨，是作者在遭受贬谪之后，仍然坚持对生活的执着态度，坚持关注朝廷政事、不甘沉沦的情怀。

师：作者怎样描写箫声之悲凉？

生：作者借助夸张、想象，运用精细的刻画和生动的比喻化抽象为具体，把洞箫那种悲凉低回的哀音表现得十分形象、真切。

师：此段刻画了怎样的情景？

生：一个主客之间箫歌互答、悲喜交集的情景。

师：写作者饮酒放歌的欢乐和客人悲凉的箫声，箫声起，悲意生。哀怨，爱慕，哭泣，申诉，潜龙舞，嫠妇泣。六个比喻从悲声、悲音的角度，渲染了箫声的悲凉。主客触景生情，由欢乐转为悲凉，引起下文主客问答的议论。请同学们朗读课文。

生（齐读）："于是饮酒乐甚……泣孤舟之嫠妇。"

师：此段在全文的结构中起了转折过渡的作用，文章由情入理，由感情的抒发到哲理的畅达。我们再看课文第三段是用什么形式？抒发什么情感？

生：问答的形式。

生：悲伤的情感。

师：是主客问答的形式，是悲伤的情感，从哪里看出作者悲伤的心情？

生：作者"愀然"的面部表情，可见他已被悲凉的箫声深深打动。作者"正襟危坐"的端庄举止以及惊异之下的发问和客人的回答，都表达作者苦闷、矛盾的心情。

师：有哪些原因使"客"产生悲伤的心情呢？

生：古代与当世对比而生悲。

……

师：到这里，我们分析了作者因景而乐和因事而悲的心情，那么，苏轼的情感还有变化吗？

生：有。因理而喜。

师：什么理？

生：长与短之理。作者以“客亦知夫水与月乎？”问句引出下文一番哲学之理：“逝者如斯，而未尝往也；盈虚者如彼，而卒莫消长也。盖将自其变者而观之，则天地曾不能以一瞬；自其不变者而观之，则物与我皆无尽也，而又何羡乎！”阐述“变”与“不变”的二重性，尽管不是唯物的，但有一定的积极意义，即如果以不变的观点看事物，事物和人类都是无穷的。我们不必去羡慕长江的无穷，不必自寻苦恼去哀叹人生的短暂。到此，作者的忧愁得以解脱，悲伤得以抚慰。[1]

以上这个教学案例正是通过情路、理路的厘清来披文入情、析文入理。情路、理路的厘清需要培养学生对语言的敏感，从语词中、物象上去感受作者的情感走向。教会学生读懂文本，不单单是进行语词的解释和囫囵吞枣式的内容的灌输，而且还要长期培养学生在文章背后细细体会作者的情感历程和轨迹的能力。如上面这个教学案例，教师没有对字词进行串讲，没有纠结于文言字词语法知识，而是循循善诱地带着学生探寻作者的情感历程，情路、理路一旦探见，“因景而乐，因事而悲，因理而喜”这样的文脉也显现出来了，学生即可析取文本的意义。

（三）语段主旨归纳、联贯法

这是一种文章分解方法，对于篇幅较长的文字，可以先从一个个体量和含容较小的语段入手，归纳、概括出每个语段所表达的意思，然后将每个语段的段意进行类聚和组合，组成一个意义单元，最后集合成一个完整的篇章意义。实际上这种方法在古代叫作“章句法”，在朱熹的《四书章句集注》中便有极好的运用。章句法是古代注释古书常用的方法，即以分章析句的方式来解说古书，包括划分段落、分析词义、串讲文句等。在今天将这种方法运用于语体文，不仅要对词义、句义进行理解，对语段大意进行概括，还要将各段大意联系起来考察，并从大意之间的关系、结构中辨析出文章要旨所在。对一定的语段大意进行概括是文意解读的基础能力，通过提高这种文意解读的基础能力，多读深思增强语感，并

[1] 王伟，卜廷才. 真情赋予景，妙理出于心：《赤壁赋》教学实录及点评[J]. 语文知识，2014（9）：41-44.

辅之以各语段意义的贯通，便可实现文本的文意解读，读懂文章的意义。这样的文意解读可归为“提炼归纳—连接关联—归并整合”三个流程。

提炼归纳一般以自然段为单位，较长的文本可以用较大的层次来归纳，提炼归纳常见的方法有摘取中心法、提炼法等。摘取中心法就是摘取语段的中心句来概括大意。一般而言，中心句处于段首或段尾。可用中心句概括段落大意，如《苏州园林》的第 8 自然段：“苏州园林里的门和窗，图案设计和雕镂琢磨功夫都是工艺美术的上品。大致说来，那些门和窗尽量工细而决不庸俗，即使简朴而别具匠心。四扇，八扇，十二扇，综合起来看，谁都要赞叹这是高度的图案美。摄影家挺喜欢这些门和窗，他们斟酌着光和影，摄成称心满意的照片。”这个文段就可以直接使用首句概括段落大意。如果没有中心句，则可以使用提炼法，抓住文段的核心人、事、物、理、情等进行段意概括。这些文段虽然没有中心句，但往往是围绕着核心的人、事、物、理、情来展开的，通过对这些核心要素的提炼并进行意义的聚合，比如可以使用连词法，连接文段中的重点词语归纳段意，也就不难得出文段的大意。《苏州园林》的第 4 自然段：“苏州园林里都有假山和池沼。假山的堆叠，可以说是一项艺术而不仅是技术。或者是重峦叠嶂，或者是几座小山配合着竹子花木，全在乎设计者和匠师们生平多阅历，胸中有丘壑，才能使游览者攀登的时候忘却苏州城市，只觉得身在山间。至于池沼，大多引用活水。有些园林池沼宽敞，就把池沼作为全园的中心，其他景物配合着布置。水面假如成河道模样，往往安排桥梁。假如安排两座以上的桥梁，那就一座一个样，决不雷同。池沼或河道的边沿很少砌齐整的石岸，总是高低屈曲任其自然。还在那儿布置几块玲珑的石头，或者种些花草：这也是为了取得从各个角度看都成一幅画的效果。池沼里养着金鱼或各色鲤鱼，夏秋季节荷花或睡莲开放，游览者看‘鱼戏莲叶间’，又是入画的一景。”这一段落没有明显的中心句，或者说中心句的意义表达不够充分。这时我们可以提炼核心要素“假山和池沼”，再进行意义的聚合，不难得出这个段落是写假山和池沼的艺术特色。

提炼归纳了各文段的大意之后，就可以进行段意的连接关联。整个篇章的意义往往是由若干个自然段的段意组成的。概括篇章大意时要归纳出每个自然段的段意，然后再将每个段落的意义联系起来。比如《苏州园林》共有10个自然段，大意分别是苏州园林的总体概述、苏州园林的共同特征、建筑的布局、假山和池沼的艺术特点、花草树木的映衬、近景和远景的层次、细小角落的图画美、门窗的设计和雕镂、建筑的色彩装饰、总结引起回味，概括段落大意后根据上下文的关系将其进行连接关联，形成结构性的理解。我们可以把这10个段落的意义分为三个大的层次：第一个层次主要是总领全文，说明写作意图，交代苏州园林作为园林"标本"的艺术价值；第二个层次从各个角度介绍说明苏州园林的图画美特征；第三个层次进行总结激起读者的游览兴趣。连接关联的目的是理清文本的意义结构，意义结构呈现出来了，整个文本的大意也就非常清晰了。

最后再进行归并整合。一个文本是一个有机的意义整体，文段之间、层次之间是有一定的结构和意义关系的。对各文段进行归纳并连接关联之后，仍需要有一种文本的整体观，对零散的意义碎片进行归并、拼合、还原。《苏州园林》中无论是建筑的布局、假山池沼的艺术特点，还是花草树木的映衬、近景远景的层次等，实际上都是整体的园林的图画美，只不过文章是从每一个角度进行说明介绍。

（四）题文、前后对照法

有两种阅读方法可以帮助我们较快地理解文意，一是将文章标题与文本内容进行对照阅读，二是将文本开头与结尾对照阅读。文章题目常常是作者关注的焦点，或是文意核心、关键所在。当然，文体不同，文章拟题的方式、方法，以及文题的功能也就不同，这是需要注意的。文章开头和结尾也是揭示文章立意的关键处，两相比较印证更能较快地理解文本主题意涵。当然，文体不同，风格不同，行文技巧亦有别，我们不能僵化地运用这一方法，而应该根据不同的文体寻求恰当合宜的理解方法。

有很多文章的标题本身就揭示了文章的大意和主旨，通过题文的对应、对照可以快速地把握文本的大意。比如小说的标题往往具有文意暗示性，匈牙利作家厄尔凯尼·依斯特万在谈到小说标题时说："最要紧的是，看清标题！作者力图言简意赅，所以不会给文章乱安标题。我们乘电车前总要看清楚它往哪里开，读我的小说先看标题也和这一样要紧。”[1] 作者对小说的标题进行精心的设计和安排，标题或暗示情节，或辅助塑造人物形象，或升华思想内容，一旦破解题文之间的关系，文章大意自然明了。以鲁迅的《祝福》为例，标题暗示了整个故事开展的重要时节、环境，与祥林嫂的悲剧人生形成反衬，通过题文的照应，我们更加容易理解人物的悲剧性与文章的写作技巧，更加容易通过自然环境透视社会环境。再比如鲁迅的《药》，这篇小说的标题更加具有典型性。一方面这个标题概括了情节的发展，小说正是围绕“买药”“吃药”“议药”“吃药的后果”展开的。同时，标题还连接了小说的明暗两条线索，华、夏两家一明一暗的线索正是由“人血馒头”连接起来的。这一标题还升华了小说主题，具有一定的象征意义，“药”正是人血馒头，而且是革命者的鲜血，这无疑具有强烈的隐喻性，使人思考疗救中国的“药”到底是什么。

不仅小说的标题具有揭示文章大意和主旨的特点，其他文体亦是同理。如《荷塘月色》一文，标题就揭示了文章的画面图景，通过这幅画面可以进入作者的精神世界。再如对《陈情表》的教学解读，东莞中学松山湖学校的庄照岗老师就试图从标题入手，围绕标题提出谁在“陈情”、向谁“陈情”、为什么要“陈情”、“陈”什么情、如何“陈情”这些问题，有效地带动了课堂教学。庄照岗老师说：“题目是文章的眼睛，是文本内容与主旨的高度提炼与概括，是指引学生进行阅读、思考、感悟和探究的重要切入口。从题目入手细读文本，有利于准确把握文本的关键与核心，快速理清思路，顺利地完成教学任务。”[2]

作家在写作时为了表现文章的结构艺术，常常在一篇文章中，前后有所铺垫相互照应，首尾照应、前后照应都是这样的典型手法。那么对于这种文本的解读正需要从这种照应入手，理解了作者的照应意图，就可以找到切入文意的口子，掌握文本的大意。在课文中首尾照应、前后照应的文本还是比较多的，如《桂林山水》开篇“人们都说：‘桂林山水甲天下。’我们乘着木船，荡漾在漓江上，来观赏桂林的山水”与结尾“这

---

[1] 依斯特万. 一分钟小说[J]. 柴鹏飞，译. 世界文学，1981（1）：118-135.

[2] 庄照岗. 细读文本：从题目入手——《陈情表》教学探索[J]. 教育研究与评论（中学教育教学版），2015（1）：83-85.

样的山围绕着这样的水，这样的水倒映着这样的山，再加上空中云雾迷蒙，山间绿树红花，江上竹筏小舟，让你感到像是走进了连绵不断的画卷，真是‘舟行碧波上，人在画中游’”，通过前后照应的连通解读，我们可以得知文本通过对桂林山水的特点进行描写，赞美了桂林山水的秀丽。这种首尾照应的方法使得文本结构完整，来龙去脉清晰，而抓住这种首尾照应正好为我们解读文本的大意提供了最直接的路径。

（五）文眼析取法

文眼是文章中最能提示主旨、涵盖内容的词句。文眼可能在文本中有规律地重复出现，也可能在关键处突然出现。中心句常“有规律”地出现在各语段的开头或结尾；“关键处”常常是造势已足、蓄情已沛的承转结节之处。抓住了文眼也就得文章的要领或能提纲挈领。文眼就像是一篇文章的“眼睛”，是全文的关键所在、主旨的寄寓之处。在阅读中如果能够抓住这个“眼睛”，就可以通向作者的心扉，就像推开一扇窗户一样，文本的意义突然豁然了、通透了。

文眼有时就出现在标题上，这种文眼我们也称之为“题眼”。寻找题眼与上文的“题文照应法”有一定的交叉，但是题眼更加强调标题本身对课文的中心思想的高度概括。然而，在实际阅读教学中，人们比较容易忽略对题眼的解读，不重视题眼在文意解读上的作用。小学语文教材中有很多文眼在标题上的文本，如《神奇的克隆》《科学怪人》《黄山奇松》《师恩难忘》等。以《师恩难忘》为例，从标题上看，“师恩”和“难忘”正是整个文本结构匠心的表现，也是文本大意的凝练表达，教学解读正是需要抓住这个匠心所在。作者通过回忆儿时老师的点滴故事，比如如何教描红，通过讲解故事进行教学等，一方面体现的是“师恩”，是叙事；另一方面作者通过自身的体验和感情，如“他口才、文笔都很好”“我听得入了迷，恍如身临其境”“这些故事有如春雨点点，滋润着我”“感谢老师在我那幼小的心田里，播下了文学的种子”，表现的是“难忘”，这是情感的表达。

文眼也经常出现在篇首或文末。很多文章往往开门见山直接点题，将文眼放在篇首，如《詹天佑》开篇“詹天佑是我国杰出的爱国工程师”正是文眼，《荷塘月色》开篇点出“这几天心里颇不宁静”也是文眼。有些文章的文眼处于结尾，在结尾处总结和升华。如《槐乡五月》的结尾“五月，是槐花飘香的季节，是槐乡孩子的季节”也是文章的文眼。抓住了篇首或篇尾的文眼就可以总揽全文。当然也有些文章的文眼并不在文本的显明之处，而是较为隐蔽地融在文本中，是需要我们去寻找的。这些文眼或是过渡句，起到承上启下的作用，同时概括了整个文本的大意。如《赵州桥》中“这座桥不但坚固，而且美观”，整个句子既起到承上启下的作用，又总揽了全文，概括了文本的大意。再如《伟大的友谊》讲述了马克思、恩格斯的友谊，过渡句“在生活上，恩格斯热忱地帮助马克思，更重要的是在共产主义事业上，他们互相关怀，互相帮助，亲密地合作”也具有同样的作用和意义。

除此之外，文本的眼睛也可能是一个关键词，以“词眼”的形式出现。文本有时候并没有明确的文眼，但是可以提炼出最能体现文章意蕴的关键词，这个关键词也能够高度概括全文，揭示文章的主旨大意，表现思想情感，成为全文的纲领。

例一：《敬畏生命》的“语言卡片”

1. 一个文眼

敬畏生命

2. 一组雅词

浑然不觉　无以名状　不计成本

不分昼夜　惊心动魄　蔚然成阴

3. 一种“复说”句式

满心所感到的是一种折服，一种无以名状的敬畏。

有些飘到草地上，有些飘入湖水里。

整个下午，整个晚上，漫天都是那种东西。

4. 一组“点题”句

满心所感到的是一种折服，一种无以名状的敬畏。我几乎是第一次遇见生命——虽然是植物的。

我感到那云状的种子在我心底强烈地碰撞上什么东西，我不能不被生命豪华的、奢侈的、不计成本的投资所感动。

……

教学价值分析：这样的语言卡片，让教师对课文有精细的了解。卡片中六个方面的内容，几乎都可以用来进行教学设计。[1]

余映潮在《语文课文创新研读的方法》一文中举了《敬畏生命》的语言卡片分析法的例子，这里的前四点实际上都可以归为文眼析取法。事实上不仅可以通过文眼析取法解读文本大意，还可以在教学中把文眼转化为"课眼"，使之成为推进课堂教学的一条重要线索，形成流畅的课堂教学。

（六）技法、修辞观照法

尽管在阅读教学中对文章技法和修辞的评析常常是在读懂文意之后进行的，但了解、掌握一些文章的技法、技巧、修辞手法，也能先行地帮助我们较好、较快地理解文本内容。不同的文章在使用技法和修辞上多有区别，比如议论性的文章擅于推论，写人写事之后加以发挥进行议论，议论也是从人事中引出道理；说明性的文章常常会呈现表格、列出数字，或做诠释解说；抒情性的文字常用比喻、拟人、象征等修辞手法；等等。当我们得知某些技法、手法在文中大量运用，便可察知该文的文体特征，从而调整阅读思维，进而运用恰当的阅读方式来识读文本，辨识文本的意图和意旨。

技法、修辞虽然不直接指向文本的意义层面，但是提前观照技法、修辞，对于进入文本的意义层面具有一定的帮助。以古典诗词的鉴赏为例，对古典诗词的思想内容的掌握和赏析，如果能从技法、修辞角度入手，将会事半功倍。以王安石的诗《梅》为例："墙角数枝梅，凌寒独自开。遥知不是雪，为有暗香来。"如果直接进行文本的解读可能只看到梅花的特点，但是如果能够在技法上观照诗歌，了解这里运用了托物言志的象征技法，就能想到这首诗最终要表达的是人的品质，是由物及人，事实上诗人是要通过对梅花不畏严寒的高洁品性的描写来以梅自喻，表达对这种精神品格的追求。再如，苏东坡的《念奴娇·赤壁怀古》使用的手法是借典抒情，这就为我们思考诗词的思想情感提供了便捷的通道，我们只要探究典故与词人的境遇之间的联系就可以找出诗词背后的情感，

[1] 余映潮. 语文课文创新研读的方法[J]. 中学语文，2013（4）：14-16.

抓住诗词的大意。再推广开去，但凡使用怀古手法的必定有古今的比较，但凡有托物言志必定有物的特点品质及人的品性等。散文也具有十分鲜明的技法特征，可以通过技法观照来通达意义。以朱自清的抒情散文《荷塘月色》为例，文章运用了博喻、通感、引用等多种修辞手法，由技法、修辞而观之，作者力图描绘“荷塘月色”的纯美境界，这个境界既是审美的境界，也是作者追求的自由境界、精神家园。从技法、修辞角度进行观照确能窥见文本大意之一斑，比如其中的引用手法的使用，文章引用了《采莲赋》和《西洲曲》，实则表达对美好生活、自由境界的向往，同时也表达了对江南的思念之情。

例四 :《寓言二则》的“技法分析”

赫耳墨斯和雕像者

赫耳墨斯想知道他在人间受到多大的尊重，就化作凡人，来到一个雕像者的店里。他看见宙斯的雕像，问道 :“值多少钱？”雕像者说 :“一个银元。”赫耳墨斯又笑着问道 :“赫拉的雕像值多少钱？”雕像者说 :“还要贵一点。”后来，赫耳墨斯看见自己的雕像，心想他身为神使，又是商人的庇护神，人们对他会更尊重些，于是问道 :“这个值多少钱？”雕像者回答说 :“假如你买了那两个，这个算饶头，白送。”

这个故事适用于那些爱慕虚荣而不被人重视的人。

这个故事的写作告诉我们——

1. 怎样拟寓言的标题 : 往往不直接表现寓意，而是注重突现故事中的“人物”关系或者事件。

2. 写寓言怎样开头 : 往往直接进入到一个具体的故事情节之中，没有铺垫，也没有渲染。

3. 寓言怎样展开 : 将故事当作一个“细节”来描写，简洁，生动，丰富。

4. 写寓言怎样收束 : 往往可以将作者所要表达的意图直接点示出来，这就是“道理”。当然，我们也可以想到，作者的表达意图也可以不点示出来，而让听者、读者去揣摩、理解故事所要表达的含义。[1]

以上案例是余映潮对寓言的技法分析，通过这种技法分析理解寓言

[1] 余映潮. 语文课文创新研读的方法[J]. 中学语文，2013（4）：14-16.

的写作理路，体认寓言“讲故事说寓意”的文体特征，充分理解寓言思想表达的路径和轨迹，沿着这个技法的观照路径走进文本就可以通达文本的意义层面。

（七）文体阅读法

文体知识与文本理解是循环互惠的，事先具备一定的文体知识对理解文本内容无疑具有较大的帮助，反之，理解了文本内容也有利于深入理解文体特征、文体结构等文体知识。本文直读不需要先准备资料后阅读文本，但并不是指要剔除读者已有的相关知识，事实上，无论怎样阅读，“前理解”和既有的文化经验都是不可回避的，且它们恰恰是阅读理解的基础。“前理解”和既有的文化经验越丰富，新的理解才会更丰富。因此，学生如果了解、掌握了一定的文体知识并在文体知识的引领下进行阅读，其阅读方法可能会更加恰当，理解起来也更得要领。这种在文体知识引领下的阅读便是文体阅读法。

曾祥芹指出：“文体，即指文章的体裁样式，它是文章构成的一种规格和模式，反映了文章从形式到内容的整体特点。”[1] 文体和阅读之间存在着特定的关联性，就是说什么样的文体就应该有与之相对应的阅读姿态和阅读方法。作者在创作文本时也是依据文体特征，根据写作的目的、要求、对象选择恰当的文体样式来组织内容、安排结构、表达思想感情的。因此，读者只有具备一定的文体知识和文体素养，才能根据不同的文类、文体摆正阅读姿态，选择适当的解读方法，达成适当而有效的解读。这种阅读姿态和准备是调动自身储备的相关文体知识来观照文本的意义，读懂文体进而读懂文意。比如阅读小说，我们知道了人物形象、情节、环境等基本要素，阅读时自然可以通过抓住这些要素从而很快地理解文意。比如阅读《孔乙己》，我们已经具备了小说的文体知识，知道这个文本是一个虚拟的故事，通过梳理文本的故事情节，分析孔乙己的人物形象，了解孔乙己的悲剧结局背后的深层原因等，就可以探求文本的意义，进行文意的解读。我们将在下一节专门论述“文体通读”的方法和策略，此处就不再对文体阅读法展开论述。

---

［1］曾祥芹，张复琮. 文体阅读法［M］. 开封：河南教育出版社，1992：1.

（八）词频统计分析法

词频统计分析法是一种很有效且很有意思的解读方法，但我们在阅读教学中很少使用这种方法。这种方法是对文章中一些重要的词语进行提取，统计它们出现的次数。某些词语（主要是实词）在文中反复出现，则表明作者对某一意向特别关注，这个被特别关注的意向就是作者想表达的意思。在教学实践中，不仅可以统计某一词语的重复率，还可以统计同义词、近义词的数量。这些同义词、近义词的多次出现，不仅揭示了文本意旨，而且从多个侧面、维度对某一意旨进行叙写。运用词频统计分析法常常能把对词语的学习掌握与对课文的理解融为一体。

从语言学的角度而言，文本的创造者或多或少对某些词汇具有一定的偏好，而这种偏好一方面体现为作者的语言风格，另一方面体现为文本的意旨走向。因此，词频统计分析法就可以成为我们解读文意的一种方法，即通过分析重复率较高的词汇进入文本的语言世界，去探究语词背后作者的思想感情。以陶渊明的诗文阅读为例，有人曾对其诗文进行词频统计，在其诗文中"归"字出现的频率较高，一共出现过55次。总体而言，陶渊明的思想情趣不正与"归"字的意涵相契合吗？这个词的使用情况表现了陶渊明本人的语言风格、思想情趣。陶渊明在其诗文中多描绘自然景观、山水田园，田园隐逸生活是其诗文的主要内容，从词频上看，"归"字充分表达了陶渊明"回归"山林田园的情趣，表现了他高洁不逢迎的品质，在"归隐"思想的背后他有时也乐天安命。而"归"字在陶渊明的单篇诗文中虽然没有那么高的重复率，但是依然可以找到与其同义或近义的词汇或潜在的意思。如《归园田居（其一）》："少无适俗韵，性本爱丘山。误落尘网中，一去三十年。羁鸟恋旧林，池鱼思故渊。开荒南野际，守拙归园田。方宅十余亩，草屋八九间。榆柳荫后檐，桃李罗堂前。暧暧远人村，依依墟里烟。狗吠深巷中，鸡鸣桑树颠。户庭无尘杂，虚室有余闲。久在樊笼里，复得返自然。"不适俗韵，爱丘山，隐含的正是"归"；三十年误落尘网，是思"归"；羁鸟、池鱼思念旧林、故渊，也是念着"归"；对田园山水之景的描写，也是要"归"；久在樊笼中，终于归返自然，还是强调"归"。在《归去来兮辞》中也是一样，"归去来兮，田园将芜胡不归"。回归自然，回归山水田园，回归隐逸生活。

在陶渊明的诗文中“鸟”出现的频率也很高，屡次出现归鸟意象，“鸟倦飞而知还”表达了陶渊明返璞归真、向往自由的情感。

再比如在《囚绿记》的正文中“绿”字一共出现25次，从使用频率上可以看出，其在全文中具有重要的作用，它包含了复杂的情感因素，引领了全文的情感走向。一方面“绿”是整个文本的结构线索，文章是围绕“爱绿—囚绿—释绿—念绿”这一线索展开的。另一方面“绿”字本身具有象征意义，在讨论文眼分析法时我们也分析了“绿”实际上是全文的关键词，具有文眼的地位，象征着对自由的追求。如果再结合文本的背景，就很容易抓住文本的意义了。

我们从文章的题目“春酒”开始。《春酒》中，“春酒”出现了几次？连题目一共是9次。“八宝酒”出现了几次？7次。这是关于“酒”的统计。《春酒》中，另一个给人感觉出现次数较多的词语是“母亲”，一共出现了13次。如果加上指代“母亲”的“她”——出现9次，“母亲”出现的频度已经接近文本叙述者“我”——共出现28次。从文体学角度讲，谁出现的次数最多，谁就是文本中最重要的角色。“我”是文本的叙述者，出现的次数自然会最多，因为文本是“我”在回忆小时候的生活情景。然而，文本虽然叙述的是“我”小时候家乡邀饮春酒的活动，但叙述内容却主要是“邀饮春酒”活动时母亲的言行。从这个角度讲，母亲显然是文本中的主角，“春酒”只是一种“我”回忆母亲时的必要道具，“邀饮春酒”则是“我”回忆母亲时必不可少的活动场景，“八宝酒”则因为是母亲亲手酿造，就成了母亲的写照。[1]

上面这个案例是浙江绍兴鲁迅外国语学校的董水龙老师运用词频统计的方法试图从不同的侧面和角度来探析《春酒》一文的文意，可以说是另辟蹊径，找到了一个新的视野。通过这种独特的解读方法，董水龙老师破除了一般教参的限制和束缚，提出了自己对《春酒》的认识和理解，认为《春酒》的主旨应该是“思家”而不是“思乡”。语言是思维的外在表征，特定的思维方式、思想情感会表现为特定的语词，文本的创造者有意或无意间都会体现出对于某些语词的偏好，如果我们在解读文本时，

[1] 董水龙. 以词频破译作家心灵密码——运用文体学解读《春酒》[J]. 语文教学通讯，2014（14）：54-55.

能细心探查这种倾向的量化表现，对于某些作品而言具有较高的文意解读价值。从某种程度上说，文本展示了创作者个人的思想心灵历程，通过词频统计法，或许更能追寻作者的心灵历程，甚至可能解开作者最为隐秘的心灵密码。

二、读懂文意的三个层面：指称、编织、构造

文章是作者使用语言这套文化符号来表达其对自然、社会、心灵的认知、理解与态度。语言对于作家而言既是基本的工具，也是精巧的魔方。在文章中，既有作家认知的实指世界，也有作家理解的独特世界，还有作家构想的艺术世界。我们阅读作品既要通过作家认知的世界去认知世界，也要通过作家理解的世界去理解世界，还要通过作家构想的世界去体悟世界。

（一）“指称、编织、构造”三层释义的基本含义

释义，顾名思义，就是指对文本意义的阐释。让学生进行释义可提高学生的认知水平，扩展学生的认知视野，发展学生的认知思维能力。文本和文本中的话语、词语的指称义可让学生获得对大千世界、万象众生的了解、认知、理解；编织的文本可以引发学生对作者认知世界与再现世界的方式、视角、选择取舍、扬抑显隐的思考，并进而审察、理会他们认识世界的门径、视角与视界；构造的文本可以让学生了解并察知作者所表现的主观世界、所表达的思想情感以及表现、表达的方式、途径。这样我们在阅读文本时，不仅通过语言文字符号，而且通过作者的睿眼慧心来认知世界，这两点正好可以让学生站在语言文化的角度和高度来认知世界，由此可以很好地发展学生的认知思维能力。

1. 指称层

指称层是指对文本词语、篇章的语义学的理解。最基本的是字词的指称，即词语表达了什么，称述的对象是什么，内涵是什么，也就是名与实的对应关系。通常一篇文章的指称层语义越丰富，包含的信息量就越大，文章的意涵也越丰富；指称所用的词语越新颖，越容易产生陌生化的表达效果，也就越容易激发读者的联想、猜想，从而产生新的理解，

突破已有的意义局限。如果只是重言滥语，有过多的语义重复，反而会破坏文本整体的意义结构。比如《囚绿记》一文，“囚绿”就是一个陌生化的指称，它会促使人们产生猜想，去探究这个“陌生化”背后的丰富意蕴和意义系统。再比如鲁迅的小说《药》，“药”的基本义、词典义是容易理解的，但是其在文中指的则是“人血馒头”这个“实”，这个指称的背后还包含着更深邃的语境义和社会意义。对这个词语指称的释义，需要将这个指称放在特定的语境中，放在文本语义群里面去理解。关注了文本语境，才能准确理解文中词语的含义。除了对字词的释义，还有对句法和篇章的释义。从句法角度看，语句的排列、连接都会生成丰富的语义，这是句法的指称。比如朱自清的《背影》里有这样一段：“回家变卖典质，父亲还了亏空；又借钱办了丧事。这些日子，家中光景很是惨淡，一半为了丧事，一半为了父亲赋闲。”通过将“典质”“亏空”“借钱”“丧事”这些指称的意义连贯起来，形成一个段落篇章的指称，当时朱自清家庭的基本情况——“惨淡”就极为鲜明地展现出来了，这背后的情感含义就都能从句法结构中读出来了。

2. 编织层

通过对词语、语段的语义编织来表达作者的意思，这就是编织层的指向。犹如编织毛衣，按照一定的方法，让语义相互穿插、交织以达到期望的表意效果。编织，包括叙事的编织（事件、事物）和事理编织。编织层是将“事”进一步形成意义的结构网络。编织层在说明性、叙述性、写实性的作品中表现较突出，比如布封的《松鼠》一文，开篇就说“松鼠是一种漂亮的小动物，乖巧，驯良，很讨人喜欢”，这就是整个文本的编织纲要，体现了文本说明的视角和取舍，文本就是从漂亮、驯良、乖巧这三个方面进行编织的。对叙事文本的解读还可以从叙事视角的选择、时空的编织等角度切入，以高中语文教材中的历史人物传记为例，如《张衡传》，文本以张衡“善属文”“善机巧”“善理政”为纲组织全文，显示了张衡作为文学家、科学家、政治家的才干与成就。范晔继承了司马迁、班固等人史传文写作的传统，在事件叙述的编织上因人取事，因事敷文，形成了其叙事编织艺术。张衡一生行事众多，成就卓著，品格高尚，如何取其精又不失于偏，虑及全又不流于繁，这是需要一定的编织技巧的。

这篇传记仅以七百余字就概括了张衡六十二年中善属文、善机巧、善理政等方面的杰出成就。全文以时间为序，叙其一生；以“善”为纲，统率题材；以“妙”为目，传其精神，因而所写方面多而不杂，事迹富而不乱，文虽简而概括全。

作为课文的历史人物传记，不仅体现作者的编织技巧，还充分表现了编者的编织意图，大多古代文言传记由于篇幅的原因，编选入教材作为课文文本时要进行一定裁剪，这就是编者的编织。人教课标版高中语文教材编选的《苏武传》，其编织结构体现出作者、编者精于剪裁、善于布局的特点。课文始终围绕着苏武的爱国精神和民族气节进行事件的编织。苏武的一生经历颇多，但班固只截取他出使羁留匈奴的十九年生活进行叙写。在这十九年中，又只选取了几个典型场面做浓墨重彩的描绘，如两次自戮、幽禁断食、北海牧羊、李陵劝降等。这几个场景中，随着一次次考验的出现，人物的精神境界不断得到升华。当我们要陈述一个已存的事物，叙述一件事时，都存在编织的问题，而通过编织什么、如何编织、编织成什么这些问题，可以探究作者、编者的编织视角、意图和思想情感。

3. 构造层

构造层是针对创造性、想象性的作品而言，它区别于写实作品的编织。所谓构造，即作者根据想象、情感等进行着意拼合。构造层在诗歌中的表现尤为突出，以意象的构造为典范，构造层不再是“名”与“实”的对应，而是人类诗性思维的高级呈现，从生活语言、情感语言走向了诗性语言，正如海德格尔所言“诗意地栖居”。古典主义诗学、浪漫主义诗学思考的是“名”与“实”，语词被看作是模仿、表达实在的工具，“实在”是中心，“语词”是工具。形式主义和结构主义诗学则将“实在”搁置起来，关注语词，认为语词与语词是一种自足的审美系统。而存在论诗学则将“诗”“思”合一，介入诗性思维之境界，构造层可以说是这种诗性思维的表现，因此也可以说语词的释义并不是简单的“名”与“实”，语词的想象性的构造也是具有意蕴的。比如《天上的街市》《乡愁》等诗歌，作者都是借助选取的各种想象的、具有联想性的意象构造而成的，而不是借助客观实在或事件编织出来的。

之所以要将课文的释义进行分层，主要是针对现实的教学问题。教学中对词语的解释常常存在概念化的倾向，基本义和语境义不加区分，学生在学习一个词语时，就词解词，没有建立起词汇树、形成语汇群，导致很难正确运用所学的词语。教学实践中，一些教师没有集中力量充分释义，而是把大部分精力用在了微言大义上，往往没有对基本词语、关键语句进行释义就开始营造氛围，让学生体验情感、感受精神，得出要向各种崇高的精神价值靠拢的结论。我们并不是一味地排斥后者，但如果没有释义层作为坚实的基础，情感就一定会被架空甚至变异。

（二）指称、编织、构造三者的关系

在释义层内部，指称、编织、构造三者间既有层次性，又可以互动生成。

1. 内部关系

如果从释义层内部来看指称层、编织层、构造层这三者的关系，第一种是封闭的动态关系。从理解的逻辑顺序来说，构造层是释义层的核心层，它表达出来的是文本的意蕴，是作者的情感和思想。以意驭言，胸有成竹，也就是说从文学创作的心理轨迹上来看，是先构造、编织进而才指称的，这是作者审美迹化的一个基本过程。以人教课标版高中语文必修四苏轼的《念奴娇·赤壁怀古》为例，词人来到赤壁，其构造就开始了，生活的经历、此情此景都触发其复杂的心境，词人得此心境，形成神游的构造之意，当然此时的构造之意还是模糊的、朦胧的，仍然是“胸中之竹”。构造层“以心观物”，一切着我之色彩，着构造之意，是作者带着某种心思或者情感或者意念等，去看、去想、去感受，从而看到景物、感受画面，这些景物或者画面的主观性较强，罩上了观看者个人的情感色彩。“江水”“乱石”等原本是静态的物、外在的实体，然而当它们与词人的审美心境相遇，词人将这些静物、实体与历史想象构造成浑然天成的“胸中之竹”，这个时候心与物结合，物与我合一，于是词人带着这种特定的心境开始将其“迹化”，也许“我”眼前还看到了其他的人物或者景色，但“我”选择视而不见，有所取舍地把这些景物穿插编织成一幅画，这就是作品的编织。而有了这个总体的画面，就可以选择特定的个人化的符号语词来指称其中的意象或者概念，确定选择什么样的诗体、语词来描绘此情此景的赤壁。这在逻辑顺序上是一个由内而外、由情意到言辞的过程。

当然这是一种理想化的创作过程，这个过程是一挥而就、一气呵成的，但是实际的创作过程也可能是复杂的，那么指称层、编织层、构造层这三者的关系就会在内部动态化，“胸有成竹”是构造决定编织、指称，但有时也可能是编织好了反过来修改构造，比如创作者在编织的时候并没有自觉到“自我”，就像弗洛伊德所说的“冰山”，而是通过反思自己的编织才发现内心真正所想。另外，诗人或者艺术家也很有可能直接从意象出发，他最初并没有一个明确的构想，就从意象出发来把握眼前的世界。这种创作心理过程就是传统诗学所说的“起兴”，是由物而我，由物来触发我。总之，从创作的迹化角度而言，这三者是一种封闭的动态。从接受欣赏的角度看，逻辑关系就会掉转头来，先以“指称”的释义为起点，进而感知“编织”，领悟“构造”。

第二种是动态的互动视角，这三个层次构成的是释义的开放动态关系，未必有明确的逻辑起点。比如一个人之所以有这样的心思，正是因为他看到了、感受到了这样的情境，而能够感受到某种可以言说的情境（哪怕是内部的言说）也取决于他拥有怎样的语汇和逻辑系统，否则如果自己都无法指称当下的情感或者心思，那么只能获得一种莫名混沌的感受，不可言说。换言之，未必是心思决定意境和语词指称，也可能是心思受制于语汇储备和意境感受。比如两个人可能都有“被贬谪的心境”，但一定会由于生活史、阅读史、情感经历、思维水平、语言修养等个人差异而选择不同的意象，编织出不同的意境，再用不同的符号语词来指称，形成不同的表达。

2. 外部关系

从阅读教学整体来看，释义层和解码层、鉴赏层之间也是有互动关系的，它们并不是一种简单的线性关系。

前文说过文意通读是阅读教学的基础和起点，读懂文意是实现基本理解的途径，也是本文直读的基点。那么在阅读教学的三个层级中，释义是解码和鉴赏的基础，释义层可以看作是解码层和鉴赏层的原点，解码和鉴赏都必须建立在基本理解文本文意的基础之上。但经过阅读的解码、赏析之后，会产生更丰富的文本释义，这时释义又成了终点。

这种原点基础并不一定就是起始点，释义、解码、鉴赏并不一定是按先后顺序发生，而更有可能是纠缠交融在一起的。面对文本时，读者刚刚进入初始的释义层面，可能就已经深入文本，沉浸在欣赏层面了。这时的欣赏是鉴赏，是初级阶段，但也可能获得最贴近文本的审美感知和体验。因为经过解码、分析，会由赏而鉴，理性的成分会增加，感性的审美会沉隐或转向。比如读到《念奴娇·赤壁怀古》中有气势的画面就会触发审美的感知和体验，但是通过对典故的释义就会转到对苏轼的内心世界的理解上来，这就是由赏而鉴、由情而智的过程。

3. 三个层面之间的相互促进

尽管不经过解码与鉴赏也可以释义，但经过解码与鉴赏之后，释义会变得更加丰富。比如对文中一些关键词句的理解，初读时从常识来理解是一个意思，但经过解码与鉴赏，经过对文体风格、艺术特色、艺术境界的体悟，语词就附加上了作者意义、读者意义和作者与读者对话产生的互动意义，释义就不断叠加累进、螺旋式上升。而丰富释义又必然推动解码和鉴赏不断地到达新的起点，这可能就是一些经典文本能够不断被开掘出新意的原因。它们之间有意义上循环的可能和重新阐释的空间。

鉴赏的对象可以是释义层，也可以是解码层，但是鉴赏——尤其作为一种审美的赏、感性的赏——对释义层的赏是直接的，对解码层的赏可能是间接的。即“我”无法借助感性去直接体验从文本解码中获得的美感，而有必要将解码所得复归到文本的释义层面，形成一个完整的意义世界才可以进行审美。

通过对文字的阅读形成初步的释义，借助初步的释义形成画面，再借助画面的渐次展开获得许多线性文字无法言传的含义，但这些含义又必须还原到文字的线性表达之中才便于理解。由此可见，对文本的鉴赏丰富了对文本的释义，让读者获得更多的结构性意义，即鉴赏促进了释义与解码。

（三）释义层的教学价值

在阅读教学中对课文的解读层级做出指称、编织、构造的划分，这方面的思考直指阅读教学的问题和症结。根据一些一线的实践体会和课堂观察，当前语文阅读教学存在文本的释义层和解码层得不到深入的现状，阅读教学草率地进入鉴赏层，并走向泛人文化，导致解读出现逻辑混乱的情况，学生的语词理解基础能力没有得到夯实，思维得不到很好的建构和发展，文化素养、审美能力等诸多语文学科的核心素养没有得到培养。

释义层是人们通过文本对世界进行的认知与理解，即“兴观群怨”中的“观”。在传统社会，文本的认识功能是不言而喻的，即便是在知识的传播已经十分便捷和迅速的现代社会，文本仍然具有认识的价值，特别是对于处在小学、初中阶段的学生而言，文本释义层的认识价值是必要的。现代社会中的图像信息传播方式，虽然具有直观性，但是也带来了语言素养的退化，比如观看《红楼梦》影视作品是不能替代其文本阅读的。深邃的思想、高超的艺术、博大的文化，通过语言文字的呈现，更能体现背后的意蕴，也更能培养阅读者的文化素养。

借助文本的释义层来认识和理解世界，通过文本这个通孔来观察世界，发现作者建构的世界，并与读者自己所认识的世界共振。在阅读教学中，释义层有其独特的教学价值，我们从释义层的三个层次分别来讨论。

1. 指称层的教学价值——披文得意

刘勰说：“夫缀文者情动而辞发，观文者披文以入情。”（《文心雕龙·知音》）创作和阅读的心理过程的媒介都是“文”，创作是一个“迹化”的过程，阅读是一个“潜入”的过程。可以说指称层正是这个“潜入”过程的“楔子”，以此来“披文得意”。卡西尔说“人是符号的动物”，凡事物之“实”均有一个“指称”，不同语言可以表达不同的意思，同一语言内部相同的观念也可以用不同的语词来表达。阅读就是要借助这个“符号”的阶梯跃入丰富的意义空间，对于阅读教学而言，指称层的教学价值就在这个“跃入”的过程中。

对于学生来说，借助文本的阅读，理解其中的指称，建立符号和意义之间的联系，借助对这个阶梯跃入丰富的意义空间，就是在不断丰富自身与整个文化的联系。这种联系越多，理解就越丰富，进入文化的程度就越深，进入越深就越能涵养自身，就越能彰显阅读的教育价值。借助文化符号的理解，指称层的释义有这样两个层次：一是“语表”的层次，语表层次的释义主要是符号释义、字典释义；二是“语里”的层次，语里的层次包含语境释义和文化释义。以《背影》为例，“背影”一词的语表义是简单的，就是指“人的背面形象”。但是在文本中，其语境义、文化意义显然是丰富的，“背影”在语境中指称作者的父亲的背影，包含作者对父亲的深挚情感，从语境义中可以读出其隐含的亲情。再进一步释义，就是其文化的意义，一种对伦理精神的理解，一些对社会的思考，一种对生命的追溯等。这就实现了“符号”的“跃入”，语词符号在个体的阅读过程中通过作者、读者的思维管道实现了文化的建构。

语词符号只有进入特定的文本才可能产生释义的阅读教学价值，才会产生文化释义的空间。语文阅读教学对释义层的关注，常常是一种抽离的关注，比如说将一些重点语词挑出来，让学生进行词语解释式的理解，这种架空和抽离的释义是不可能充分产生释义的教学意义的。由于指称建立的是符号与意义的联系，对于阅读教学来说，就是要培养学生通过语词符号“跃入”到意义的素养，这种意义联系越丰富，学生对文本的理解就可能更深。这个释义层与新一轮语文课程改革所提的“语言建构与运用”是一致的，释义的能力也是以语言的建构与运用为基础，并在学生个体语言经验的建构过程中得以实现的。进而触及“思维发展与提升”，语言的发展与思维的发展相互依存，相辅相成，语言从习得向思维的跃迁，就是一种借助语词还原的能力。作者借用一些语言符号展现其思维和意义的世界，学生应通过这个指称，还原其所指称的事物或事理，还要进一步进入思维和意义的世界，并通过这个通孔来观察世界。扎根文本是一个基础、一个楔子，看似最原始的意义解释却是最丰富的意义之源泉。

2. 编织层的教学价值——纵横交错

编织层主要涉及概念和命题之间的关系问题，编织层是进一步形成意义的结构网络，编织层在说明性、叙述性、写实性的作品中表现突出，是对“事”的编织，包括对事件、事物的编织和对事理的编织。在传统的叙事学框架中，中小学语文课堂多以情节四要素“开端、发展、高潮、尾声”来进行叙事结构的分析，这种叙事分析是比较表层和粗浅的，是外在的形式逻辑的划分，如果从这样的形式逻辑结构来进行叙事性的阅读教学，可以说其教学价值是比较小的。因此，在释义层中我们提出“编织”来理解说明性、叙述性、写实性的作品，与情节四要素的线性结构相比，“编织”的结构是复杂交错的，它更能展示现实的复杂性和挖掘文本的技巧性。

《说文解字》说“文，错画也”。英语中的“文本”（text）一词，也来自拉丁词“编织”（texere）。可见，文本的构成确实和“编织”有密切的关系。叙事的编织有一个视角的问题，按照尼采的“透视主义”来理解，每个人都是一个透视的中心，对相同的事件或者事理，站的角度不同，说出的话语就不同。我们常常以线性时间的叙事视角来理解叙事文本，在文本中“视角立场—话语—表达效果”之间的关系往往被阅读教学所忽视。着重分析情节四要素的教学模式，对叙事视角的观察是单一的。西摩·查特曼在《故事与话语》中提出了“故事空间”和“话语空间”的概念。他认为，故事事件的维度是时间，而故事存在物（人物和环境）的维度是空间。“加布里尔·佐伦的《走向叙事空间理论》建构了可能是迄今为止最具有实用价值和理论高度的空间理论模型。他对空间问题的讨论建立在文本的虚构世界基础之上，强调了空间是一种读者积极参与的建构过程。他从纵向区分了构成空间的三个层次（地志学、时空体与文本），逻辑清晰，分析细致而严谨，并在横向上提出了空间度量的单位及其各种组合所表现出的不同空间结构。”[1]这种现代叙事学的空间考察也为叙事编织提供了一个可资借鉴的思考维度，至少让我们更清晰地认识到编织是一种交叉性的结构模式。

比如在《祝福》的教学中，为了探究其倒叙的叙事艺术，教师常常会引导学生思考如果把这个结果放到末尾好不好，通过比较这种改动的优劣让学生得出“原文更好”的结论。这也不失为一种比较好的阅读教学策略，但从叙事编织的角度来说，还可以引导学生理解小说的叙事编织意图，多视角地进入叙事编织层面。《祝福》的倒叙手法是一个时间维度上的编织，那么关于祥林嫂的事件在空间的编织上又有什么样的特点呢？循着这个交错的时空叙事轨迹可能更能找到叙事的结构艺术，并发掘出文本叙事背后的立场、视角，进而整体性理解这个叙事的文本编织的意义价值。

[1] 程锡麟. 叙事理论的空间转向——叙事空间理论概述[J]. 江西社会科学，2007（11）：25-35.

传统的阅读教学往往是单向度的思考，叙事作品的空间形式常常被忽略。我们要通过文本来理解叙事编织中的空间形式，是需要整体性思维的。这种整体性思维正是叙事编织在教学中的独特价值所在。学生在理解叙事活动时，面对的是“事件”，往往会思考时间的先后顺序，但是也可以同时进行空间性理解，对“事件”做对应性的冥想，这就是整体性思维，这时就可能发生从时间形态向空间形态的转换。优秀的叙事作品“不仅仅把空间看作故事发生的地点和叙事必不可少的场景，而是利用空间来表现时间，利用空间来安排小说的结构，甚至利用空间来推动整个叙事进程”[1]。比如节选《红楼梦》的一部分，将《林黛玉进贾府》作为课文，事实上这一部分的基本事件十分简单，在阅读教学中教师常常以分析人物形象为主，然而在这个文本中难以实现充分的人物形象分析，因为节选内容对人物的刻画比较单薄，学生如果要真正把握人物形象，不去阅读整本小说是不行的。那么，针对这样一个节选的简单的课文文本，我们教什么呢？从编织的教学价值来说，这正是一个较好的范本，可以较为深入地探究其叙事艺术。比如叙事视角的交互性艺术，小说以林黛玉之眼看贾府，以众人之眼观林黛玉，相互观察，这种交互性的视角转换是十分值得我们去挖掘的。再者，以林黛玉之眼看贾府，视角流转灵活，镜头切换得当，从贾府外的街市到荣国府厅堂，再到荣府的建筑与吃穿用度。这种空间的介入与时间的推进交错，把外在的读者带入了叙述的内部。

这里把编织层定义为是建立在人对客观事物及事件直观的感受和经验基础之上的，这一点非常重要，建立在此基础之上的编织才能理解和还原作者所编织的意思。编织和构造的不同就在于编织基于客观世界本原的面貌、规律及事理。比如说时间、符号，文本的叙事编织可以展现客观世界中时间的流动及空间的层次，借助编织我们可以还原客观世界。

3. 构造层的教学价值——原型隐喻

如果说指称、编织层能主要体现作者如何观察外部世界，构造层则主要展现作者建构的情感世界；如果说读者通过作者的指称、编织这个通孔来观察外部世界，读者则可以从作者的构造来深入作者内部的精神

[1] 龙迪勇. 论现代小说的空间叙事[J]. 江西社会科学，2003（10）：15–22.

世界。作者也可以通过构造来不断涤荡并认识自己的内心。对学生来说，可以学习作者借助语词符号构造的形象去感受情感世界，并体认自己内心的情感世界，实现构造层的教学价值。构造层的教学价值是个体通过对文化符号的学习来进入文化的原型，并达成个体成长与文化传承的统一。

从指称到构造的过程是一般性理解诠释到深层精神交换的过程。构造层的释义就是将原型隐喻揭示出来，作者通过创造某种意象让读者进入难以言喻的精神世界，把这种抽象的精神世界的东西寄寓在具体可感的形象上面,构造层事实上建构了一种精神世界的象征。韦勒克和沃伦所著的《文学理论》把象征分为“个人象征”和“传统象征”。“个人象征”是作者的独创性体现，“传统象征”则是集体的民族的文化心理，构造的教学价值类似于古人所说的“人同此心，心同此理”，在精神世界的层面上与他人、与他人建构的符号世界建立起联系，融入其中，获得一种共感。这种共感经过文化的积淀，就从“个人的象征”成为“传统的象征”，形成一种文化原型，形成原型隐喻。这样的构造的教学价值在于促使学生进入文化原型隐喻中，在原型隐喻中陶养自己的精神世界。在文化传统的积淀过程中，一个民族的心理情感体验可能是趋同的，会渐渐地形成共同的民族文化心理，当诗人、文学家们为这种共同的心理情感体验构造出一个特定的意象时，这个意象便会逐渐成为一种相对固定的文化符号和原型隐喻。比如“月”的意象，从自然界的洁白纯洁的月，到唐诗中“阴晴圆缺”的月，月成为隐喻着人们的“悲欢离合”和激发作者对宇宙人生的哲学思考的意象，这个构造的反复出现，形成了某种约定性的文化内涵，其原型隐喻就具有了明确的文化意义指向。在弗莱的文学原型概念中，原型即“在文学中反复使用,并因此而具有了约定性的”意象[1]。“月”意象在不断的文化积淀中，形成了独特的审美与文化意蕴，在一定程度上反映了本民族的文化心理特征，成为本民族文化精神的重要构造意象。

在阅读教学过程中，这种理解构造的教学价值未必只有集体无意识，在集体无意识和原型之下，个体内心体验所感受到的精神也可以是各不

[1] 叶舒宪. 神话——原型批评[M]. 西安：陕西师范大学出版社，1987：16.

相同的。阅读教学要尊重这种差异，保护构造的模糊性和不确定性。作者创作的构造意象虽然可能包含了原型特征，但读者本身也会有个体无意识，内心的构造其实是没有唯一性的，学生也会将个体的特征融入一个开放的原型隐喻中。所以，构造的教学价值不仅在于它是理解作者把握世界、表达内心的方式，还在于学生可以通过把握一种文化传统的原型隐喻，形成自己的表达方式，并与文化的传统融为一体。不过需要注意的是，在阅读中我们也在构造自己的情感，要注意通过激发文本作者所建构的意义来建构相应的意识和观念，否则可能会出现抛弃、架空文本，陷入自我中心的无边界解读的误区。

（四）释义层的文意解读路径

前文说过，当前语文阅读教学存在文本的释义层得不到深入，草率地进入鉴赏层，并走向泛人文化，导致阅读教学的解读出现逻辑混乱的情况，学生的语词理解基础能力没有得到夯实，思维得不到很好的建构和发展，文化素养、审美能力等诸多语文学科的核心素养没有得到培养。那么释义层的文意解读路径是怎样的？我们以《囚绿记》这篇课文的解读路径为例来进行一些实践的探索。《囚绿记》是一个比较典型的讨论案例，同一个文学文本同时编选入初高中教材中，其教法的不同不言而喻，教学内容的选择更是关键，这需要语文教师基于学生的认知水平选择合适的课文解读层级。

南开大学的徐江教授在《“知人论世”：语文教学的哲学错位——〈囚绿记〉是颂扬民族性格还是认识生命尊严》一文中批判了那种“生硬的知人论世”的解读方式，他认为这是语文教学的一种哲学错位，而从阅读教学的层次性来看，这是对释义层的漠视和不觉知。我们以《囚绿记》的初高中两个教学课例进行说明。江苏省扬州市翠岗中学李光老师的《从囚绿到“绿囚”　英雄永生、民族永存——〈囚绿记〉教学设计》[1]，该设计将教学目标定位为“揣摩语言，理解作者丰富和细腻的情感”和“辨析‘物’与‘情’的关系，体会借物抒情的作用”两个方面，应该说这个定位比较符合初中生的认知水平，而没有无限拔高，整个设计也符合

[1] 李光. 从囚绿到“绿囚”　英雄永生、民族永存——《囚绿记》教学设计[J]. 中学语文教学，2015（2）：61-62.

释义层的递进层级的解读，设计从“绿”的释义展开，“找称呼，识‘绿’义”—“辨称呼，得‘绿’理”—“咏‘绿’文，品‘绿’情”，按照这个设计思路可以找出从指称到编织再到构造的轨迹，从作为“文眼”的“绿”的指称开始将文本的释义层进行结构性的梳理。

一、找称呼，识“绿”义

（一）找“绿”的称呼

明确：绿影、绿色、“绿友”、“绿囚”、囚人、绿友。

（二）识“绿”的含义

问题：你能分别解释“称呼”在文中的意思吗？

明确：绿影——指太阳照过它繁密的枝叶，透到房里形成的绿的影子；绿色——常春藤散发出的绿的颜色；“绿友”——指被“我”幽囚、与“我”共处一室、亲如朋友的常春藤；“绿囚”——被我囚禁的那株常春藤；囚人——将常春藤拟人化，指被“我”囚禁的那株常春藤；绿友——那株常春藤。

二、辨称呼，得“绿”理

（一）探“绿”的深意

追问：这些称呼仅仅是指常春藤吗？如果不是，又指的是谁呢？

……

明确：1.“绿影”，仿佛是活泼可爱、生机勃勃的小姑娘，如：“我天天望着窗口常春藤的生长……婆娑的摆舞”“柔软的卷须”“折叠着的嫩叶”“纤细的脉络、嫩芽”“婆娑的摆舞”等修饰语，多角度描摹常春藤的形态、动作，一位活脱脱的、美丽舞动着的、极其可爱的小生灵展现在我们面前。

2.“绿友”：追求自由、向往光明的室友。如：“可是在每天早晨……都朝原来的方向。”

3.“绿囚”、囚人：永不屈服于黑暗的坚强不屈的囚徒。如：“终于在一天早晨候到了……愿它繁茂苍绿。”

4.绿友：生活在日寇铁蹄下，向往自由、不屈不挠的同胞。如：“离开北平一年了……会和我面生么？”

（二）揭“绿”的隐喻和象征

1. 这“绿”还暗指谁呢？

（教师相机、适时出示PPT，补充介绍作者牺牲前与日本宪兵的对话。）

陆蠡是一位很有才华的青年散文作家和翻译家。1935年任上海文化生活出版社编辑，上海沦陷，留任上海主持该社工作。1942年4月，日本宪兵查抄文化生活出版社，搜去一些抗日书籍。陆蠡当时并不在场，知道消息后，他毅然前去交涉，被宪兵扣留。请大家看作者与日本宪兵的一段对话：

日本宪兵提审陆蠡，问：“你爱国吗？”“爱国。”“赞成南京政府（按：指汪伪政权）么？”“不赞成！”“依你看，日本人能不能征服中国？”“绝对不能征服！”

日本人勃然大怒，立即予以逮捕，刑审数日。其间，陆蠡受尽酷刑，英勇不屈，最终被日寇秘密杀害，年仅34岁。

“绿”的品质，在作者身上也充分地体现：向往光明、追求自由、永不屈服于黑暗和顽强抗争，他们是志同道合的朋友、知己；“绿”隐喻了作者自己。

3. 回看以上几个称呼，你觉得哪一个称呼更适合作者？

明确：“绿囚”。那文中的“绿囚”不正是作者“我”吗？是永向光明、永不屈服的“我”，同时也象征了勇往直前、永不屈服的民族灵魂。

“绿囚”与“囚绿”，仅仅是字序位置的互换吗？不，他是一位富有强烈爱憎的斗士，在“烽火四逼”的民族危亡时刻，发出的反抗外族奴役压迫的呐喊，是一位正直的爱国者，面对日寇的屠刀，所表现出的绝不畏惧和永不屈服的民族气节。从“囚绿”到“绿囚”，我们仿佛接触到了作者那颗渴望光明、自由、忠贞不屈的“崇高的灵魂”，触摸到了那颗代表着身处危亡险境勇于振臂反抗、永不屈服的民族的灵魂。

第一、第二部分的设计从文眼“绿”的指称出发，进一步引导学生探寻其语境义，并探寻“绿影、绿色、‘绿友’、‘绿囚’、囚人、绿友”的意义编织结构走向，在厘清文本编织的脉络的过程中注重品味关键句子。其设计并没有先入为主的生硬的“知人论世”，而是以释义层的展开为起点，通过释义层的开解，从“绿”的“指称”到“编织”再到“构造”，揭示其象征义和隐喻义时巧妙地介入背景和作者介绍。“知人论世”在阅读教学中是一种常见的解读方法，我们将其归为“互文参读”（后文将进一步论述）范式中，但是这种解读方法常常被机械化地运用，形成一种“先入为主”的“标签式”阅读，没有找到学生阅读的起点，这种生硬的“知人论世”也就不可能真正触发学生个性化和体验性的阅读，这里还涉及一个背景材料介入的最佳时机的问题。该设计的一点遗憾是没有充分挖掘构造层的教学价值，这个“绿”的构造义的展开显得稍有些突兀，如果能让学生探究“绿”的一般文化意蕴，也就是一般性的“集体无意识”，比如象征光明、生命等，再潜入文本的特殊文化背景，那么构造层的展开就更加自然了。

同一个文学文本作为初高中的教材选文，其作为课文文本的区别就表现出来了。以广东省深圳市北京师范大学南山附属学校宋如郊老师的《人性的迷失与回归——〈囚绿记〉教学设计》[1]为例，他将设计定位如下。

《囚绿记》是人教版高中必修二第一单元的略读课文。单元导读指出所选作品“表达了作者对自然、人生的丰富感受和深刻思考。这些作品……引领我们领略大自然和人生的多彩多姿”。必修二的“表达交流”部分设计了《亲近自然　写景要抓住特征》的内容，并在其“话题探讨”中指出“人类对于自然，也就是我们的生存环境，有着天然的依赖，不仅要从自然中获得物质的满足，还要从中得到精神的慰藉”，“人类是自然万物的一种，自然界到处是人类的弟兄。人在接触自然的过程中，由于相互间的某种联系，常常会产生一定的感悟和联想”。继而，又在“写法借鉴”中指出“景物因人的主观色彩而异，同样的景物，在不同人的眼里，会有不同的反映。这跟观景人的修养、心境和审美情趣有关”。

综合上述因素，结合学生和课文的实际情况，本设计定位为：《囚绿记》是一篇优美的写景抒情散文，全文以“囚绿”为核心“事件”，以“我”与常春藤的关系为主要线索，“讲述了‘我’与常春藤绿枝条的一段‘交往’经历，描绘了绿枝条的生命状态和‘性格特点’，也写出了作者的生存状态和真挚心愿”（人教版配套教参语），从而在特定条件下形象揭示了从

[1] 宋如郊. 人性的迷失与回归——《囚绿记》教学设计[J]. 中学语文教学，2011（7）：49-52.

属于社会的“人性”与从属于自然界的“物性”所具有和呈现出的特定关系和状态，展现了人性的真实和复杂，表现了人性的迷失与回归。

……

第一组问题：1. 围绕“择居”，作品写了哪些内容？ 2. 全文仅 14 段文字，却用了 4 段文字才引出常春藤，这样写是否太拖沓？

第二组问题：1. 第 5 段整散结合，诗性地表达了作者的感情，请依次找出表达作者感情的词语，梳理抒情的脉络。2. 第 5 段和第 6 段是大段的借景抒情的文字，它们和后文对绿藤枝条的描写构成了全篇的核心内容，这两段最能体现这篇美文的特质，请谈谈它们美在何处。

第三组问题：1.“囚绿”部分跨越了 8 至 12 段，“囚绿”是这篇散文的核心事件，也是读者领悟文章主旨的关键部分。“囚绿”部分“我”的心理变化是什么，试结合这种变化推想一下文章表达出来的意思。2.“释绿”部分（第 13 段）的主旨是什么？ 3. 文章末段有何作用？

行为线索：遇绿—得绿—观绿—囚绿—释绿—记绿

心理线索：觅绿—喜绿—颂绿—怒绿—悟绿—念绿

宋如郊老师的教学设计的定位旨在引导学生通过学习《囚绿记》来“认识人性的迷失与回归”，具有一定的深度，表现出课堂探究的特点，整个教学设计围绕结构艺术、诗性情感、美文特质、思想主旨等几个方面进行赏鉴，这与初中阶段《囚绿记》的教学有了层次上的不同，这已经触及阅读教学的评鉴层。宋如郊老师设计了三组问题，逐层推进，符合学生的认知规律，也符合该篇课文的实际，并且梳理出文章的行为、心理双线索。

南开大学徐江教授在《走向精致的解读——从〈囚绿记〉解读谈起》一文中指出：“课文解读应该面向事情本身，从文本事物自身的存在看其存在，所谓‘目击而道存’。这就是说，沿着文中对事物存在情况的摹状，发挥读者自身的形象思维以及理性的推断能力，从事物的本相去探究事物所具有的‘道’，即意义。”[1] 这里所说的“面向事情本身”就是我们所说的本文直读，本文直读的基础就是释义层的展开，而在释义层的展开

[1] 徐江，懿文. 走向精致的解读——从《囚绿记》解读谈起[J]. 教育科学论坛，2009（7）：15-18.

过程中，通过“指称”这个楔子扎根文本，由最原始的意义解释衍生出最丰富的意义之源泉。

三、言、象、意：深入文内的三个机关

从中国古典美学史来看，对于“言、象、意”三者关系的探索和思考在我国很早就出现了，这表明古典文论很早就开始对文本的语言（言）、文本中的意象（象）和文本传达的思想感情（意）三者的关系进行研究，而且形成了理论体系。“言、象、意”三者的关系范畴是涉及语言学、修辞学、哲学、美学等学科的一种理论阐释，其既是古代关于文艺创作迹化的思考，又是文本接受的解析理论。因此，我们也可以借用中国古代文论的“言、象、意”来思考文意解读的问题。

“言”即文本的语词符号、语言形式，孔子曾说：“言以足志，文以足言。不言，谁知其志？言之无文，行而不远。”孔子也认为语词符号、语言形式是可以表达思想情感的，是思想情感的载体。“象”即意象，是指文本所熔铸出的包含作者主观感情的形象，是作者内在的思想情感与外在形象的交融。要想体会诗词中表达的思想情感，领悟诗词的深层意蕴，就要先理解诗词中那些熔铸了作者思想情感的象，把握“象”的特征，理解它们通常所代表的特定的表意效果。孔子在认为语言可以表达思想的同时，也认为语言的表达可能是不完全的，所以说“书不尽言，言不尽意”。《易传》说“圣人立象以尽意，设卦以尽情伪，系辞焉以尽其言”，言虽不足以尽意，但可以通过立象来尽意，补救语言表意的不充分。而这里所谓的“意”，不单指语言学意义上的语词的意义，在中国美学传统中更是指一个“意义的场域”，实际上就是中国文论中所说的“意境”。这里的“意”有三个层次的结构：第一个层次是在符号层面上来讲的，即符号的有限性与无限性的辩证关系；第二个层次是就表达的情感而言，存在小我情绪与大我天道的辩证关系；第三个层次是中国文艺所独有的空间意识，即象的有限与境的无限的辩证关系。

从我国古典文论的视角来解析，可以说文学类文本就是由“言、象、意”构成的一个复杂的艺术场域，是以语词符号为载体，通过具象化的形象来表现作家的情感世界的艺术，诗歌、散文、小说、戏剧、寓言等

皆是如此。按照童庆炳的看法，“言、象、意”即文学作品的“表、中、里”三个层次的构成，这是我国古典文论的一种重要的思考路径。如果中国语言文学不能从自身的话语系统来观照和理解我们的文意系统，终究是一种他者的言说，无法进行我们自身文化的理解和浸润。在这个文意解读的视域下，在教学文学类文本的时候，需有三个过程，先扎根语言层面，沉浸于语言文字符号中，进而通过语言来建构形象，澄怀味象，最后再把握意，品味“象外之象”，形成意的延绵之境。这个看似简单的文意解读过程，实际上包含着在阅读接受过程中学生的重要的语文素养的生成。

（一）言为心声，言思一体——回到语言的始基

中国古代思想家早有类似语言学意义上对于“名”和“实”的讨论，荀子说：“名也者，所以期累实也。辞也者，兼异实之名以论一意也。辨说也者，不异实名以喻动静之道也……辨说也者，心之象道也。心也者，道之工宰也。道也者，治之经理也。心合于道，说合于心，辞合于说，正名而期，质请而喻。”荀子在这里将“言”解析为“名”“辞”“辨说”，都是想要说明语言文字符号是思想情感的主要呈现方式，与孔子“言尽意”的观点基本上是一致的。两汉时期王充、王符等思想家也重视言辞与思想、语言与思维的统一，这些思想家实际上是从较高的哲学思维层面来论述“言”的语言学意义。与“言尽意”这种语言学观点相对应的是“诗言志”的诗学观，这是儒家诗学的核心观点。这种诗学观认为诗歌语言是能够表达思想情感的，诗歌语言的表意功能得到了广泛的认可。

这种语言观和诗学观对传统的语文教育有较大的影响，中国传统的学术即使是以“经学”为“大学”，“经学”的阐明融通也必须以“文字、音韵、训诂”等“小学”为基础，当然这个“小学”仅仅依附于“经学”而存在。现代语文教育长期以来也一直存在着“工具性”与“人文性”之争，虽然这个争论以语文课程标准的“工具性与人文性的统一”作为目前的定论，但是这个过程是复杂而艰难的，从“以社会主义思想教育儿童的强有力工具”[1]，到“学习各门知识从事各门工作的重要工具”[2]，到“语言文字是人类最重要的交际工具……是人类文化的重要组成部分”，

［1］出自1955年《小学语文教材大纲草案（初稿）》。
［2］出自1963年《全日制中学语文教学大纲（草案）》。

“工具性与人文性的统一”[1]，直至提出“语文素养”甚而“语文学科核心素养”，这个历程包含着学科的思考与探索，包含着实践的锤炼，也包含着学科定位的演变，这个过程是复杂而艰辛的。20世纪90年代末开展的“人文主义”的语文大讨论，工具性成了被声讨的重要对象，然而从当前语文教学的现状来看，我们的杆秤是否发生了倾斜，是否走向了另一个极端，是否矫枉过正了，让语文成了一种泛化的人文？可能现在需要一种理性的回归。《义务教育语文课程标准（2011年版）》和《普通高中语文课程标准（2017年版）》除延续“工具性和人文性统一”的界定之外，对语文课程进行了较为明确的说明，“语文课程是一门学习语言文字运用的综合性、实践性课程”，这可以看作是对近年来“泛人文化”的语文教学现象的一种反拨，回到重视语言文字的运用的轨道上来。循着语文教育的传统，回到源头，似乎能找到一些启示，回到语言本体这个始基正是语文教学走向的一个重要的路标，沿着这个路标走才不会迷失。

审视古代文论对“言”的认识，以及传统语文教学的“小学”传统，或许它们有其时代的局限性，但可以肯定这些认识和做法是千百年来汉字、汉语的学习实践规律的主要表现。用现代语言学的理论来相互印证，我们认为语文教学对“言”的关注，需要扎根语言，浸润于语言中，从而建立学生的文章言语感悟。在阅读教学中培养学生对文字的感受能力，应当以诵读为基础。在中国传统语文教学的经验之中，“读”是首要的方法，从蒙学教育到经学教育，都强调通过诵读来加强记忆，逐渐理解，学会模仿，进而创作。古人的阅读经验说“读书百遍，其义自见”，这种读不单是默读，更注重朗读。传统语文教学法之所以以诵读为根本，这是由汉字文化的因子决定的。汉语言文字是一种音义形相互融通的独特文字，这种文字既具有声律之美，又有结构之形美，深邃的意义常常涵容在声形之中，眼观其文，口诵其声，心悟其意，才能沉潜于“言”中，才能形成语感。

在现代阅读教学中，我们希望承继这种传统，形成基于汉语言文化特点的“诵读阅读法”，是将只在脑中进行的阅读有声化，用语言再现文

[1] 中华人民共和国教育部. 义务教育语文课程标准（2011年版）[S]. 北京：北京师范大学出版社，2012.

章的情境，表达自己的理解，培养记忆力、语言感受力、口头表达能力，增强语感。在语文教学中，小学阶段要求学生读准、读对、不添、不漏，初中阶段能有感情地朗读文本，高中阶段能通过诵读传达出自己对文本的理解和体验。“诵读阅读法”以古代通过反复吟诵来进行理解的“涵泳讽诵”为基础，但又加入现代阅读学的新意义，从而具有更宽广的内涵和更深远的意义。一方面学习传统“讽诵”的语文教学方法，强调反复吟诵，敢开口、多开口，让学生习惯优秀文本的语言形式、语言习惯，从而形成良好的语感。另一方面我们也注重以理解课文思想感情为诵读的前提，并通过诵读实现对文本的接受，通过诵读传达出自身的理解和体验。有了理解课文的基础，教师才好在指导诵读方法时让学生理解各处词语的重读、句子的节奏停顿、段落的抑扬顿挫；学生也能在掌握诵读方法后，在对课文有一定理解的基础上，加上自己的感悟，将课文有声化，诵读出来，形成自己的特色。“诵读阅读法”是将阅读的理解与诵读结合起来，光有诵读，没有理解，诵读将不能再被称为“诵读”，那不过是对文本干巴巴的朗读；光对课文有理解，缺乏语言上的领悟和表现，对语言文字的感悟不免“又聋又哑”。“诵读阅读法”包含了一些语言表达的要求，如层次感、对比感、主次感、形象性、逻辑性、丰富性等，是将文字变为有声语言，甚至是表演语言。这种有声化、表演化可以将课文中蕴含在文字背后的思想感情更具体、直观地表现出来，展现诵读者的个人魅力，吸引诵读者和听众不自觉地去探寻文字作品更深层的韵味。“诵读阅读法”既能增强诵读者的语感、提升其口语表达能力，又展现了诵读者的魅力，这些都进一步提升了学生的语言素养。

（二）引譬连类、兴象浑融——进入意义的深处

古人在认为语言可以表达思想的同时，也认为语言的表达可能是不完全的，所以说“书不尽言，言不尽意”“圣人体无”“圣人立象以尽意”，王树人在《中国哲学与文化之根——“象”与“象思维”引论》一文中说：“‘象思维’是人类最本原的思维，是前语言、前逻辑的思维，又是富于原创性的思维。语言逻辑都经过‘象思维’孕育而产生。中国的特殊性在于语言文字和逻辑产生之后，由于其语言文字在符号化中仍然保留象形性根基，以及在中国经典《周易》中，把中国成熟的思维方式显示为‘观物取象'和'象以尽意'，这就使得中国易、道、儒、禅经典都主要是'象思维'产物。用概念思维可以透彻解读西方形上学经典，却未必能透彻解读中国诸家经典。中西两种思维的不同，源于在'轴心时期'产生的基本理念的不同。西方形上学理念从亚里士多德以降均为不同实体，显示为实体性、对象性、现成性。而中国的太极、道、心性、禅则显示为动态整体的非实体性、非对象性、非现成性。把握实体，需要用理性的逻辑的概念思维，如定义、判断、推理等。而把握动态整体或非实体的太极、道等，则需要用悟性的诗意联想的'象思维'。"[1]王树人深刻地指出了"象思维"作为中国哲学文化思维方式的重要特点是诗意联想性，不仅中国哲学和中国古典美学作如是观，中国语言文学也应当作如是观。

在文学中"言"不足以尽意之时，仍可以通过"立象"来尽意，弥补语言表意的不充分。这里所说的"象"从严格意义上来说应为"意象"，没有"意"之"象"是不能达到尽意的目的的，创造出来的意象虽然也是以语言的形式表现出来，但是它已经超越了一般的语言的意义了，作家的主观情感"意"与外在形象的"象"是互感的，意象既具有语言的意义，又具有语言之外的意蕴即审美的意义。郝敬在阐释赋比兴时说："托于物为比，比者，意之象。故曰：铺叙括综曰赋，意象附合曰比，感动触发曰兴。"[2]"意之象"就是作家之意所赖以寄托的物象。事实上，中国古典美学中"意象"的根源在"比兴"之上，我们在此无意做概念的历时的梳理，而仅仅是追溯其根源，找到其本质。比兴，就是心与物的感发相通，依凭人们所固有的情感，连类相及外界之物，如花鸟虫鱼草木等，可以说这是中国抒情性文学的根本。特别是中国的古诗词，蕴含着无限的情思与韵味，意象便是通向作者心灵世界的通道，只有解读这些意象，才能真正读懂文本的意蕴，进入文本意义的深处。意象的本质是将情感寄托于外物，含蓄蕴藉，深藏委婉，不直接言其直白之意，而将"意"寄托隐含在"象"之中，"象"和"意"产生共感共生联系时，意象就形成了。

[1] 王树人. 中国哲学与文化之根——"象"与"象思维"引论[J]. 河北学刊，2007(5)：21-25.
[2] 郝敬. 毛诗原解（第六册）[M]. 上海：上海古籍出版社，1996：9.

从创作的角度说，意象是作家独特的审美创造成果，创作时作者可以凭“意”寻“象”。凭“意”寻“象”主要是“比”的思维，作者先有主观情感，随之寻找相应的客观物象，通过语言实现引譬连类，构成意象。这类意象的创造有一定的主观动机性，“意”在先，进而进行譬喻象征,是一种象征性文学。也可以因“象”生“意”,这主要是“兴”的思维。作者创作时由外物触动内心而兴发出某种情致，达到兴象浑融，构成的意象就是因“象”生“意”。根据这个创作的过程我们也可以从欣赏的角度来思考文本文意解读的问题。

“审美意象是深层心理结构与表层操作结构的整合成果；创作者与欣赏者的审美心理交流，是审美意象的创造与再创造，是以审美意象为中介的特殊对话。”[1]“‘深层的审美心理动力转化为意识水平之上的审美指向力，它一经与审美对象相遇，即激活感知、想象与体验’，就是审美意象诞生之时。”[2]多数文论家主要从美学的角度来考察意象在创作者与欣赏者的审美心理交流中的功能和机制，如果从阅读学的角度来看，我们可以思考阅读者如何通过意象的中介功能生成意义，就文本的意义解读而言，需要深入文本的意义深处，必然以意象为中介，创作时意象是意义和情感传达的中介,欣赏便是一种特殊的回溯,仍然需要以意象为中介。通过意象这个中介,读者可以进入三个世界:一是意象所呈现的外部世界,二是意象所承载的作者的主观情感世界，三是读者通过前两者的融通所体验到的意义世界。可以说意象是进入文本深层意义的密码，通过意象的解码才能与文本进行深层次的信息交换，由“言”到“象”正是龙协涛在《文学阅读学》中所说的“由理解性诠释到深层信息交换”的过程。这种深层次的信息交换，在诗歌文本的解读中体现得最为充分。中华民族是一个充满诗意的民族，以汉语言文字文化诗意联想性为代表的“象思维”方式孕育出中国文学的诗性特质，使得中国成为诗歌大国。诗经楚辞汉赋，唐诗宋词元曲，记录着本民族的情感和思想，它们不仅仅展现了诗歌的发展史，更书写了中华民族的精神史，中国文人诗客在山川风物下挥洒情思，在花鸟鱼虫后抒发情致，读懂这些意象，才能读懂我

[1][2]莫先武.当代意象理论五大家评述[J].南京晓庄学院学报，2009（4）：74-84.

们的诗史。要解读以诗歌为代表的诗性文本，我们认为必须经过意象的非对象性感知、象征性体证和文化体悟三个阅读心理过程。

1. 非对象性感知

所谓非对象性感知就是一种审美的感知，是一种由艺术形象引发的物象与主体合一同构的阅读心理状态。与之相对的是一种对象性的认知活动，从认识论的角度说，对象性的认知活动是一种确定性的思维，是一种对事物的对象性认识，在阅读活动中对象性的认识活动也就是指我们通过文本的语言符号来理解认识事物，但是阅读的高级阶段则需要审美的阅读感知。文本中的艺术形象虽然也用语言表现出来，但是它并不能用认识论的理路来解读，而只能通过对意象的非对象性感知来解读，这是一种不确定的感知活动。这种意象的营造类似于解构主义所说的“用经验所试图表达的言语的纷争”。利奥塔说：“纷争是语言的不稳定状态，在这里，必定能用此语表达的东西尚不能用语言表达出来。”也类似于中国传统文化所说的“只可意会不可言传”。

因此，在阅读教学过程中，特别是诗歌教学，过去往往以“知识的传授”来代替“非对象性的感知”，对意象做对象性或对象化的分析理解显然是难以将学生带入审美情境的，只有对意象做非对象化的感知才是真正领悟文本的意义之美的不二法门。意象在此作为非对象化的、非实体性的浑然之“象”，是一种精神的创造物，学生只有进行非对象性的感知才能进入其中。这种感知实际上就需要引领学生通过想象联想感知形象，尊重学生的思维的层递性，尊重审美心理的形成规律，以非对象性感知为出发点。在非对象性感知的过程中，学生通过想象和联想进行感知，学生在基于自身生活体验的基础上还原意象。如在阅读马致远《天净沙·秋思》“枯藤老树昏鸦，小桥流水人家，古道西风瘦马。夕阳西下，断肠人在天涯”时，一幅苍凉的秋行图，事实上没有过多的渲染和描写，但是这个“象”所展现出来的诗性特征却十分浓厚。只有促使学生从文本出发还原“象”才能真正进入意义的情感体验，景是人眼中的景，着我之色彩，形成的动静相迭的事态描绘的非对象性的物境，经过这种还原之后才能与天涯沦落人那种颠沛流离、潦倒无依的曲折境遇和哀愁凄苦的多重心态的情感轨迹产生共鸣。

轻轻的我走了，
正如我轻轻的来；
我轻轻的招手，
作别西天的云彩。

那河畔的金柳，
是夕阳中的新娘；
波光里的艳影，
在我的心头荡漾。

软泥上的青荇，
油油的在水底招摇：
在康河的柔波里，
我甘心做一条水草！

那榆阴下的一潭，
不是清泉，是天上虹
揉碎在浮藻间，
沉淀着彩虹似的梦。

再以徐志摩的《再别康桥》为例，这几节写康河的美景，表达了作者对康河的依恋和柔情。夕阳中的金柳，软泥上的青荇，树荫下的水潭，一一映入眼底。这种“象”是不能用逻辑、知识的分析方法解读的，而需要引领学生通过非对象性的感知进入文本的世界、诗人的世界。将清澈的潭水比作“天上虹”，而潭水被浮藻揉碎之后，变成“彩虹似的梦”，这些“象”均需要感知的还原。诗人将离别时的情感移入物象，物我两忘，甘心在康河的柔波里，做一条招摇的水草。“我”与“西天的云彩”的感情交流，“金柳”成为动人的“新娘”让诗人思慕不已，“我”想化入康河的柔波之中做“一条水草”的体验，皆是一种物我浑然一体的审美体验。

以“象性思维”为特征的文本的阅读教学，应该充分尊重学生对“象”的非对象性感知，以此为起点来培育其审美感知的能力，形成素养，而不是以知识的传授为起点。在过去的诗歌教学中，由于应试专家和老师们精心炮制诗歌鉴赏的解题技巧，学生并没有进行真正的鉴赏活动，而是追求技巧的运用和答案要点的完整性，或者是以知识的分析为起点，跳过了审美感知的心理层面。

2. 象征性体证

当然非对象性的感知仅仅是阅读心理的一个起点，在阅读教学中我们应该重视这个起点，但是仅有这个起点是不够的，还需要有对“象”的象征性体证。以中国古典诗词的阅读为例，这种象征性体证就是对“象”背后的思维方式的一种感悟和理解，阅读欣赏古典诗词需要积累一些古诗常用意象，因为中国古典诗词中的意象最明显的特征是有强烈的概括性。一种意象的使用，在任何诗人的笔下，都有相同或相近的意思，其意象的象征性是具有文化传承性的。这种象征性体证源于“象”与人类自身情感的相关性，也就是前面所说的“比兴”的思维，抓住意象自身的特征，注意这些特征的象征性，如月圆—团圆—无法团圆—思乡怀人，残月—人缺—分离—孤单寂寞、内心凄凉，杜鹃、猿猴因其叫声悲凄常被用来营造凄凉之境，再如下列几组意象：

柳——离情的象征

渭城朝雨浥轻尘，客舍青青柳色新。（王维）

杨柳岸，晓风残月。（柳永）

此夜曲中闻折柳，何人不起故园情。（李白）

秦楼月，年年柳色，灞陵伤别。（李白）

菊花——人格的写照（坚强的品格，清高的气质）

朝饮木兰之坠露兮，夕餐秋菊之落英。（屈原）

采菊东篱下，悠然见南山。（陶渊明）

梅花——高洁的象征

遥知不是雪，为有暗香来。（王安石）

零落成泥碾作尘，只有香如故。（陆游）

不要人夸颜色好，只留清气满乾坤。（王冕）

疏影横斜水清浅，暗香浮动月黄昏。（林逋）

梧桐——凄凉悲伤的象征

寂寞梧桐深院锁清秋。（李煜）

梧桐更兼细雨，到黄昏、点点滴滴。（李清照）

春风桃李花开日，秋雨梧桐叶落时。（白居易）

梧桐树，三更雨，不道离情正苦。一叶叶，一声声，空阶滴到明。（温庭筠）

一声梧叶一声秋，一点芭蕉一点愁，三更归梦三更后。（徐再思）

杜鹃鸟——凄怨哀伤的象征

杜鹃啼血猿哀鸣。（白居易）

又闻子规啼夜月，愁空山。（李白）

可堪孤馆闭春寒，杜鹃声里斜阳暮。（秦观）

从今别却江南路，化作啼鹃带血归。（文天祥）

寒蝉——高洁、悲凉的同义词

西陆蝉声唱，南冠客思深。（骆宾王）

寒蝉凄切，对长亭晚，骤雨初歇。（柳永）

“象”从外界的客观物象成为“意象”，有其象征性，“意与象之间必须有某种联系，寄托隐含是意象的艺术本质，联系是意象的生命”[1]。比如月的意象和柳的意象，我们需要思考它们具有什么样的文化意蕴，是怎样成为诗歌意象的，以及意象的特点和人的情感之间的微妙关系，从而引导学生在阅读过程中找到这种微妙的关系，完成“意象”的象征性体证。

3. 文化体悟

在经过非对象性感知、象征性体证两个阶段之后，文本的阅读就应该成为融知识、感知、语言情结、文化感悟等为一体的文化体证。李霞在其

[1] 屈光. 中国古典诗歌意象论[J]. 中国社会科学，2002（3）：162-171.

博士学位论文《语文体悟论》中提出“体悟的教育价值在于打破科学主义的认识论对教育真谛的遮蔽，它是生命存在的基本方式，充盈着丰厚的人文意蕴；它是一种形而上的超越，提升着生命的境界”。“从语文教学来看，在文学文本教学中，首先，体悟恢复语言失落的感性特质，使文学作品呈现诗意盎然的情趣；其次，体悟，使人达致本真，回归诗意的存在；在非文学文本的教学中，我们同样需要体悟蕴藏在文本背后的那种‘深奥高远之境’。”[1]体悟作为一种重要的阅读心理过程具有很高的教育价值，我们认为文化体悟正是培养学生语文素养的关键所在。在“知识利益”模式阶段，语文教学追求的目标是知识，重视的是对知识的记忆。在对这种现象进行反思之后，人们便提出对“能力”的追求。“能力利益”的教学，其重要特征便是重视训练，强调技巧。本次课程改革，就是要在上述两种模式的基础上建构基于“语文核心素养”的教育。记忆与训练仍然重要，只不过记忆的目的、内容和地位与原来不同了，在过去记忆和训练本身就是目的，而现在则是以“素养”的养成为目的。正如前文论述的“构造”的集体的民族文化心理，“构造”在精神世界的层面上使自己与他人及他人建构的符号世界建立起联系，并融入其中，获得一种共感。“意象”在某种程度上与“构造”的价值和意义是一致的。“象”的文化体悟正是需要这种个体与整个文化的融入，如在文化传统心理之上构成的集体原型意象，在民族文化心理积淀的过程中，有些意象已逐渐成为集体意象或民族意象，比如“梅兰竹菊”四君子的文化意蕴。除此之外，在古典诗词中使用典故意象也是需要文化体悟的，中国古典诗词中有大量的作品借助典故构成意象，如曹操的《短歌行》“周公吐哺，天下归心”，如果不对这里的典故意象进行文化体悟，同样不能理解其文意。

古人以为“意”是内在的抽象的心意，“象”是外在的具体的物象；“意”源于内心并借助“象”来表达，“象”其实是“意”的寄托物。作者由外界的事物触动内心而有所感，便将之寄托给一个选定的具象，使之融入这个物象，并制造出一个特定的艺术场域，使读者在经历“非对象性感知”“象征性体证”“文化体悟”的阅读心理之后能根据这个艺术场域在

[1] 李霞. 语文体悟论[D]. 长沙：湖南师范大学，2009.

内心再一次进行审美的自我建构，在还原诗人所见所感的基础上渗透自己的感情色彩，达到真正的文意解读高峰，也就是我们下面要说的“象外之象、得其环中”。不仅诗歌如此，实际上以“象思维”为基础的其他文学性文本也是如此。

（三）象外之象、得其环中——跃入审美的场域

扎根语言层面，沉浸于语言文字符号中，进而通过语言来建构形象，澄怀味象，对“象”的把握，实际上已经到达审美的临界点了，如果要获得文意理解的高峰体验，则需要跃入审美的场域，品“象外之象”，形成“意”的延绵之境，在中国古典美学中这就是“意境”“境界”的诞生。

王国维这样描述意境产生的过程：“山谷云：‘天下清景，不择贤愚而与之，然吾特疑端为我辈设。’诚哉是言！抑岂独清景而已，一切境界无不为诗人设。世无诗人，即无此种境界。夫境界之呈于吾心而见于外物者，皆须臾之物。惟诗人能以此须臾之物，镌诸不朽之文字，使读者自得之。遂觉诗人之言，字字为我心中所欲言，而又非我之所能自言。此大诗人之秘妙也。”[1]王国维的论述，一方面是从创作的角度说意境是作家“心”与“物”相契合的产物，诗人经过审美观照将日常生活转化为审美生活，也将日常语言锤炼为诗化语言，另一方面也阐明了心境与物境的融合就是意境的辩证结构。

从创作的角度来说，意境是一个层深式的有空间维度的艺术创构，许多诗学家都把意境分为三层。王昌龄在《诗格》中说：“诗有三境：一曰物境，欲为山水诗，则张泉石云峰之境，极丽绝秀者，神之于心，处身于境，视境于心，莹然掌中，然后用思，了然境象，故得形似；二曰情境：娱乐愁怨，皆张于意而处于身，然后驰思，深得其情；三曰意境，亦张之于意而思于心，则得其真矣。”

蔡小石在《拜石山房词》的序中这样论及意境的层级性：“夫意以曲而善托，调以杳而弥深。始读之则万萼春深，百色妖露，积雪缟地，余霞绮天，一境也。再读之则烟涛澒洞，霜飙飞摇，骏马下坡，泳鳞出水，又一境也。卒读之而皎皎明月，仙仙白云，鸿雁高翔，坠叶如雨，不知

[1] 王国维. 人间词话[M]. 上海：上海古籍出版社，1998：17.

其何以冲然而澹，翛然而远也。”

这种关于意境的三层论并非偶合，而是意境的空间维度的体现，即意境是一个层递的创构，而不是一个线形的结构。意境的层递的创构决定了其辩证结构也呈层递的构成模式。因此，下文从三个层次论证意境的辩证结构。

第一个层次是从语言层面来讲的，即语言的有限性与无限性的辩证关系。语言是有限的，但是经过“象”的重组，经过陌生化的艺术处理，便可传达无限意蕴。

空山不见人，但闻人语响。返景入深林，复照青苔上。（王维《鹿柴》）

山中相送罢，日暮掩柴扉。春草明年绿，王孙归不归？（王维《山中送别》）

空山新雨后，天气晚来秋。明月松间照，清泉石上流。竹喧归浣女，莲动下渔舟。随意春芳歇，王孙自可留。（王维《山居秋暝》）

泉眼无声惜细流，树阴照水爱晴柔。小荷才露尖尖角，早有蜻蜓立上头。（杨万里《小池》）

这些诗歌的语言似乎呈现一种“消极性”的描摹，大致属于王昌龄所说的“物境”这一层境界，均是一种审美的静观。然而它们的精妙之处在于以近乎粗浅的、本真的感知驾驭了有限的语言，成了尼采所说的“一挥而就的好作品”。它们均不是从逻辑理性出发，也不归结到逻辑理性上来，所以其表达的内容不单单停留在语言文字本身，更包含了语言背后的情境，这情境是一个有意味的语言空间。“空山”“人语”“深林”“青苔”等“物境”并非语言学上的“名”与“实”的对应，而是心与物的相合。这成就了意境辩证结构的第一层次。

第二层次是就表达的情感而言，有小我情绪与大我天道的辩证关系。宗白华在《中国艺术意境之诞生》中指出：“意境并非为艺术所独有，实用的、政治的、伦理的等等均有意境可言。”在文学作品中政治的、伦理的意境也常常有所体现，而当这些意境以艺术的形式展现，经过审美的升华之后便成就了艺术意境的小我情绪与大我天道的辩证关系。以“竹林七贤”之一的阮籍的作品为例，在阮籍的 82 首咏怀诗中有这些句子：

繁华有憔悴，堂上生荆杞……一身不自保，何况恋妻子。

朝为媚少年，夕暮成丑老。自非王子晋，谁能常美好。

岂知穷达士，一死不再生。视彼桃李花，谁能久荧荧。

开轩临四野，登高望所思。丘墓蔽山冈，万代同一时。千秋万岁后，荣名安所之。

人生若尘露，天道邈悠悠。

生命无期度，朝夕有不虞……荣名非己宝，声色焉足娱。

这些诗歌“浸透着生命无常的飘忽感，前途迷茫的惶惑感，以及脱俗无亲的孤独感”[1]，经过审美地呈现这些政治、伦理的意境，对政治、伦理的咏叹就产生了对“天道”的追求。阮籍仰慕老庄，渴望成仙长生，追求“飘摇”的神仙境界，然而正如鲁迅所说：“他诗里说神仙，但其实他是不信的。”[2]那么这种神仙境界可以理解为阮籍对“天道”的大我追求，对成为自然本体的逍遥境界的向往。而这一小我情绪到大我天道的辩证的过程，成为意境的第二层创构。

第三层次的辩证结构是中国文艺所独有的空间意识，即象的有限与境的无限的辩证关系。“象”可通指任何形象和表象，用象表悟，不受定义的限制，不循逻辑理性之规律，就是我们上面所说的“意象”。“象”是“悟”的工具而不是出发点和归结点，因而不能就“象”而论“象”，“象”成为表现无限丰富的“境”的载体，具有直观的模糊性，是“象外之象”。借“意象”来返照心灵，达到自省的精神境界，主体要通过把握自身来把握世界的本原和本体，因而“境”是自我意识的影像，是客观融会于主观的心理状态。诗仙李白作诗之妙在于用实的象来表现无限的境。

君不见黄河之水天上来，奔流到海不复回。君不见高堂明镜悲白发，朝如青丝暮成雪。（《将进酒》）

地崩山摧壮士死，然后天梯石栈相钩连。（《蜀道难》）

金樽清酒斗十千，玉盘珍羞直万钱……长风破浪会有时，直挂云帆济沧海。（《行路难（其一）》）

吴沆的《环溪诗话》论李白诗说：“太白发言造语，宜若率然，初

[1] 周国平. 无用之学[M]. 桂林：广西师范大学出版社，2001：64.
[2] 鲁迅. 魏晋风度及文章与药及酒之关系[M]//鲁迅. 而已集. 北京：人民文学出版社，1976：126.

无计较。然用事亦多实，作语多健……盖不实则不健，不健则不可为诗也。”[1]“实”在此可解作“实词”，与“虚词”相对（李复波注），但也可以作“实在的象”来解。“宜若率然”“无计较”是不执着于象，而用“健”的方法使“实”成为“虚”的境界，故意境全出。

意境还产生于“化”，“化”这一概念上及宇宙，故说“大化流行”，下及人生，故说“教而化之”。“化”是中国特有的发展观。“化”就是变，但它不是突变而是潜移默化，是将不适宜的东西化掉。意境的辩证结构充分体现了“化”的核心内涵，在情景交融、有无相生、虚实相生等审美特征上，都有体现。情景交融是一个极其复杂的过程，人的内心有无比宽广和丰富的世界，所谓“万物皆备于我”。情景交融是情与景的互相发现、互相激发，情景交融要上升为意境，就要求情与景的升华。主体的情感投射到景象，使景象带上了主体的情感色彩，外在景象使得主观的情感形象化了，具有了外在的具象，这就是“化”，用西方的哲学术语来讲，这叫作“自然的人化”和“人的自然化”。有无相生、虚实相生、动静相生等一系列辩证因素都与“化”有关，有无相生是其中最根本的命题，这个命题必须用“意”“象”等来说明。道是有无的统一，所以《老子》说：“道之为物，唯恍唯惚。惚兮恍兮，其中有象。”道不可言说，不可名状，只是在杳渺恍惚之中，显现为“象”，人可以用“象”去体悟“道”，然而意象要上升为意境，就需要“化”，需要将有形的“象”化掉，形成无形的“境”，这个“境”是“象外之象”。

意境还需要“品味”，通过“味”才能“得其环中”，“味”的推广就是一种审美感知的模糊和互换。“红杏枝头春意闹”，王国维从这个“闹”字看出了意境，钱锺书从这个“闹”字看出了通感，无论是意境还是通感，这个问题都在一定程度上体现了中国艺术意境的辩证思维。钱锺书在《管锥编》中引述了《五灯会元》净因有关佛教感官一致的诗句：“鼻里音声耳里香，眼中咸淡舌玄黄。意能觉触身分别，冰室如春九夏凉。”[2]对于

---

[1] 惠洪，朱弁，吴沆. 冷斋夜话·风月堂诗话·环溪诗话[M]. 北京：中华书局，1988：132.

[2] 钱锺书. 管锥编[M]. 北京：中华书局，1999：483.

道家和佛教的“共同之感”[1]，钱锺书提出了批评：“道家之‘内通’，释氏之‘互用’，言出有因，充类加厉，遂说成无稽尔。”感官的统一遭到了反对，然而替换却是可能的。一个盲人可以用耳去“看”，一个聋人可以用眼去“听”，对应通感，人们不需要佛教或道家神秘虚无的完全的感官交融。中国艺术追求形似之外的神韵，中国艺术中的形，只是一个开始，一个引领人们通向其艺术空间的门户。“听香”生动地说明了这种艺术意境的辩证思维。正如朱良志所说：“香具有超越有形世界的特点，尤其是那淡淡的幽香，似有若无，氤氲流荡，可以成为具象世界之外境界气象的象征。”[2]前人有所谓“山气花香无著处，今朝来向画中听”。到画中听香，是对超越形式之外的灵韵的追求。据俞成《萤雪丛说》记载：“又试‘踏花归去马蹄香’，不可得而形容，无以见得亲切。一名画者，克尽其妙，但扫数蝴蝶飞逐马后而已，便表马蹄香出也。夫以画学之取人，取其意思超拔者为上。”马蹄之香是画不出的，而通过艺术的辩证思维则可将其神韵点出。这种艺术的辩证思维涉及时间和空间概念的扩展。西方人类学家和语言学家指出，在绝大多数语言中，较为复杂的时间观念是用较为简单的空间概念来表达的。钱锺书在《管锥编》中将此解释为“通感”，如果曲调被描写为彩色的花纹和珍珠，那么就是空间的颜色和形式向时间的音乐节奏的挪移，从汉语中的“往日”“来年”等词汇可以看出这种挪移，其空间的意味已经渐渐消退了，因此我们也常常把时空转换作为意境的一个审美特征，朱立元主编的《美学》对此说：“本来，时间和空间对生活在世界上的所有人形成了最基本的束缚，而意境中的时空转换，却使人超越了时间和空间的制约，得到审美的心灵的自由。”

（四）“言、象、意”的文意解读教学实践

“言、象、意”的文意解读是基于中国传统的本文直读，这种文意解读是在“象思维”的基础上，似乎是前语言、前逻辑的思维，但是却又富于原创性，以“诵读阅读”扎根语言层面，沉浸于语言文字符号中，进而通过语言来建构形象，经过非对象性感知、象征性体证、文化体悟来澄怀味象，最后以诗性思维把握“意”，品味到“象外之象”，跃入审

[1] 钱锺书. 管锥编[M]. 北京：中华书局，1999：483-484.
[2] 朱良志. 曲院风荷：中国艺术论十讲[M]. 合肥：安徽教育出版社，2003：2-3.

美的高峰体验，形成意的延绵之境，这个看似玄之又玄的文意解读过程实际上是在阅读接受过程中培养学生的审美鉴赏能力与语文核心素养，也是中国“诗教”文化的基因的体现。

那么这个看似神秘玄奥的解读过程如何在教学实践中得以实现呢？我们以《锦瑟》的教学实录作为例子来解说。[1]

一、课前准备

1. 指导学生利用图书馆、网络等资源，搜集相关资料，包括作者的人生历程，《锦瑟》一诗的鉴赏等，并对资料进行分类整理和鉴别，制成与本首诗歌鉴赏相关的资料卡片。

2. 任务管理：每6人组成一个合作小组，小组设组长1名，发言人2名，朗读者2名，打字员1名。合作小组在各项任务中进行合作互助学习。

二、导入

师：同学们，古人曾说“一篇《锦瑟》解人难”，《锦瑟》一诗具有意境的朦胧性，因此这首诗歌的意蕴也是含蓄蕴藉的，今天我们将一起走进这朦胧的意境中。请大家一起诵读这首诗歌。

三、初读印象

（通过学生最原初的体会，引导学生进入诗境，触发审美感知。）

师：读完这首诗，大家肯定有自己最初的感受，请大家用下面的句式表达你初读《锦瑟》一诗最原初的感受。

读《锦瑟》让人感到（　　　　　　）（　　　　　　），仿佛（　　　　　　）一般。

生：读《锦瑟》让人感到凄婉、朦胧，仿佛梦境一般。

生：读《锦瑟》让人感到捉摸不定、似有若无，仿佛迷宫一般。

生：读《锦瑟》让人感到沧桑、梦幻，恍如隔世一般。

生：读《锦瑟》让人感到含蓄婉约、九曲愁肠，仿佛一个凄美的爱情故事一般。

……

师：同学们的原初感受不也是一首诗吗？同学们的感受中有几个关

[1] 梅培军，马国军．《锦瑟》课例赏鉴[J]．语文教学通讯，2015年（C1）：32-34.

键词，如朦胧、梦幻等，这说明大家能够感知这首诗歌的美了！但是在这个朦胧的美感背后是个怎样的境界呢？请大家根据课前的要求讨论诗歌中典故、意象运用，营造了怎样的诗歌境界。

（学生根据课前搜集的资料卡片分组讨论，整理发言提纲。）

四、品读意象，探情入境

（通过意象分析、典故解析等鉴赏方法，促使学生的审美感知上升到情感和理解，从而赏析诗歌意境。）

生：诗歌第一联以“锦瑟”为意象，“无端”就是“平白无故”的意思，锦瑟本来就有那么多弦，而由琴弦引出“华年”，“一弦一柱思华年”，引发思华年的往事，怅惘凄婉而难言，可见诗人回想往事之沉重，情肠之曲折。

师：由象入情，赏析得很好。

生：颔联主要使用典故来抒发情感，上句用了“庄周梦蝶”的寓言典故，庄周梦见自己化身为蝶，栩栩然而飞，便追问是自己梦见自己变成了蝴蝶，还是蝴蝶梦见自己变成了庄周。晓梦蝴蝶，在诗歌中成了一个虚无缥缈的幻境，这里面似乎隐约包含着美好的情境，却又终是梦境。下句中的望帝，是传说中蜀地的君主，名叫杜宇，不幸国亡身死，死后魂化为鸟，暮春啼苦，口中流血，叫声哀怨凄悲，动人心腑，名为杜鹃。杜宇啼春，这里引发的是诗人无限的悲感，难言的凄音。这些典故似乎表达出情之切切，情之凄凄。

师：通过典故，读出了缥缈的幻境和难言的凄音。

生：颈联也是借用典故。我们通过查阅资料了解到，该典故源于《博物志》，说的是：“南海外有鲛人，水居如鱼，不废绩织，其眼泣能泣珠。”而诗人又将苍茫辽阔的大海、皎洁的月光、珍珠和眼泪四个意象放到一起来写，让人既感到辽阔，朦胧迷离，又感到悲凄冷清。日光照射下的玉山上升起缕缕玉烟，隐约朦胧，依稀可见又模糊不清。似乎是在诉说往事如烟，也许刻骨铭心，又如烟如雾。这是一种朦胧的美，凄冷的美。

师：各小组发言人能结合相关资料，解析意象、典故的意蕴，我们将这些画面还原为一个整体。

（投影）

锦瑟句：由锦瑟意象引发“华年”的回忆

庄生句：人生如梦、亦真亦幻之感

望帝句：无奈凄婉、矢志不渝之情

——作为古典诗歌中典型意象的杜鹃

沧海句：时空幽邃、痛彻心扉之情

——画面的辽阔、凄迷

——意象：沧海和明月所蕴含的深邃时空；珍珠背后的痛苦

蓝田句：可望而不可即

——暖色的掺入，朦胧的画面

师：诗人反复申述自己对往事的难忘，以及回忆的痛苦与悲伤，营造出了这样朦胧凄迷的画面。请大家带着这种画面感，有感情地诵读诗歌，请各小组诵读员展示。

（各组诵读员进行诵读展示活动。）

师：大家的诵读大体能够表现诗歌的情境。然而这个“境”背后的“情”是怎么样的呢？似乎还是朦胧的。

五、情景设置

（解读诗歌的多义性，通过情景还原生成独创性的有意义的理解。）

师：尾联叹道“此情可待成追忆，只是当时已惘然”，诗人追忆之“情”到底是什么样的“情”？似乎每一联都在诉说着一个凄婉的故事，请同学们展开想象和联想，尝试着还原这个故事。

根据诗歌的意蕴，编写一个背后的故事，无论古今不论形式，需要符合诗句的意境。

请大家分组交流，展开丰富的想象，编写故事，看看哪组最有创意。各组准备选派代表上台汇报。

（学生开始交流，编写故事。）

生：诗歌的第一联，似乎是一个青涩的初恋故事。18岁的那年，男孩爱上了女孩，两人相约一起考同一所大学，然而愿望没有实现，男孩在大学期间每个月都给女孩写一封信，满纸都是深深的思念，但是阴差阳错女孩没有收到信件，一段青涩的初恋故事就结束了。男孩年近半百之年回首往事，不免有淡淡的哀伤。

师：嗯，这是一个初恋的故事，蓦然回首时有淡淡的哀伤，合情合理。

生：我们编写的是第三联，我讲的是一个古典的爱情故事。流光中的深闺女子心中爱恨交织，却对迷茫爱情依然痴痴等待。深闺中的女子望穿秋水的等待凄凉动人。然而爱恋着她的公子，因为世俗的阻扰不能与之相爱，若即若离、幽幽怨怨，可望而不可即。蒙蒙细雨，虽能沾湿春草，却终不能掩抑流光。公子来了，痴盼犹存，一如流光之依然闪动，但是只能远远注视，今夜的月光照在恋人的泪花上，这只是似烟如雾的一场爱恋。

师：这个故事有韵味，是一个可望而不可即的古典爱情故事。

生：我们没有编故事，只是第二联让我们想到了一个坚贞的爱情故事，在地震中痛失妻子的男子用绳子将妻子的尸体绑在背部，送她去太平间。在极大悲痛的折磨中，他努力要给予自己的妻子死后些许的尊严。在地震后的混乱中，男子认为妻子不应该遗弃在那些尖利的碎石中。他饱含着深情，将她的身体与自己绑在一起，然后骑摩托车前往当地的太平间。杜鹃啼血，为了逝去的爱人肝肠寸断。

师：嗯，这个故事有意味，生活中也不乏感动和诗意！

生：最后一联，我们看到的是一个若即若离、没有结局的情感故事，两人在感情的潮水中澎湃起伏，永远也牵不到对方的手。两人青梅竹马，但是结局不是大团圆，而是男孩一直默默地爱着女孩，女孩结婚了，男孩只是默默地守候，深深地藏着自己内心的爱恋，苦涩又甜蜜，痛苦的回忆已成往事，只有怅然感叹了！

（学生意犹未尽）

师：同学们的想象力实在是丰富，所编写和联想到的故事都能够与诗句相互诠释，合情合理，这不正是“以意逆志”的诗歌鉴赏方法吗？用自己的感受去体会诗歌。请同学们带着这种感受再次诵读诗歌。

（学生再次分组诵读诗歌，情感投入更深。）

六、知人论世，解谜诗歌

（与诗人的情感产生共鸣，领悟诗人的情感历程。）

师：请同学们根据情景故事的感悟，适当结合李商隐的人生经历，尝试探究这首诗歌的思想内容。

生：李商隐中年丧妻，又因写诗抒怀，遭人贬斥，此诗约作于诗人晚年，有可能是悼念追怀亡妻之作。

生：李商隐天资聪颖，文思锐敏，二十出头考中进士，举鸿科大考遭人嫉妒未中，从此怀才不遇。在“牛李党争”中左右为难，两方猜疑，屡遭排斥，大志难伸。也有可能是感慨自我身世。

生：我们发现李商隐是一个“情圣”，这首诗歌极有可能就像我们所编写的故事一样，是一首爱情诗，而且似乎是一种晦涩难言的爱情。

生：对《锦瑟》一诗的创作意旨历来众说纷纭，莫衷一是。我们认为其情感可能不一定是单一的。

……

师：同学的探究十分到位，能够把诗歌史上对这首诗的研究都展现出来。

（投影）

李商隐生平

幼年失怙

怀才不遇

妻子早亡

卷入党争

仕途灰暗

——“华年”的多样性和“惘然”之情的立体感

师：事实上刚才有同学已经点出了解谜这首诗歌的关键，其情感不是单一的，而极有可能是多样的和立体的！这首七律，凝缩着诗人匆匆一生里的，跌宕流离的命运，失落沮丧的际遇，讳莫如深的情感，梦幻绮丽的爱恋……这一切，又如同他名姓中的那个“隐”字一样，影影绰绰，朦朦胧胧，依稀仿佛，似有似无，感觉得到，捉摸不住，可以意会，不可言传，那美学境界吸引着千百年的中国读者。

（教师范读，在诵读中升华理解。）

《锦瑟》一诗是人教版新课标高中语文必修三第二单元的课文，本单元专列为“唐诗单元”，这首诗歌虽然被列为自读课文，但是其文本解读的教学价值和审美教育价值不可小视。《锦瑟》在中国诗歌史上被称为诗歌的“斯芬克斯之谜”，元好问《论诗》也说“诗家总爱西昆好，独恨无人作郑笺”。诗歌的朦胧性、多义性在这首诗歌中体现得十分充分，唯以中国传统的“言、象、意”体系对它进行文意解读，才能让学生更好地领悟此类诗性文本的美学特质。“言、象、意”体系的文意解读的始基是语言，关键是意象。《锦瑟》之所以多义难解，原因在于其多运用意象、典故等，意义朦胧，这种多义性、朦胧性更能打开审美的空间，通过解读这些意象可以激发学生的想象能力、审美能力。因此要抓住诵读阅读法，品味诗歌的语言，并在不同阅读层次提升和升华诵读的阅读价值。本课例采用了悬置的方法，尊重学生的初读印象，尊重学生的“非对象性感知”，进而以意象、典故的解析来进行“象征性的体证”，用故事演绎的方法激活学生的“文化体悟”，这样的解读设计考虑到学生的心灵参与与生成性，引导学生进行合理的想象联想，这样才能调动其生成个性的阅读体验。学生经过自身的体验重构经验，经过“文化还原”再回到文本，将文本、生活情境、文化传统有效地重组，激发个性化的阅读，激活古典精神的现代意义，与诗人的情感产生共鸣，领悟诗人的情感历程。

第二节　文体通读：如何读通文体

无论是释义层的“指称、编织、构造”，还是古典美学的“言、象、意”，其实质还是在课文解读的文艺学解读范式之中，在这个范式中可以达到文学欣赏的高峰，但是语文教学仍然需要对文章学的解读进行补充，建构阅读教学的文章学知识，这就需要进入解码层。解码层主要培养和发展学生专业解读的能力，阅读教学的文本解读应该是专业性较强的文本解读，而不是随意的、肤浅的、低智的解读（尽管我们理应尊重学生的个性化解读，但只能是尊重而不应成为教学解读的追求）。这种专业性主要表现为它能用一套解码工具来剖析文本的机关、探究其奥秘，是对文本奥妙与匠心的明辨与洞察。阅读教学的一个重要任务是让学生在解读过程中学习、掌握、运用这些知识；没有这套解码知识，教学解读永远不能得其法，更不能得其道。缺失其“法”、其“道”就只能在释义层转悠，难以进入文本堂奥，在这种状况下的解读只能捞一些沉渣、抹一点水痕，而“灵蛇之珠，荆山之玉”终不可得。

文本解码指的是对文本的艺术技巧、表达方式、修辞手法、结构技巧等的理解和拆解，这是阅读教学中学生需要培养的重要能力，但这种能力往往被部分教师在阅读教学中长期忽视，一些阅读教学仅仅专注于培养学生对文本意义的把握和理解能力。只有真正解开特定的文体文本的“码”，才能对文本本身进行较为理智的认知，才能认识到文本创作背后的知识，进而才能架起阅读与写作之间的桥梁。长期以来造成写作教学低效的其中一个关键的原因正是不能通过文章的解码架起阅读与写作之间的桥梁。文本解码就是通过运用文章学的解读原理来把握文章结构的组织法则，旨在揭示文本谋篇布局规律的活动，这其中的文章学的规律就是我们所说的文本的“码”。为实现对特定文本中表现出来的独特性的透彻理解，对文类进行分辨是前提，因此文体通读是解码的关键。

一、文体素养：阅读教学的基点

文体，是文本形式的划分，即“文本的体制”，指文本在结构形式和语言表达上所呈现的具体样式或类别。这似乎是形式上的东西，其实有其本原性的价值。没有文体意识，阅读、写作就无章可循，阅读、写作教学也不得要领。不同文体的文章各有特点，特别是文章的结构章法上的特点，这就决定了阅读教学要重视文体阅读，要依体而教。潘新和教授说：“‘文体感’甚至比‘语感’更重要，阅读与写作是一种文体思维。”[1]语文教学中的诸多问题都和文体问题相关，因此在阅读教学中培养学生的文体素养就显得至关重要。

读者有了一定的文体素养，就能根据阅读的目的与需要选择相应的文本；阅读不同的文本，也能摆正阅读姿态，选择适当的解读方法，达成适度而有效的解读，否则，阅读理解时常错位以致误读。作者有了一定的文体素养，则可以根据写作的目的、要求、对象选择恰当的体裁形式来组织内容、安排结构，用妥帖的语体表达思想、情感或意图，否则，必将文不得体而无所适用。同时，有了文体素养，就能够将阅读的积淀和写作的体悟会通，使阅读和写作相互浸润、相互启发。文体的重要性不言而喻，因文体素养的缺失而带来的诸多弊病也越来越突出，但这一问题尚未得到足够的重视。文体一旦被从语文教学中逐出，给语文教学带来的伤害可能是致命的，给学生语文素养带来的缺损将是结构性的缺损。一些考试为了充分发挥学生的写作潜能和特长，标举“文体不限”的大旗，这在客观上导致了学生对文体的忽视。尽管有识之士一再呼吁“不限文体不是不要文体”，但事实上，学生作文中文体意识模糊、语体失当的现象尚未得到有效遏制。学生文体素养的培养应引起阅读教学研究者的高度重视。

二、文类辨识：文体系统观下的观照

事实上文体的内涵不仅仅局限在体裁的划分当中，按照童庆炳所说：

[1] 潘新和．“文体”“教学文体”及其他[J]．中学语文教学，2007（12）：3-6.

"文体是指一定的话语秩序所形成的文本体式，它折射出作家、批评家独特的感觉方式、体验方式、思维方式、精神结构和其他社会历史、文化精神。文体是一个系统。"[1]这种文体系统观是一类文本从内容到形式的整体特点和总体风貌，属于汉语文表现形式的范畴。不同文体类别的文章具有不同的形式组织架构技巧，从而呈现出不同的文体样态，这就需要我们在文体通读的过程中首先弄懂并把握好特定文体系统的特征。

基于这种文体系统观，在具体文体体裁之上我们提出文类的划分。《普通高中语文课程标准（实验）》将文本分为实用类、论述类和文学类三类。这种从功能的角度对文本进行分类的做法是一种可贵的尝试，对阅读教学因文而学、分类而教发挥了独特的作用。但这种界限仍然划分得不清楚，比如有的文本既可归入实用类，也可归为论述类，这种划分方式不利于文体阅读教学的具体实施并形成规律性。因此，我们在文体话语秩序的系统观的基础上，从有利于把握文体通读的基本规律出发，把文本划分为审美文学类、实用文章类和应用文书类三类。

（一）审美文学类文本

审美文学类文本主要是通过艺术形象的塑造来表现作者所认知的世界或抒发自身的感情的文本。审美文学类文本具有形象化、审美化的特性，这类文本写事状物，其目的不是进行客观的介绍。因此，阅读这一类文本的基本姿态应该是文学的、审美的、诗意的，而不应全是纯客观的、逻辑的。在对这一类文本进行文体通读时，应该借鉴美学、文学理论的相关理论来作为阅读解码的工具。

以小学语文教材中《江雪》这篇课文为例，这首古诗毫无疑问属于审美文学类文本，应该以审美的、文学的阅读姿态进行解读，可运用"言、象、意"的文意解读方法，而不是以逻辑的思维去思考"千山鸟飞绝，万径人踪灭"的客观可能性、知识性，如此便不难发现诗歌中景为情设，写景是移情的一种表现，在这类文本的文体通读中，要想方设法让诗中的画面和诗人的感情在学生头脑中再现出来，唤起学生的生活体验，激发其情感，让学生能够感受诗人创造的意境，这是文体阅读的基本姿态。

[1] 童庆炳. 童庆炳谈文体创造[M]. 开封：河南大学出版社，2008：17.

同时，学生学习这篇课文，主要目标不是为了认知这一景观，甚至也不仅仅是理解诗人的心境，从文体通读的角度而言更要了解这一文体系统的结构特性，比如诗歌的起承转合、意象的组合、象与境的结构关系等，并通过长期的文体阅读积淀形成文体知识和文体素养，但如果教师缺乏文体阅读的教学能力，教学就会出现偏差。

（二）实用文章类文本

实用文章类文本主要指的是传达作者观点、传播知识、反映动态的文本，通常有一定的体制和规范。传达作者观点的，主要是指观点性的议论文；传播知识的，主要是指说明文、科普小品、学术性论文等；反映动态的，是指新闻报道等。为了实现传达观点、传播知识和反映动态的功能，这类文本必须具有较强的逻辑性和条理性。创造性和个性化在这类文本中也有体现，但远没有审美文学类文本那么突出，也不是实用文章类文本阅读的重点。因此，阅读这一类文本的基本姿态应该是理性的、逻辑的、客观的，在对这一类文本进行文体通读时，应该借鉴文章学的相关理论来作为阅读解码的工具。

例如《父母与孩子之间的爱》一文，这是一篇心理学的学术性论文，属于实用文章类文本，作者从心理的角度阐述了自己的“爱”的理论，从儿童成长过程的角度阐述了父母之爱与孩童情感与心智成熟的关系，揭示了爱作为一种改变社会的力量的心理基础。这是一种学术观点的表达，对其观点进行理解是必要的，但是阅读这一类文本更需要关注其条理性、逻辑性，以及其组织架构的技巧，基础教育阶段并不需要对其学术观点进行深入的探究。这是阅读这一类文本文体的基本姿态，有的教师不能对这种文体进行分辨，进行有效的文体阅读就会产生偏离，比如有的教师把这篇文章引向“母爱”的情感教育，这就偏谬甚远了。

（三）应用文书类文本

应用文书类文本指日常生活中具有传递信息、处理事务、交流感情的工具性文本，如公文、书信、合同契约等。这类文本具有较强的应用性、真实性、针对性、时效性、格式化等特点，阅读这类文本更多的是要把握其传达的信息，对这类文本的阅读学习事实上也更强调应用文书的写作实践，这类文本的阅读姿态应该是通过阅读学习来把握其规范性，进而将其运用到实际生活的写作中去。本来解读这类文本的困难不是很大，但由于长期以来的忽视，应用文书类文本的解读教学成了现在非常需要加强的。学生在应用文书的实际运用方面写作能力、规范性较差，这实际上也是文体阅读与写作的姿态问题。

三、文体辨别：依体而教是培养阅读能力的关键

文类辨别的主要任务是确定文本属于哪个大类，对文本进行文体系统观的认知。阅读活动中应根据文本种类的特性来决定我们应持有的阅读姿态。当然，如果要进行更加深入和精细的设计，就需要由宏观的文类辨别进入中观的文体确定层面了。文体是文本的结构性范式，它是文章形式结构、技巧章法的规律性提炼，阅读教学只有抓住文体，依体而教，才能触类旁通、举一反三，引导学生形成文体阅读应有的阅读准备和姿态。

即使从传统的文体划分法来看，其教学解读的路径也应该有所区分。如阅读记叙文，应该紧扣住记叙文的文体特点，包含叙事的结构艺术、相关的描写技巧等；阅读说明文，应着重引导学生了解说明对象的特征、说明的顺序、说明的方法等；阅读议论文，应着重引导学生了解文章观点的提出艺术、论证技巧等；阅读散文，应引导学生了解取材艺术、形式结构艺术、修辞艺术等，品味其含蓄的语言、形象的表达，“形”“神”之间的关系等；阅读诗歌，应引导学生品味意象，掌握诗歌的结构章法、修辞技巧等艺术；阅读小说，应引导学生把握人物形象、情节推进艺术、环境描写技法等；阅读戏剧，应引导学生把握人物形象、戏剧冲突艺术、戏剧结构编排艺术等。这是就传统的文体基本划分法所做的文体知识的基本梳理，这些文体知识可以说是十分基础的，但是在阅读教学的实践中，我们会发现这些基本的文体知识仍然被忽略和漠视，在此强调这些最基础的文体知识的意义在于，提醒教师在引导学生阅读文本时，应当有一种恰切的文体阅读姿态，进而形成相应的文体阅读意识和获得文体知识。

不同的文体有不同的教学价值，也有不同的教学方法和教学目标。反过来说，教学目标的确立和教学方法的选择也受到文体的制约，因为不同的文体有不同的目的、功能和语体特点。正因为如此，在阅读教学中，我们通常把“文学文体”和“普通文体”分开，普通文体分为记叙

文、议论文、说明文和实用文。记叙文是指那些以记人、叙事、写景、状物为主要内容的文章，主要有消息、通讯、报告文学以及记人、记事、写景的散文等；议论文是指那些用来讲明道理、阐明观点的文章，主要有短论、杂文、文艺评论、学术论文等；说明文是指那些解说事物性状和事理的文章，主要有说明书、解说词、科普说明文等；实用文是指机关单位和人们在日常工作、生活中用来处理事务的具有惯用格式的文章，可分为一般实用文和公文两类。这种分类立足于文章的内部结构、表达主旨、表达方式与语体特点。在文章结构方面，记叙文注重交代事件的缘由、过程和结果；议论文注重论点、论据和论证的严密统一；说明文讲究条理明晰，说明事物注重时空顺序，说明事理注重逻辑关系；实用文的开头、正文、结尾有一定的格式。在表达主旨方面，记叙文追求用具体生动的形象感染读者，议论文用概念、判断、推理、论证说服读者，说明文是把说明对象明白无误地介绍给读者，实用文是把交际或事务的目的、要求传达给读者。在表达方式和语体特点方面，记叙文、议论文、说明文、应用文对叙述、议论、抒情、说明的表达方式各有侧重，对陈述句、描写句、抒情句等句式的选择各有特色。有时，文章的标题也能体现出不同的文体特征。如文学作品常常用一个词或短语作为标题，而消息、通讯报道常常用一个句子作为标题，标题本身就揭示了文章的主要内容。正是文体的多样性和独特性赋予了语文教育丰富多彩而又各有侧重的教育内容与形式，如文学作品便于进行情感和美感教育，记叙文便于进行社会、人生教育，说明文有利于培养学生清晰、严密的思维和准确表达的能力，议论文有助于培养学生逻辑思辨、析理说理的能力，等等。

依体而教是选择文本解读路径的入口的基础，也是深入解读文本结构性密码的需要，这个解读路径入口的选择，就是我们所说的文体阅读的基本姿态。如在小说《竞选州长》的阅读教学中，首先要让学生持有小说阅读的基本姿态，明白小说的虚构特征，在虚构特征上做好阅读的准备，才能更好地进行深入的解读。初中阶段的学生往往不能分清小说与记叙文的区别，有时会误将小说中参加竞选州长的“我”等同于作者自己，这是阅读教学文体知识缺失所导致的。没有恰切的文体阅读姿态，阅读教学就可能走向歧途，如《再别康桥》，如果不能抓住诗歌的文体特征，没有形成恰切的诗歌阅读姿态，就会一味去追逐徐志摩的恋情故事，过多地进行情感的分析，就会不顾及诗歌的意象，不关注“三美”的特征，真正的语文核心能力的培养反倒成为末节。20世纪90年代以来受人文主义思潮的影响，语文教学也十分突出“人文”特性，致使一段时间以来语文教师认为只有“人文”的才是“语文”的，这种对人文过度的拔高往往成为一种“伪人文”“泛人文”。而事实上缺失文体姿态和文体意识的阅读教学正好是“去语文”的，甚至是“非语文”的。例如《雷雨》的教学，讨论周朴园的人物形象，就讨论周朴园发的是不义之财，应该受到谴责；教《面朝大海，春暖花开》时讨论海子该不该自杀，讨论心理健康问题；教《背影》时讨论“父亲”是否违反交通规则；教《孔雀东南飞》时讨论刘兰芝该怎样处理婆媳关系……这样的问题讨论，把语文课上成了政治课、历史课、班会课，这些讨论都不是阅读教学应有的恰切的阅读姿态，这样的阅读教学把文本的文体要素放逐到边缘，没有“语文味”，走入了“非语文”的歧途。出现这些阅读教学现象的原因是多方面的，比如新课改高举人文、强调讨论、强调个性体验，这些固然都是正确的，但在实施过程中有所偏差，其直接原因还是在于阅读教学文体意识的缺乏。

文体是根据文本各方面的形式特点及构成要素等归纳提炼出来的类别性规律，相同文体的文本有些共同的结构性规律，阅读教学只有抓住这种结构性规律，依体而教，让学生形成恰切的文体阅读姿态和意识，进而掌握相关的文体知识，才能培养学生文体通读的基本能力和素养。

四、文体解读的微观策略

文类是文本的系统观，而具体的文体则更凸显某一文本体式的独特构造，这种文本体式可以说是文本建构的结构技巧和艺术手段的“类”特征。不同文类和文体的文本，在阅读的目标、思路和技法上具有诸多差异，因此，把握和认知文本样态是对文本进行解码的前提和首要条件。对于教师来说，必须依照特定文体来选择和优化阅读教学内容，确立合理和切实的教学方法，这就要求教师在解读文本和阅读教学中遵循文体法则，然而这种“类”特征也必然要通过对具体文本的解读才能得以清楚地呈现，所以在经过对“类”特征的考量之后，还需要有微观的策略才能实现文体通读。为了通过文体通读更好地认知文本，并对之进行解码，现在迫切需要引进新的文体学知识作为专业工具。上文已经做了文体系统观的文类辨别，这个辨别除了确定文体阅读姿态，更重要的是确定专业的解码工具。审美文学类文本主要使用美学、文艺学的解码工具，实用文章类文本主要使用文章学的解码工具，应用文书类文本主要使用文书学的解码工具。

确定文体的过程显然是进一步精细化认知文本的过程，但这更多的还是停留在对某一特定文体的认知上，而不是对特定的具体的文本的解码。比如说《囚绿记》《背影》作为散文如何体现散文的文体特点，要想进一步发现并把握文本个体如何体现“类”的特殊性、创造性，具体是怎么表现的等问题，就需要由中观的文体确定进入微观的层面。

（一）组织和结构层面的解码

作为特定文体的具体文本都是通过一系列的结构技巧来构成构架的，无论作者是意在笔先还是笔随情至，读者想要深入理解作者行文构思的独特匠心，就必须对文本形成整体的结构认知。因此，文本解码的首要一步就是理清文本的结构和思路，这是阅读教学中常见的整体阅读策略。当然以往的阅读教学可能把整体阅读的重心放在了思想情感的一致性上，实际上整体阅读策略的关键应该在理清结构上，只有宏观地把握了文本的结构和行文思路，才能从细微处对语段、句词及其关系进行解码。

以散文文体的阅读为例，散文“形散神不散”的结构特点是大家十分熟悉的，但是这种通识的结构特征在具体文本的微观解码却是不容易的。散文的结构技巧属于形式的范畴，散文结构灵活，随意自由，仿若“与山石曲折，随物赋形”。但是随意自由并不等于任意而成，散文的结构实际上是一个内容与结构完美结合的丰富的有机整体，在阅读散文的具体文本时必须注意这个有机的结构体系。如《荷塘月色》是散文的典范文本，但是有些教师把教学注意力过多地放在文本的背景性解读上面，仅仅抓住“颇不宁静”进行社会分析，而忽略了文本作为散文典范的文体性、审美性特征。《荷塘月色》的结构谋篇看似随意，实际上却独具匠心，只有从整体上抓住文本的“匠心”，才能解开文本组织结构的密码。

《荷塘月色》在结构方面将起承转合、回环反复、前后呼应的结构艺术交织成一个整体的艺术构架，教师不能引导学生破解这里面的结构密码就很难说读出了文本的文体意味。“这几天心里颇不宁静”，这是全文的文眼，其实也是一个结构性的原点。“这令我到底惦着江南了”，“妻在屋里拍着闰儿，迷迷糊糊地哼着眠歌”，结尾的“妻已睡熟好久了”等多个地方都与之照应。这种呼应，使文章结构有机统一，浑然一体。起承转合则体现在全文的整体结构上，以情发端，以荷塘之境来承接心境，以回到现实之景为转折点（“但热闹是它们的，我什么也没有”），以回到现实生活情境为结，给人以留白的韵味。它们之间又有因果关系结构，心里颇不宁静，于是通过观荷塘月色来排遣烦闷，观荷塘又联想到采莲的事，于是惦着江南，最终还是回到心里颇不宁静的心境。这种起承转合、因果相承的结构形成了一种圆融一体、意脉贯通的审美性结构，“形”的散因“神”而聚。这样的文体性结构艺术需要我们去品味，甚而应是写作教学的一种路径。

除了整体结构艺术的解码，还有语段和句群层面与语句和语词层面的解码，这是更为微观的结构解码。文章解读能力以及写作能力的迁移，关键在于对语段和句群层面的驾驭。文章的最基本要素虽然是语句、语词，但是语段既涉及语句、语词的选用，也涉及篇章的构架，所以文章解读和写作的核心关键在语段上。语句和语词层面的解码则是在语段和句群层面的基础上对文本进行的更微观层面的拆解，其目的是引导学生在对语言的品味中，弄懂语言背后的奥秘。这既包括对组成文段的句子的解读，也包括对文中重点语词的咂摸，更包括对词句中逻辑关系的推敲。

我们以语段和句群解构的解码为例做一个说明，“要想解开语段中的‘码’，就要研究‘这个语段是怎么构成的？段与段之间究竟有哪些关系？句与句之间到底构成了什么关系？文学作品的语段是怎么构成的？说明性的语段是怎么构成的？一般性的描述性的语段是怎么构成的？议论性的表达观点的语段是怎么构成的？要反驳别人观点的语段是怎么构成的？’等问题。任何语段都是有‘码’的，我们的任务就是把其中的‘码’

解出来”[1]。如老舍的《济南的冬天》,“对于一个在北平住惯的人,像我,冬天要是不刮风，便觉得是奇迹；济南的冬天是没有风声的。对于一个刚由伦敦回来的人，像我，冬天要能看得见日光，便觉得是怪事；济南的冬天是响晴的。自然,在热带的地方,日光是永远那么毒,响亮的天气,反有点叫人害怕。可是，在北中国的冬天，而能有温晴的天气，济南真得算个宝地”。这里运用对比的手法把济南的冬天和北平、伦敦、热带地方的冬天进行比较，其语段的“码”就表现出来了，“北平的寒，济南的暖;伦敦的暗，济南的明;热带的热，济南的温”。由此，文章的语词运用、内部结构逻辑，作者情感的脉络都在语段的“码”当中呈现出来了。

只有这样，我们才能正确地把握文本在组织结构上的特征，这既是深入解读文本的一个重要步骤，也是深入理解文本的基础和前提。实际上好的文本都有某种特殊的个性，解码的任务就是把这种个性解出来。

（二）艺术技巧方面的解码

文体阅读具体实现的另一个重要方面是对文本的艺术技巧进行解码，文体阅读角度的艺术技巧不是单纯指微观层面的修辞，而是指文本的语体、修辞、风格等方面的技巧性特征。

以《竞选州长》为例，文本虽然具有小说文体的一般“类”特点，但是其情节也是有独特的表现形式的，通篇是“我”的独白，情节就是“我”叙述自己参加竞选的经过。在安排上，作者摘引了大量报纸、信件的内容，以此层层推动情节发展。这些材料的引用，既是构成事件发展的基本内容，也是故事情节的基本线索，与作者的叙述、描写融为一体，构成了全篇完整的情节，这是整体的结构解码。这篇文章的文体性艺术技巧具体体现为幽默反讽的技巧，在文章的人物形象塑造、表达主题思想方面都起到举足轻重的作用。文章从开头交代自己与祖母的来往信件，到最终放弃竞选,并且“堕落”成为“和伍福特和霍夫曼先生一样的人”,整体的故事具有合理性，存在一定的悲情意味，却又让人感到哭笑不得。除语体表现出幽默与反讽的特点以外，在《竞选州长》当中，比较常见的幽默与讽刺手法的运用，还展现在具体的情节上。小说对大众眼中稀

[1] 连亚飞. 略谈阅读教学中的解码[J]. 教育视界，2016（6）：12-16.

松平常的“自由选举”现象进行了夸张的叙写，本身平淡的选举事件经此一叙，变成了一幅幅美国竞选活动的政治漫画，有些段落读来让人觉得十分好笑，但正是这种幽默烘托了主人公的悲情，他在经历了一系列荒诞的指责后，最终不堪重负地退出选举，风趣之余也令人唏嘘不已。从初读时的可笑，到中段引起读者的共鸣，转而使人愤怒，到最终的悲情，小说从头至尾都在铺陈一个极具讽刺内涵的故事。再以《荷塘月色》为例，其具体的修辞技巧就更为丰富了，如比喻，就有依形态设喻而成博喻，依感觉设喻而成通感；还有语言上叠词的使用，语词的锤炼等。

总之要想对文本进行解码，就需要进行文体通读，首先对这一文本进行文类判断、文体分辨，并摆好恰切的阅读姿态，在“类”特征的基础上把握具体文本突出的个性化特征，并以这种个性化特征来实现对“类”特征的确定，培养文体素养。教师在解读文本的过程中应沿着从文类到文体、从文体到具体文本的路径，坚持这种解码策略并采用一系列的专业解码工具和技术来对教学文本进行解码。这既能方便我们根据预设的教学目标来选择和重构教学内容，也有利于在教学中根据学生的活动来合理生成学生的学习内容，同时还能更有效地发展学生解读文本的能力，进而提升学生的写作技巧。

第三节　文本细读：如何读出韵味

在形式主义文学批评流派中，英美新批评派进行文本内部研究所创造的一种具体的文学批评方法——文本细读法（close reading）对文学解读影响最大。艾略特提出“感情的生命是在诗中，不是在诗人的历史中，艺术的感情是非个人的”。瑞恰慈为新批评提供了方法论基础，他通过引入语义学的方法将人们的注意力引向语言，提出“提高分辨能力”的教学方法和批评方法，将文本孤立出来“细读”，进行语义和结构的分析，这种文学作品阅读方法成了新批评“细读法”的起点。文本细读通过找出由复义（含混）、悖论、反讽、隐喻、象征等形成的诗歌语言张力结构，从而发现文本的形式美学特征。新批评的文本细读作为“文本中心”的一种阅读方法，对当前中学语文教学中的课文解读有较强的借鉴意义。作为阅读的一个重要环节，文本细读对学生的阅读、写作能力和审美判断有着重要的影响。引导学生细读文本，仔细分析文本语言和结构，就文本读文本，关注文本形式，对文本的形式、结构进行理解性评析；对表达技巧、语言修辞形式进行深究，从而读出文本内涵、韵味。提供这种具体的、可操作性的文本细读方法，对阅读教学具有重要的意义。

一、“新批评”的文本细读借鉴

新批评派提出要很好地实现“文本细读”，就要找出由复义、悖论、反讽、隐喻、象征等特性形成的诗歌语言的张力结构，瑞恰慈在《修辞哲学》一书中建立文学语义学，根据辩证法原理找出语言深层的规律。新批评派考察和评价文学的语言结构，通过对这五个特性的分析来考察这些要素怎样使文本结构达到和谐统一。作为一种阅读分析作品的具体操作方法，文本细读对于当前中小学语文教学中的文本解读，特别是扎根文本的品读有一定借鉴意义。我们通过对以下几个新批评派重要术语的梳理，进一步探索文本细读理论带给中小学语文课文解读的借鉴意义。

（一）复义

“复义”又翻译为“含混”“模糊”“晦涩”等，出自威廉·燕卜荪的《复义七型》。他在《复义七型》中对复义下的定义是：“任何语义上的差别，不论如何细微，只要它使同一句话有可能引起不同的反应。”[1]复义本身“可以意味着你的意思不肯定，意味着有意说好几种意义，意味着能指二者之一或二者皆指，意味着一项陈述有多种意义”[2]。诗性语言具有多义性、模糊性和不确定性，这种模糊性、复杂性和多义性正是文本细读的魅力所在，这种模糊多义现象，与中国古典诗学所说的“诗无达诂”也是相通的。以抒情性文学的典范诗歌为例，诗歌语言都具有较高的凝练性、跳跃性，诗歌经常使用复义来增强诗歌的表现力，以形成特有的审美境界。

以《锦瑟》一诗为例，朦胧性、多义性在这首诗中体现得十分充分，其词义的复义现象亦值得我们慢慢品读。“无端”，就是“平白无故”的意思，这似乎是诗人的痴言妄语，锦瑟本来就有那么多弦？这并没有缘由或“过错”，诗人却硬来埋怨它：锦瑟呀，你干什么要有这么多条弦？瑟，到底原有多少条弦？诗人通过语词的复义来实现诗歌的张力，从而达到情感意蕴的充分表达。除了语言上表现出来的复义，这首诗歌还通过典故来表现其复义，这是中国古典诗词所特有的复义现象，通过特定的文化表征——典故来实现诗歌的复义，这种复义现象的意蕴张力更加鲜明，这首诗用了“庄周梦蝶”“杜鹃啼血”等几个典故，“庄周梦蝶”的典故在其原典中表现出的是一种哲学的思考，但一经李商隐的运用，这里面的语义张力就表现出来了，隐约包含着美好的情境，却又是虚缈的梦境，将诗歌的意境朦胧化，但又让读者深味其背后的意义场。“杜鹃啼血”的复义使用也是一样的，作者通过这样一个悲剧性的典故来寄托哀婉之情。传统的解读思想认为诗的意义是单一和纯粹的，其解读是明确的，但事实上可能是解读越是明确，就越是消解诗歌的诗意。其实无论是诗歌，还是散文、小说、戏剧，都不需要一种一元化、确定性的解读，复义的张力的合理性恰恰把文本的审美传播特点表现出来。

---

[1] 赵毅衡. “新批评”文集[M]. 天津：百花文艺出版社，2001：344.
[2] 同[1] 350.

（二）反讽

新批评"反讽"理论的主要阐述者是布鲁克斯。他把反讽定义为"语境对一个陈述语的明显的歪曲"[1]。从语言学角度看，反讽指一种特定语境中"正话反说"或"所言非所指"的语言现象。反讽使得语词的意图与它的字面意义有所不同甚至截然相反，于是语言的张力就这样产生了。从语言学角度而言，反讽是一个语词符号的能指与所指的矛盾断裂，这种断裂突破了语言的约定俗成性，使其具有复杂化的意义指向，语词符号就从语言学的层面走向了文学审美的层面。反讽一向被认为是一种偶然使用的语言技巧或是一种修辞格。新批评则将反讽上升到文学特性的高度，将它视为语义变化的典型现象，从而使之成为文学文本的根本属性。维姆萨特与布鲁克斯在其合著的批评史中坚持将新批评改名为"反讽诗学"（ironic poetics）。关于反讽，他们明确指出："我们可以把'反讽'看成一种认知的原理，'反讽'原理延伸而为矛盾的原理，进而扩张成为语象与语象结构的普遍原理。"

当然，无论是把反讽当作一种修辞格，还是一种诗学的根本性特征，我们都可以从中发现其细读的意义。反讽艺术在杂文中体现得最鲜明。以鲁迅先生的《拿来主义》为例，我们过去更多地关注鲁迅杂文的思想性、批判性，大多在社会学解读上面打转，事实上鲁迅的杂文的艺术特征是十分鲜明的，这是被我们忽略的。"还有几位'大师'们捧着几张古画和新画，在欧洲各国一路的挂过去，叫作'发扬国光'。""算得显出一点进步""丰富、大度"等嘲讽性反语就是把好字眼用在坏事物上，这些语词看上去都是褒义或中性的，而鲁迅在这里使用其对立含义，显现出讽刺和奚落的效果，使得讽刺的意味更加辛辣。常见的一类反语是诙谐性反语。这一类反语往往用在对自然景物的描绘上，或是对特殊事件的叙述以及自嘲上，洋溢着幽默调侃的情调。欧·亨利的《警察与赞美词》中也出现了叙事性的反讽，作者这样叙述流浪汉苏比无家可归的"露天生活"："一张枯叶飘落在苏比膝头。这是杰克·弗洛斯特（"霜冻"的拟人称呼）的名片。杰克对麦迪逊广场的老住户很客气，每年光临之前，总要先打

[1] 转引自赵毅衡．"新批评"文集[M]．天津：百花文艺出版社，2001：376.

个招呼。他在十字街头把名片递给‘露天公寓’的门公‘老北风’，好让房客们有所准备。”这轻松诙谐的叙述让人更加感受到流浪汉生活的辛酸。马克·吐温的《竞选州长》，其结尾写“我”呈递退出候选人的声明，并怀着沉痛的心情签上自己的名字：“你忠实的朋友，过去是正派人，现在却成了伪证犯、小偷、拐尸犯、酒疯子、贿赂犯和讹诈犯的马克·吐温。”这结尾用了“啰嗦”、夸张的写法，对“民主政治”“自由选举”是一种巧妙的反讽。

（三）隐喻

隐喻本是比喻的一种，但是在新批评的视野中它不单单是一种修辞格，还是诗歌的一种基本要素，成为新批评诗歌分析的又一重要概念。布鲁克斯曾说：“我们可以用这样一句话来总结现代诗歌的技巧：重新发现隐喻并且充分运用隐喻。”[1]瑞恰慈把比喻分为两个部分，喻体与喻旨，前者是一种具体的形象，后者则是从形象中引申出的抽象意义。一般来讲，比喻中的明喻是喻体对喻旨的直接说明，而隐喻则要求喻体与喻旨“远距离”“异质”。

即使新批评把隐喻放在文学本体性的层面上来思考，但是也不可否认隐喻首先具有修辞功能，它能突出作品的形象性和意象性特征。在前面我们讨论释义层的“构造”时已经对隐喻性进行了说明，隐喻的文字必然具有诗性的特征，隐喻天然具有一定的诗性功能，可以通过对喻体的选择，对语言材料各个层面的调节，营造一种诗的意境。中国古典诗词中对隐喻的使用是十分常见的，如李煜的《虞美人》“问君能有几多愁？恰似一江春水向东流”。正是因为这些诗句运用了隐喻，让读者在彼类事物（春水）的暗示之下去感知、想象和理解此类情感（愁），读者在喻体的引领下进入了诗歌的隐喻空间，悲愁之情如滔滔江水，一发而不可收。以水喻愁，喻体与喻旨“远距离”“异质”得到最大的彰显，审美特质也得到了最大的表现，把内在于生命的感情深度和力度表现出来了。散文中也是如此，陆蠡的《囚绿记》中“我要借绿色来比喻葱茏的爱和幸福，我要借绿色来比喻猗郁的年华”。此处所使用的隐喻喻葱茏的爱和幸福及

[1] 赵毅衡．“新批评”文集[M]．天津：百花文艺出版社，2001：377.

年华，也就把内在的生命感受具象化，成为一种“异质”的物象，让读者去感受和深味。

通过上述三个新批评术语的解说，我们可以得到借鉴。新批评的文本细读法不是点状的印象式批评，而是精致、细致的解读，是对文本做详尽全面的结构解读的批评方式。这种批评方式似乎是在用放大镜读每一个字，捕捉文本中语词符号的张力，其操作过程大致分为三个步骤，首先是了解词义，然后是理解语境，再次是把握修辞特点。

二、重释“新批评”的精神

新批评派的文本细读给我们提供了一种文本解读的精神，这就是要扎进文本去，在文本的本体中沉潜往复，咀嚼出文本的味道，品味文本形式上的意味，最终读出文本的美学感悟。这实际上跟我国古代含英咀华、咬文嚼字、推敲琢磨的诗学精神是相照应和一致的。因此我们不必完全照搬新批评的技术性解读，更好的办法是将这种中西共同的诗学精神很好地贯彻到中小学的阅读教学当中去。从中西诗学融通的角度来看，文本的细读，既包括语言学方面语义、语气、语法等的精致解析，如复义、张力、悖论、反讽和隐喻等特性的辨认，又包括修辞技巧、形式结构的分析，还可以包括意象、意境等因素的咂摸，从而探析文本内在的肌理结构和深刻含义。可以从三个层面来将这种批评精神运用到阅读教学当中去，第一个层面是教师备教层面的细读，第二个层面是学生深度阅读习惯的培养层面的细读，第三个层面是课堂教学上师生交会的细读。

（一）教师备教层面的细读

文本细读方法从本质上来说是一种专业性较强的阅读方法，正如绪论中所说，专家解读需要通过语文教师转化为教学解读，并不是所有的细读方法都能进入实际的教学解读中。因此文本细读的教学运用首先体现在语文教师的备教层面，教师运用细读的精神去解读作为课文的文本，并进一步寻找教学的切入点和挖掘其教学的价值。备教层面的“细读”，是较专业的层面的“充分阅读”，掌握较充分的专业解读方法，并对文本进行“反复阅读”。小学语文特级教师窦桂梅认为语文教学中的文本细读，主要是借助相关的文学理论对经典文本进行全面细致的分析。窦桂梅对于文本细读的这种理解是恰切的，不过仍需要进一步基于对教学的认识和理解赋予这种专业解读以全新阅读教学视角，发掘新的意义，可以说这种文本细读的精神是优秀语文教师应该具备的专业素养。

窦桂梅曾写文描述其备教《卖火柴的小女孩》的细读过程——关注文本的语言，挖掘文本的细节处，沉入文本找到文本的艺术特色，同时阅读大量的背景资料和理论著作，在文化背景下进行仔细的分析，还将课文与叶君健的译文进行比较，写下了一万多字的备课笔记。为了一篇课文的教学进行这样的深耕细作可能是一般语文教师难以做到的，或者说不能一以贯之地做到，但是这种细读精神是值得借鉴的，至少语文教师不能单单依靠教参这个拐杖前行。

教师还要通过细读找到教学的切入点，形成自身教学解读的个性特征。做好了这种专业阅读的准备之后，语文教师就需要从课程与教学的角度来思考和选择其中教育的解读，合理利用文本细读的专业价值组织教学，使文本的细读转化为课文的细读，使课程目标、教学目标得到应有的落实。如果不进行选择与教学的转化，一味从文本一般文学价值角度去组织细读，就极有可能无益于教学的解读。那么哪些因素决定这种选择和教学的转化呢？首先应该是课程和教学的目标规定性，从课程目标到教学目标，进而细化为单元目标、课时目标等，依据这种规定性，才能更好地选择解读的边界，寻找恰当的教学价值。上文我们在“编织”的叙事艺术中所举的《林黛玉进贾府》的例子，如果选择将主题的探索作为细读的主要内容，那显然是不恰当的，因为这个文本本身是节选的，主题的探索不可能全面，苏教版高中语文必修二第四单元第三模块在编选课文时，编者已经有一定的课程规定的思考，“以作品中人物的眼睛为线索描绘景物塑造人物”，编者有了这种明确的规定性，教师在选择时就有了明确的指向性。如果把“以作品中人物的眼睛为线索描绘景物塑造人物”作为细读选择的规定性，那么这种细读的教学价值将会更好地得到实现。反之，不经过选择、不进行教学解读的转化，一味以常规小说的“三要素”立意，便很难进行深度的教学细读。当然教师还可以根据自身的教学个性、学生的学情对这种细读进行个性化的探索，但是也必须以课程和教学的目标为归旨。

（二）学生深度阅读习惯的培养层面的细读

美国学者詹姆斯·默盖尔曾提出阅读层次论，把阅读分为知识性阅读、理解性阅读、探索性阅读三个层次。知识性阅读仅仅局限于信息的获取，很少进行进一步的加工，理解性的阅读和探究性的阅读则都需要进一步把握和探究文本更深层的意义。因此可以说，“浅阅读”是指一种浅层次信息获取式的阅读，浅阅读缺乏对文本信息进一步的加工整合、分析综合，浅阅读往往是实用性、消费性的阅读。当代社会是一个信息化的社会，移动阅读盛行，客观上导致浅阅读成为当代人的主要阅读层次，更导致了现在的中小学生难以进行深入的阅读。浅阅读的碎片化、快餐化导致阅读仅仅解决信息的获取需求，这些信息中甚至还充斥着相当多的消极信息，不能触及精神思考的问题。因此，文本细读的意义之一在于培养学生深度阅读的习惯。

所谓深度阅读，从广义上说，是在阅读一个文本的时候，对与这个文本相关的主题内容进行广泛涉猎、综合的思考、系统的整理，以形成这个主题的知识谱系；从狭义上说，是对所阅读的文本进行精细化的深度解读，通过对文本进行深入的思考和评论，形成自己独立的看法。对于中小学生而言，并不一定要求他们在思想深度方面进行深度阅读，更重要的是促使他们形成阅读习惯，培养阅读精神。阅读习惯是一种自觉自足的阅读状态，是一种自然而然地去进行阅读的状态。阅读习惯必须在长期的阅读实践中养成，进而形成一种阅读精神。良好的阅读习惯一旦养成，人们终身受益，将文本细读的精神引入对学生的阅读习惯的培养有较高的价值。首先，文本细读的精神就需要学生具有专心阅读的习惯，身心合一，聚精会神。其次，引导学生养成“批注圈点式”的阅读习惯。语文教师应该引导学生对经典文本进行“批注圈点式”阅读，学生阅读时边思考边动笔，做摘录，写体会，深入理解，对其积累资料和活跃思想十分有利，应该说培养这种习惯的作用远远大于课堂教学。

（三）课堂教学上师生交会的细读

教师在经过备教层面的细读之后，可以选择一些要素到课堂上形成师生的交会细读，进一步带领学生反复细致地研读和品味，特别是对经典的文本更需要进行这样的细读。经典文本往往经过历史的淘洗和检验，历久弥新，经得起细读，值得细读。教师将文学层面的原生价值通过课堂教学的共生细读，充分挖掘出这些经典文本的教学价值。比如著名文艺家孙绍振将细读的方法运用到中小学语文课文的解读上，分析了《迢迢牵牛星》中“不得语”这个关键词：

“这个‘不得语’很关键，点出了全诗意境的特点。就是感情很深沉，距离不算遥远，可就是说不出，说不得。是什么阻挡着有情人相聚呢？可能是某种看不见摸不着的障碍。当然，在传说中，这个权威的阻力是神的意志。但是，诗里并没有点明。这就使得这首诗召唤读者经验的功能大大提高了。在爱情中，阻力可能是多方面的，可能是超自然的，也可能是社会的，还有可能是情人自身心理方面的。故‘脉脉不得语’，有情而无言，不敢言，不能言，可能是出于对外在压力的警惕，也可能是出于情感沟通的矜持，也就是说，内心的积累已经饱和了，含情‘脉脉’了，到了临界点了，而转化为直接表达还存在着一时难以逾越的心理障碍。”[1]

孙绍振在《语文学习》上发表了系列关于课文解读的文章，用文本细读的方式进行课文解读，大大开阔了语文教师的视野，为语文教师提供了丰富的教学资源，在备教层面做到了文本细读的极致。随着专家的引介，一线优秀的语文教师也自觉地运用这种细读理论和方法解读课文，如窦桂梅老师在执教《卖火柴的小女孩》时，从语言、细节、文化背景方面对文本精耕细作，借鉴了大量的文学理论思想对文本进行仔细的咀嚼。但是这种解读还是属于专家解读，并未很好地转化为教学的解读，如果将这种备教层面的文本细读不加选择直接带入课堂教学，恐怕很难实现文本细读的教学价值，因此要更好地实现文本细读的教学价值就应该有所舍弃，有所选择。这个选择的主要依据是课程教学的目标和学生的学情。我们可以从教师用书中找到《卖火柴的小女孩》的编者意图：“选编本课的主要意图，一是引导学生整体把握课文内容，切实关注课文中人物的命运，深入体会作者的思想感情；二是体会作者虚实结合的表达方式，体会这样表达的效果；三是通过课文，使学生走近安徒生，激

[1] 孙绍振. 月迷津渡：古典诗词个案微观分析[M]. 上海：上海教育出版社，2012：17.

发学生阅读《安徒生童话》的兴趣。”[1] 编者的意图比较清楚，因此可以基于此对教学内容进行选择，当然也可以根据学生学习的实际情况有所调整。一方面，抓住童话体裁的特点需要注意童话的合理想象，在论述文体通读时也提到过，首先要具有恰当的文体阅读姿态，根据童话的想象性特点，对其“虚实结合”的叙事特点进行深入细读，比如可以引导学生从第 1 到第 4 自然段中挑出能够体会小女孩处境的可怜的句子进行品读，进而抓住小女孩五次擦燃火柴时的一些细节进行品味，细读出文本合理想象的重要性。我们以“虚实结合”这个关键点作为细读的核心，进一步选择语言、细节、结构等细读的“度”，这样我们的课堂教学才能做到精到有度、要言不烦，才能更好地达成课堂教学的细读。另一方面可以抓住文本的价值追求来进行选择，在这个故事里就是要让学生通过细节感受小女孩的处境，生发出一种生命的共感，让学生在潜移默化之中体会到安徒生童话的生命情怀。

三、文本细读的要素分析

文本细读作为本文直读的一个重要支点，其解读思维首先应是“本文式”的，也就是在面对文本时将文本视为一个独立的自然的存在，而不是成为“先入为主”的某种观念的印证和证据。文本细读是由浅入深地自然走进文本的解读过程，在“本着文本”逐渐前行的过程中，自然地实现意义的开解和审美的获得。当读者、文本、作者处于一种“主体间性”关系时，本着文本走下去，反复地品读文本有意味的细微处或个别点，并挖掘其文本价值和教学价值的交叉价值，把文本的教学阅读引向一个较深的层面。我们可以对文本的细读进行三个要素的划分，第一个要素是语言方面，第二个要素是手法技巧方面，第三个要素是结构方面。“文本细读”的策略就是从这些要素中的微小处寻求突破。

（一）语言要素的细读

语言应该作为语文教学的始基，在阅读教学中，语言要素的细读是

[1] 课程教材研究所. 义务教育课程标准实验教科书：语文六年级下册教师教学用书[M]. 北京：人民教育出版社，2017：141.

阅读教学的关键。对语言“读、品、悟”的进阶细读，是学生与文本对话的开始。其中“读”是贯穿阅读教学始终的基本手段。“品”是对文本进行精细化的阅读，形成阅读的召唤架构，将自身的生活经验和体验与文本碰撞，形成细读的“滋味”。“悟”是一种在“读”“品”之后，通过咀嚼形成对语言背后的审美、文化的领悟。语言的“读、品、悟”首先需要找准关键的指向性语段，这些指向性语段是有一定的教学价值的切入点，也就是大家常说的“关键词句”。文本的文学价值、教学价值往往是通过“关键词句”体现和挖掘出来的。关键词句有时是统领全段、全文灵魂的文眼，有时是起到关键的结构建构作用的词句，有时是技法丰富、意蕴深刻的词句。文本中这样的词句可以牵动全文的意脉，找准这些关键词句，进行阅读品析、精思细读，就可以窥见整个文本的意脉所在，进而品味文本背后的意境。

文本细读需要建立在对文本的反复阅读的基础之上，通过反复阅读，从“读”到“品”，从原始的阅读感受中筛选出文本中值得品味的关键词句，反复地阅读、细寻文本的关键词句，是文本细读的前提。在这种反复阅读中，逐渐形成对文本的关键词句的敏感性，并通过这种敏感的阅读神经感知到文本的意脉所在，探索隐含在形式背后的意义密码，达到“悟”的境界。以《囚绿记》为例，“绿”就是全文的核心关键词，进行反复阅读就会品味出文本的意脉。“绿色是多宝贵的啊！它是生命，它是希望，它是慰安，它是快乐。”“我要借绿色来比喻葱茏的爱和幸福，我要借绿色来比喻猗郁的年华。我囚住这绿色如同幽囚一只小鸟，要它为我作无声的歌唱。”“临行时我珍重地开释了这永不屈服于黑暗的囚人。我把瘦黄的枝叶放在原来的位置上，向它致诚意的祝福，愿它繁茂苍绿。”通过对这种关键词句的品味细读，就可以自然地梳理出文本“喜绿”“囚绿”“释绿”“念绿”的意脉结构了。在古诗词阅读中，更需要这种充分的细读，如陶渊明的诗歌《归园田居》《饮酒》，在反复阅读过程中，可以发现“归”“自然”等关键词句，进而品味诗歌当中的“久在樊笼里”“池鱼思故渊”等，就能探求到陶渊明的价值追求和人生困境之间的张力，就能更好地“悟”出陶渊明诗歌的境界。此外，古诗词的“炼字”的效应也是如此，古人在诗歌创作过程中常常重点锤炼一两个关键字，这种炼字往往使诗歌的意境深远，达到一种言有尽而意无穷的艺术效果，王国维《人间词话》举例说："'红杏枝头春意闹'，著一'闹'字而境界全出。'云破月来花弄影'，著一'弄'字而境界全出矣。"[1]"闹"与"弄"的境界生成正是前人炼字的效果，那么从细读的角度而言，炼出的字是需要反复的回复性品味的。

（二）手法技巧的细读

新批评把隐喻列为其批评的重要概念，并对比喻进行较深入的研究，提出比喻的本体与喻体之间的距离，认为隐喻的本体与喻体的距离越远，其含义就会越丰富。根据这种概念的解释，我们把细读的精神推广到一般的手法技巧上。文学作品作为审美性文本，更注重艺术手法、技巧的运用，因此品读这类审美性文本需要进行手法技巧的细读。

反复细读文本，关注文本中的"症候"，利用文本中的"症候"引导学生通过解析手法技巧进入文本意义深层。经典文本的"症候"，正是新批评所说的文本的各种悖反、含混、反常、疑难现象，如果沿着形式主义的思维说就是"陌生化"的运用。这些文本的"症候"，与文本的深层意义直接相连，与文本的审美特性也是连接在一起的，那么这种"症候"的意义就超出了一般意义上的表现手法、修辞手法。比如在朱自清的《荷塘月色》中，描写荷塘景色的经典文段就具有较多的文本"症候"值得我们去捕捉、细读。"微风过处，送来缕缕清香，仿佛远处高楼上渺茫的歌声似的。""塘中的月色并不均匀；但光与影有着和谐的旋律，如梵婀玲上奏着的名曲。"这里，作者用"远处高楼上渺茫的歌声"来描写风送来荷花的缕缕清香，这是把嗅觉转化为听觉。虽然香气也是沁人心脾，但乐音却能直入心灵。这样文本的审美"症候"就表现出来了，通过感受器官的转化，其审美效果发生变化，给人审美的感觉。"光与影有着和谐的旋律，如梵婀玲上奏着的名曲。"作者要描绘塘中不均匀的月色，不是直接进行描绘，而是通过感官的转化，把视觉转化为听觉，用音乐效果来表现荷塘中"光与影"形成的"不均匀的月色"，月色的错落、变化就形象地表现出来了。读者从"梵婀玲上奏着的名曲"想象到荷塘上月

[1] 王国维. 人间词话新注[M]. 滕咸惠，校注. 济南：齐鲁书社，1999：47.

光下的对立统一中形成的“不均匀”的和谐美景。这种文本“症候”的挖掘就不再是单纯的手法分析，而是可以与内在的审美意蕴相连通，这才能达成手法技巧细读的教学价值。比如在《荷塘月色》的教学中，就不单单是对修辞手法的知识性介绍，而应该细读出朱自清的情思的变化。

还有一种悖反“症候”也值得我们去玩味，去寻找文本的缝隙，倾听作者从文本背后传达的声音。这里的缝隙指的是文本中的破绽和矛盾。破绽和矛盾不是作者的失误，而是他们有意而为的悖反“症候”。比如“千山鸟飞绝，万径人踪灭”一句中的“鸟飞绝”“人踪灭”都是破绽，都是文本的缝隙，经过细读玩味才能体会这种技巧性的意义——营造了一种遗世独立的意境。

（三）结构的细读

“结构”这个概念，无论是在西方形式主义文论中，还是在中国古代文章理论中都十分重要。如果说语言是外在的形式，那么结构则是内部形式。阅读者无法一眼就看出内部形式，只有通过对结构的内在肌理进行分析才能发现，因此结构的细读可以说是文本细读的一个重要的阅读素养。文本的结构就是文本的骨骼、骨架，这种骨架需要文本阅读的“透视”才能看出。一个文本呈现在读者面前就是一个有机的整体，作者在创作中必须经过精心的安排和组织，才能构建出独立存在的完整结构。以中国古代八股文的结构为例，八股文在发展之初还是具有生命力的，因为它形成了文章写作和阅读的一种结构体式，破题、承题、起讲、入手、起股、中股、后股、束股这八部分，对文章的结构组织有较强的指导意义，然而八股文最终走上形式主义的道路，成了僵化的形式。我们对文本的结构进行研究，目的是为了探索文本结构的规律，读出作者的结构匠心。我们将结构基本划分为纵式结构、横式结构、交叉结构三种，可供阅读教学参考，引导学生进行结构探索。

1. 纵式结构。按照事物发展的一般的自然的逻辑来进行文本的组织就是纵式结构，采用纵式结构组织的文本，通常按时间顺序、事理层次等来安排文本的结构。如莫泊桑的《项链》是按照借项链、丢项链、赔项链、发现假项链的事理发展过程来安排文本结构的。

2. 横式结构。按照事物客观存在的外在情势来组织文本结构，如上下、左右、表里等，就是横式结构。这种结构层次之间带有横向展开的并列关系，多表现在记叙文、说明文当中。采用横式结构的文本，通常按照空间顺序、组成部分、类别等方式来展开叙述。

3. 交叉结构。纵向、横向结构交织在一起，穿插进行结构的组织，就是一种纵横交叉式结构。根据文本组织的需要将两种结构交织在一起，如在说明文的结构组织中既有事理的顺序，又有外在情势的空间等顺序，这就是交叉结构。

这三种结构形式是最基本的，但它们不是孤立存在的，而是互相连接，千变万化的。了解了基本的结构形式，才能进行变式的探究。例如《祝福》运用的倒叙的结构形式就是一种横式结构的变式，这种变化体现了结构的艺术性。有的文本可形成双线结构，如上文解析过的《囚绿记》的行为线索和心理线索双线结构。如《孔雀东南飞》，整个诗篇的叙事以焦仲卿、刘兰芝与焦母的矛盾冲突和焦仲卿与刘兰芝两人间的感情纠葛组织起来，这两条事理、情理线索交替发展，使诗篇的结构具有强烈的戏剧效果。通过学习基础结构，再联系前后文进行理解，回环结构、双线结构、起承转合等复杂的变式结构就变得清晰起来，结构的细读就成为可能。

第四节 文本拆解与重组

从文本解读理论自身来看，形式主义文论对文本的自足体系已经进行了充分的研究，但严格的文本内部分析会有一定的局限性，过于脱离读者的解读会成为机械的封闭的解读。无论是形式主义还是之后的新批评和结构主义，都已经表现出这种封闭性的弊端，这已经成为文本理论进一步向前发展的桎梏。巴赫金曾对形式主义提出批评："形式主义已在这样的意义上不再存在，它已不能使体系进一步向前发展，而体系已不能推动它的创立者前进。相反，想要继续前进，需要放弃它。而需要放弃的正是完整的、彻底的体系。"[1]形式主义、新批评、结构主义的理论陷阱就在于他们过于重视文本的自足性，而忽略了文本解读的主体接受者的主动性。文本解读理论若想进一步发展就必然要冲破文本本身这个稳定而封闭的世界，这种冲破有两个向度，一个向度指向生活世界和读者，另一个向度则指向文本的拆解与重组。要使文本内部与生活世界和读者产生关联，文本的解读学必然要走向文本的拆解与重组。

一、解构主义的两个重要观念

以德里达为代表的解构主义是西方后结构主义思潮的重要组成部分，在文学理论、文艺批评领域的解构成为了一种具有颠覆性的解读理论，它打破了语言学体制下意义的确定性，走向了一种"延异"思维，通过这种"延异"思维的处理，文本的拆解和重组就成为了可能。

德里达没有明确界定"解构"的含义，"对于这个问题，我没有简单而公式化的答案。我的所有文章都是写来避开这种令人恐惧的问题"[2]。因此解构主义成为一种思维的策略，一种哲思的路向，而远离西方的逻各斯中心主义。在文学理论领域的解构批评也就成为一种具有"破坏性"

[1] 巴赫金. 文艺学中的形式主义方法[M]. 李辉凡，张捷，译. 桂林：漓江出版社，1989：102.

[2] 转引自王侃. 论解构主义文学批评[J]. 浙江师范大学学报（社会科学版），2011（2）：58-62.

的“拆解性”的阅读思维，它把传统的文本意义明确性的功能打破拆解，这种解构式阅读旨在呈现原文内同时存在的各种矛盾冲突力量，并将确定无疑的结构和意义消解为不确定的无限可能性，就是揭示文本之中关于意义的各种论战力量之间的一种嬉戏。用形象化比喻来说，形式主义、结构主义是要细致地分解文本这座大厦的结构，而解构主义则不满足于这种静态的分解，而大胆地将文本这座大厦拆掉，对其具有无限可能性的构造进行重新审视。德里达的解构首先是从语言开始的，解构主义在文学理论上对逻各斯中心主义的批判和对“延异”思维的思考值得我们深入探析。

（一）逻各斯中心主义批判

德里达的逻各斯中心主义批判始于写作与口语的等级地位的颠倒，也就是对词语中心主义的反对。“逻各斯”在西方历史上历来被视作无所不在的支配力量，“逻各斯”的两个基本含义是理性和语言，当“逻各斯”被作为“理性”意义使用时，逻各斯中心主义就是被追问的那个事物背后的终极本体，是一种形而上学的体系；当“逻各斯”被作为“语言”意义使用时，逻各斯中心主义就是语言中心主义。德里达试图颠覆这种形而上学和语言中心主义。从“语言”意义上来看，逻各斯中心主义认为言语与意义之间是一种自然、内在的直接关系，言语是思想的“自然流露”，是其“此刻所思”的透明符号，言语比文字更接近原始思想。与此同时，言语意味着讲话人“在场”，意味着释义的准确性与稳定性。而书面文字只是符号，是声音的代替，与声音或言语相比，它是次要的。另一方面它在释义上也因为讲话者的“不在场”而容易产生歧义。

德里达对逻各斯中心主义的批判，首先从“语言”这个意义上试图颠覆“言语”与“书写”的传统等级关系，在《论文字学》一书中德里达指出言语并没有优于文字的特权。德里达将言语与书写的等级关系颠倒过来，将言语视为书写的派生。在德里达看来，文字是一种“元书写”，文字包含整个语言学的符号系统，因而它是言语赖以存在的基本条件。这就从根本上动摇了以语音为中心的词语中心主义。德里达以颠覆“言语”与“文字”的等级关系为起点，批判作为“语言”意义上的“逻各斯”，进而展开了对一切植根于形而上学传统的二元对立结构的批判与解构，从而撼动了西方的形而上学基础。

（二）延异

“延异”（differance）是德里达自创的具有具体解构性的重要概念。德里达生造的这个词有两层意思：一是差异，指向空间；二是延缓，指向时间。德里达认为语言就是“差异与延缓”的无止境的游戏，永远也不能得到确定性，得不出最后的结论。文本与文本的解释之间始终是一种无限的替换关系，对文本的解释就成了一种“解释的循环”。

意义总是在延缓中不断被替换下去，一个符号指向另一个符号，没有止境。德里达由此得出结论，语言符号无非是一系列不断推延的差异的游戏。因此，延异是一种存在于语言背后的力量，它产生着构成语言差异的效果。这种延异思维充分体现了解构主义的方法论，德里达从解构之维出发认为意义并不是确定的，终极不变的意义也是不存在的，过去所追寻的形而上学不过是一种延异的无止境的语言游戏，形而上学的追索是可望而不可即的。

虽然德里达认为延异似乎是语言背后的一种力量，但是他并不将其形而上学化，也就是说延异并不具有支配力。因此，德里达在之后又提出“播撒”，对延异进行补充，突出延异的散漫特征，符号的确定意义被无限地延异，又向四面八方扩散开去，犹如种子一样到处播撒，因而它是无中心的、去中心的。拆解了语义学的意义确定性，播撒的意义指向是开放、多义的，传统批评中的中心、本原、结构、本质等概念则被拆解殆尽。

二、解构主义的文本解读启示

解构主义的文本解读思想可以发展成为两种形态：一种是以自娱其心的方式解读文本，解读成为一种自娱的文字游戏；另一种是播撒文本的可能性和开放性，文本解读成为多种意义可能相伴的审美意识产生的过程。俄国形式主义、新批评和结构主义的文本观是封闭的，在他们看来文学研究就是分析文本的语言、技巧、结构，文本与作者及现实世界没有必然联系。而解构主义的文本观则认为文本虽然是封闭的，但意义却不是确定和唯一的，文本的意义是无中心且无限延展的，是多重的、开放的。文本的语言符号是物质的、固定的，但其意义的无限延宕就形成了文本的播撒效应，意义就在不断生成中。

（一）双重阅读：作为潜在作者的读者

解构主义宣称读者诞生之时正是作者死亡之时。作者并不对作品的解读具有绝对的权力，当创作完成之后作品就与作者脱离了关系而成为"文本"，文本作为纵横交错的交织物，意义就蕴藏在这纵横交错的编织迷宫之中，所以解构主义者德曼认为在文学批评角度对作者进行考察是浪费时间。虽然解构主义者的言论过于激进，但是确实给我们以启示，我们一直在探索的是迷宫的建造者，而从未试图进入这座迷宫，事实上本文直读也正是试图去探索这座迷宫。解构主义的观点让我们以一种全新的文本解读思维来接近文本，走进迷宫。因此读者在面对文本时可以成为潜在的作者，对文本进行解构和重构。

德里达多次提到"双重科学"，他在《签名事件语境》中说："形而上学概念中的二元对立从来不是两个概念间的正面对抗，而是一种等级制度和主从关系。解构不能限于或马上就陷入中立：它必须通过双重姿态、双重科学、双重书写对经典的二元对立进行倒置、对系统进行全面的移换。"[1]从这个"双重科学"的观点，可以看出解构的灵魂实际上正是破除二元对立的思维，德里达进而引申出"双重阅读"。实际上，读者在解读过程中不应该屈从于作者的权威，不应该是居于从属地位的，而恰恰可以成为潜在的"作者"。读者不仅可以探索作者创造的文本迷宫世界，也可以解构这个迷宫，在此基础上重建自己的意义迷宫。过去常常有这样的测试题，某一字或某一词改变之后是改文好还是原文好，参考答案往往解释为原文好，事实上我们的教学可以赋予读者更广阔的思考空间，因为在解读过程中读者与作者的关系应当是平等的，读者完全可能成为潜在的"作者"，只有当读者尝试去打破作者创造的迷宫，以"潜在作者"的身份重建，才能更好地体会创作的奥妙，从而更深刻地解读文本。

（二）延异：文本拆解的可能性

卡勒梳理了德里达的六种解构方法："第一，颠覆不对称的二元对立

[1] 德里达. 书写与差异[M]. 张宁，译. 北京：生活·读书·新知三联书店，2001：524.

概念，但不简单以被压抑的后者来替代前者的本原地位，而是阐明后者为前者的可能条件所在。第二，搜索凝聚多种反差义的关键词，如前文之‘附饰’‘药’‘补充’等，以此作为突破的契机。第三，留意文本的自相矛盾处，不仅包括文本自身内部的矛盾，也包括文本与其阐释，特别是权威阐释之间的矛盾。第四是以其人之道还治其人之身，如德里达用弗洛伊德的理论解构弗洛伊德，用康德的框架理论解构康德的《判断力批判》。第五是以文本内部的冲突，反证该文本不同阅读模式之间的分歧。最后，注重‘边缘’，抓住以往批评家视而不见或不屑一顾的细节发难，以此推倒文本的既定结构。”[1]事实上无论是哪种方法最终都可以归结为语言的拆解，最终都以延异为根本。在传统浪漫主义者眼中文本的意义在作者，在结构主义者眼中文本的意义在文本本身，在接受美学者眼中文本的意义在读者，但是在解构主义者眼中文本没有确定的意义。如果说真要寻求意义，这个意义在德里达看来就在文本“延异”的路途之中，意义不在作者那里，不在作品中，也不在读者的接受过程中，而是在延异的路途上。可见，虽然解构主义也强调走出封闭的文本，强调读者的作用，但是从根本上说，读者仅仅是延异的表征者。

解构主义者并不同于接受美学对读者的关注，他们考察的仍然是文本本身，呈现解构主义的开放性动态特点的不是读者的解读，而是文本的语词符号本身。从“延异”“播撒”等核心概念来看，符号的能指不断延异，文本不断播撒，意义也在不断地开放生成中，没有停止的时候。德里达的解构思维、延异思维是具有开创性的，但是文本的不定性却会给文本带来虚无主义的困境。因此，我们不妨将接受美学的读者的能动性与文本的延异特点结合起来，形成文本拆解的可能性，使文本具有开放性意义的同时也具有建构性意义。

三、文本拆解和重组策略

可以说新世纪的文本解读学的主角还是读者，只有激活读者的解读主动性，才能完整地完成文学活动，实现文本的价值。王耀辉所著的《文

[1] 陆扬. 德里达的幽灵[M]. 武汉：武汉大学出版社，2008：271-272.

学文本解读》指出："文学文本的解读活动，也就是文学接受或文学鉴赏活动，是一个反映、实现、改变、丰富文本的过程，也是一个融会了解读者的感受、体验、联想、想象，以及审美判断等多种心理活动机制的特殊的认识活动和心理活动过程。"[1]曹明海所著的《文学解读学导论》指出了解读活动的本体意义，"文学创作的完成，并非'文学的完成'，其实它还处在文学活动的中途，读者的解读和接受才是文学整体过程的终结。这就是说，读者的解读活动是文学的本体构成之一，是与创作同等重要的文学的实现过程，是将作品从静态的物质符号中解放出来而还原为鲜活生命的唯一可能的途径"[2]。曹明海还提出读者的解读活动是文学本体构成之一。因此可以将解构主义的"双重阅读"思想、延异思维与接受美学的精神融合，应用到阅读教学之中，激活读者的创造性，将文本的拆解和重组视作文意解读、文体通读、文本细读三角阅读的重心，以此来透析文本建构的奥妙。文本展现在我们面前时，我们不仅可以进行"完型"式的阅读，还可以进行"拆解"式的阅读。所谓文本的拆解就是对文本的构件进行拆分，通过拆分深入体会创作的过程，体会创作的奥妙，甚至达到对文本的评鉴。文本的拆解和重组的应用已在"本文式"阅读上达到了评鉴层，可以培养学生批评、评价、甄别、鉴赏、借鉴文本的高级能力，而不是单纯地崇拜、屈从原文文本。

（一）语言的拆解和重组

文本的拆解和重组首先表现在语言方面，语词符号是构成文本的最基本单位，对语言的玩味是语文教学最重要的内容，我们在文本细读中可以引导学生细读语言。文本细读的方法是一种静态的阅读，是一种相对封闭的玩味，如果走向语言的拆解和重组则是一种动态、开放的赏读。

以具体的案例来进行说明，朱自清的《背影》是经典文本，教师们对该文本有不同的解读和不同的教学设计，以特级教师韩军的解读和设计《生之背，死之影：不能承受的生命之轻》为例，韩军的解读是一种高扬人文精神的深度解析，可是从教学的角度考量，必须要考虑学生的认知水平，具有什么样的学情。如果我们以语言的品味和拆解为出发点

[1] 王耀辉. 文学文本解读[M]. 武汉：华中师范大学出版社，1999：2.
[2] 曹明海. 文学解读学导论[M]. 北京：人民文学出版社，1997：3.

来解读《背影》，则有另一番景致。

大家都公认《背影》的语言平实、情感真切，我们可以尝试做语言的拆解，进行一次语言的迷宫探险。比如描写父亲过铁道买橘子的情景是这样写的："我看见他戴着黑布小帽，穿着黑布大马褂，深青布棉袍，蹒跚地走到铁道边，慢慢探身下去"，"他用两手攀着上面，两脚再向上缩；他肥胖的身子向左微倾，显出努力的样子"，"过铁道时，他先将橘子散放在地上，自己慢慢爬下，再抱起橘子走"。我们可以对这些语言进行两种拆解探险，一是尝试布置学生用华丽的语言来重写这些句子，我们都知道朱自清的文本有华丽和朴实两种语体风格，那么作者为什么在这里选用这种语体风格呢，通过安排学生对朴实的文风进行拆解，引导学生对朱自清写作语言的选择有一个切身的感受。学生作为"潜在的作者"去探查不同语言风格选择的可能性，当然其结论可能是开放的，这种安排的目的是让学生在拆解和重组的过程中提升评鉴力，以"双重阅读"的方式深度参与文本的意义建构。再回到朱自清的文本世界，学生品味平白如话的语言奥妙的能力就可以得到提升，这些语言把父亲的穿着、体态、步履勾勒出来，简练中却饱含深情，父子的至爱可以在语言的点滴中品读出来，这时无论如何升华其情感意义都可以找到落脚点。

第二种拆解也是一种常见的拆解探查，即对关键词的拆解。在《背影》文本中用来描述父亲的行动的动词比较丰富，也成为理解情感细节的关键性语言，这些关键性语言是文本意脉的关键节点，因此也可以做拆解和重组的探查。比如《背影》在三个地方分别使用了"嘱咐""嘱""嘱托"三个同义动词。第一次，当父亲说定不送"我"时，"父亲因为事忙，本已说定不送我，叫旅馆里一个熟识的茶房陪我同去。他再三嘱咐茶房，甚是仔细"。第二次，当父亲给"我""拣定了靠车门的一张椅子"之后，"他嘱我路上小心，夜里要警醒些，不要受凉"。第三次，在父亲嘱"我"路上要小心之后，"又嘱托茶房好好照应我"。三次描述分别使用了"嘱咐""嘱""嘱托"三个动词，原本没有什么值得过度解读的，但是如果做拆解重组式的品味，则可以品出一些新的意蕴。拆解式地思考这三个词能否互换，可否换成"托付"等其他词语，重组之后则可以品味出这几个动词的一些意蕴。第一次使用"嘱咐"的用意是：父亲一再交代得甚是仔细，真实地表现出父亲不能送儿子却牵挂、不放心的复杂心情。第二次使用“嘱”，是由于父亲改为亲自送儿子，所以他对儿子说话就显得直接，无须过多的言语就把父亲对儿子的情感表现出来。第三次使用“嘱托”，尽管父亲已经亲自送儿子，已经“嘱我”要注意的事，但还是要“嘱托”茶房照应“我”。由三个动词的变化可以看出，父亲对儿子离开的那种不舍和牵挂。

这种关键词语的拆解在中国古诗词的炼字上也适用，古人在诗词创作过程中十分注重炼字，往往一词一句就出意境。比如“僧敲月下门”还是“僧推月下门”，“春风又绿江南岸”还是“春风又到江南岸”，这些语言的妙处，所营造的意境早已为人们所称道。但是如果做语言的拆解和重组，走向“延异”思维，引导学生从写作的角度来品味又是另一种语言的探险，也就成为解构主义之后所提出的“互文性”，我们在下文的“互文参读”还将有进一步的论述。

（二）意脉的拆解和重组

另一种是对文本的意脉进行拆解和重组来重点探查和评鉴文本的行文思路，引导学生尝试以“作者”的身份去思考写作的构思过程。拆解和重组不是消极意义上的理解和解释，而是更积极的一种新的创构性思考，这种创构性是可以从阅读素养走向写作素养的。以鲁迅先生的《祝福》为例，引导学生掌握其写作意脉、写作思维是一个关键的环节，河南省开封市兰考第三高级中学杨二晴老师在这个问题上做了如下的设计。[1]

老师提出如下问题：把握情节的方法就是找到线索，线索起着穿起故事的作用。思考一下你能找到什么线索，概述线索串起的故事情节。接着，进入求异这一重要的教学环节。学生分组讨论后，将结果板书到黑板上，很快前后两块大黑板就写满了各式各样的答案。在“异”中呈现百花齐放，百家争鸣的景象。概括起来有以下六种解决问题的答案。

1. 按写作顺序

序幕：鲁镇祝福景象和鲁四老爷出场

结局：祥林嫂寂然死去

[1] 杨二晴. 变“求疑”为“求异”——以《祝福》为例谈教学设计[J]. 中学语文，2011（8）：56-57.

开端：祥林嫂初到鲁镇

发展：祥林嫂被迫改嫁

高潮：祥林嫂再到鲁镇

尾声：祝福声中祥林嫂被人们忘掉

2. 按时间发展顺序

序幕：鲁镇祝福景象和鲁四老爷出场

开端：祥林嫂初到鲁镇

发展：祥林嫂被迫改嫁

高潮：祥林嫂再到鲁镇

结局：祥林嫂寂然死去

尾声：祝福声中祥林嫂被人们忘掉

3. 以"我"的所见所闻为线索

我回到鲁镇，见到了祥林嫂，从长工那里得知她死去

我回忆起祥林嫂断断续续的生平经历

我从回忆中回到现实，见到鲁镇热闹的祝福景象，祥林嫂已被人们忘记

4. 以祥林嫂悲剧命运为线索

不幸：年纪轻轻守了寡

侥幸：逃到鲁镇做工，生活有了着落

不幸：被婆婆抢回家，卖给了贺老六

幸福：丈夫忠厚，结婚生子

不幸：丧夫失子，大伯收屋

侥幸：再回鲁镇，听柳妈说捐门槛可赎身

不幸：人们执意认为她是罪人，她精神崩溃

5. 以祝福为线索

祝福之夜祥林嫂寂然死去

初到鲁镇祝福时鲁四老爷允许祥林嫂参加祭祀

改嫁后再到鲁镇，祝福时鲁四老爷不允许祥林嫂参加祭祀

捐了门槛后，祝福时鲁四老爷仍然不允许祥林嫂参加祭祀

祝福的鞭炮声中人们已将祥林嫂忘掉

6. 以春天为线索概述故事情节

春天没了丈夫

开春，被婆婆抢回，被卖到贺家坳

春天快过完了，儿子阿毛被狼吃掉

没有等到又一个生命的春天，死在迎春的祝福声中

这样的结果比我预想的还好，学生热情高，参与人数多。在很短时间总结出这样的答案，远远比提问几个同学更能调动学生的积极性。在此基础上，我提出几个深入性的问题让学生思考：一是倒叙的作用；二是以祝福为题目和故事的背景有何作用；三是祥林嫂的不幸发生在春天，这样设计有何作用。接着进一步引导学生理解写作的技巧方法。然后由老师做精练的概括。

杨二晴对《祝福》结构线索的教学设计可以说就是一种拆解和重组式的开放型设计，鼓励学生从不同的视角来考虑整个小说的结构线索，对原文的结构进行解构式的个性延异，可以逐渐养成创造性的阅读能力和写作能力。

第五节　本文直读的阅读方法

“本文直读”即本着、沿着文本走下去，直面文本，以文为本，排除阅读前知，不需要任何附加资料，直接接触文本，砥砺文本，扎根文本，从文本本身理解文本，研摩文本所表达的意涵、结构艺术和语言艺术。根据文意解读、文体通读、文本细读的三角阅读，以及文本拆解和重组这一三角中心，我们梳理了“本文直读”的基本阅读方法：朗读与默读，圈读与复读，涵泳与熟读。

一、朗读与默读

朗读就是将文本有声化的阅读方法，要求高声朗读，读准字音，字正腔圆，注意节奏。在朗读的过程中排除外在干扰，高度集中精力，投入到文本的语言文字层面，用声音贴近或传达文意，高声朗读是文本释义层开释的一个基础。通过朗读的阅读方法可以基本落实字词教学，培养学生较强的语言感受力，使其逐渐形成语感；高声朗读时大脑能够抑制其他杂念，有助于潜入文本释义层，还有助于增强记忆力，由于声音对大脑形成刺激，脑神经处于兴奋状态，从而强化对文本的理解。

默读则是不出声的内化的静默的阅读方法。由于默读的静默特点易显得课堂教学冷清，使得默读较少受到教师的关注，事实上默读是一种普遍的阅读方法和习惯。默读因其内化特点，省去了阅读时发声的过程，语言文字符号直接通过视觉进入大脑，转化为相关信息和思想。默读需要做到眼到、脑动，默读需要注意不读出声、不动嘴唇、不动手指，完全以心会文，进行内化的阅读理解、冥想的阅读沉浸。默读更能加快阅读的速度、提高阅读的效率，形成自足的阅读精神世界。朗读是有声化的、外显的，默读则是无声化的、内化的，是对释义层进行内化的阅读方法，通过默读实现释义层的认知功能，在静默中内化，在默读中沉思。

二、圈读与复读

所谓圈读就是在阅读过程中对文本进行圈点、勾画、批注的阅读方法。阅读教学应培养学生在面对文本时能够抓住文本的重难点、疑惑之处、值得品味之处，并建立一套符号体系进行圈点勾画，同时将自己的一些疑惑或思考记录下来，把思考的轨迹符号化，将自身与文本紧紧地扣合在一起，做到读思结合，实现文本的细读。圈读的类型有重点词句的圈读、结构性圈读、疑问点圈读、比较圈读等多种形式。重点词句圈读是本文型直读最关键的方法，培养学生面对文本时能够找到文本最核心的一些词句，进行释义的开解，进行语言手法等的细读；结构性圈读法则是培养学生对文本结构性的感知，使其能够找到文本的结构关系，并以一定的线路图式表示出来，如现在流行的思维导图等；疑问点圈读则是在文本中找到疑问点、疑惑点等，标注出来进行进一步的思考和研讨；比较圈读则是对文本内相关处，或与其他文本相关处进行比较的圈点思考。总之，开展圈读有利于将学生引入文本的深处，使其与文本深度接触，培养其细读精神与筛选文本关键信息的能力，进而捕捉文本中有价值的意蕴处，并进行定向的探究，形成自己初步的思考。

圈读的自然延伸就是对文本的反复精研，也就是复读。复读就是对文本细节处、需要解码之处进行反复的钻研深思，在复读中梳理圈读的相关信息和疑问，实现文本的初步解码和细读。圈读之后初步解决释义问题，初步筛选了文本的关键点，找到了文本的疑问探究点，此时再进一步复读，就是在圈读的基础上进一步总结，钻研探究，掩卷深思，捧卷复思，培养学生归纳总结、辨析探索的习惯和精神。在文本圈点、勾画、批注的基础上，对文本进行回复性、联系性的梳理，从圈点勾画中找出联系，尝试将圈点勾画的内容形成网络，使碎片化的圈读形成有意义的整体理解，深化对文本的探究。

三、涵泳与熟读

涵泳以古代通过反复吟诵来进行理解的“吟诵”为基础，加入现代阅读学的新意义，具有更为宽广的内涵和更深远的意义。一方面学习传统“吟诵”的语文阅读方法，强调反复吟诵，敢开口、多开口，让学生沉浸于优秀文本的语言形式、言语习惯，从而形成良好的语感。另一方面我们也注重以感知文本形式美为涵泳的前提，并通过涵泳沿着文本、顺着文本走下去，在文本中沉潜优游。有了对形式美的感知为基础，教师才好在指导涵泳方法时让学生读好各处词语的轻重缓急、句子的节奏停顿、情感的抑扬顿挫、段落的起承转合、章法的气脉贯通。通过涵泳的阅读方法可以与文本的文气相通，涵泳的方法犹如文心沉浮于文本之海。虚心涵泳有利于语感的养成，涵泳的过程通过反复吟咏达成对文本字斟句酌的细读体认，锤炼文本的字句，以创作者的角度，以创作者的运思进入文本。

所谓熟读就是通过反复阅读，达到烂熟于心、熟读成诵的地步，古人信奉“书读百遍，其义自见”“熟读唐诗三百首，不会做诗也会吟”，这正是在阅读经验上说明了熟读的价值和意义。在本文型直读中提倡熟读的方法，正是强调语言感知的逐渐积累，重视文体的通读和体认、文意的逐渐渗透、文本细节处的反复体证。熟读要具体做到眼观之深、口读之熟、意运之活，最后达到文本的辞章、结构、手法、意旨等好像都能化为自身之所想，与心相得，与心有戚。从这个意义上说熟读也就是熟稔于心的阅读，对文本的形式结构、思想意旨等各方面已经了然于心，进而形成会通作者的熟读。也正是孟子所说的“以意逆志”，一切阅读行为都以与作者相通为要，探明作者写作的奥义。

第六节 本文直读所蕴含和追求的教育价值

“本文直读”在面对文本时按照现象学美学所说的“悬置”背景展开阅读，是一种独立的自然的存在状态，是对文本进行的由浅入深地自然走进文本的解读过程，在“本着文本”逐渐前行的过程中，自然地获得意义的开解和审美的愉悦，本文直读不是对某种既定观念的印证，而是意义自然而然的建构。

一、辨识文本原初意，培养文感和语感

本文直读要求直面文本，悬置背景和先见与现象学提出的两个“纯粹”是一致的，一是纯粹的主体，二是纯粹的对象。本文直读即纯粹的读者和纯粹的文本相遇，形成一种本质直观的解读模式，纯粹的读者将抛去成见，更本真地直面文本，从而挖掘出文本现象学式的原初意义。

教师在备课时，首先应该采用本文直读的方式接触文本，这应该成为语文教师的基本能力。在备课时直接面对文本本身，回归文本的原初状态，去除教学参考资料的“干扰”，以纯粹读者的姿态进入纯粹的文本，并且避免先入为主的观念，用原生态的状态去品读文本，这样才能挖掘出在自己的解读世界中文本的独特的原初意义。在进行了充分的本文直读之后，再引入相关的资料来丰富、深化原初意义。

学生阅读文本，首先也应该采用本文直读的方法。学生的本文直读，需要自由、自在地阅读和进入文本，凭自己的真实感悟与文本进行真实的对话与交流，学生的阅读不宜成为文本知识的传授和告知。保持和培养学生对文本的“惊异感”，激活学生深入文本的内驱力，这种原初意义的发现，是创造性阅读的扎实基础。

事实上，能直读文本并能读出文本的原初意，是阅读能力的第一功，也是阅读的基本素养，如果文本的原初意或基本意读不出来，其他任何个性解读、创意解读都是无稽之谈。更为重要的是，通过本文直读，可以培养学生的文体感和语感。因为直读文本摒弃“先见”“已有”，直接

扑向文本、真切体验文本，这样便可经受文体的熏染和语体的浸润，才能得到文体内部规律的烛照，直读文本是寻求文体自在门径进入的过程，同时，学生也在这直读文本的过程中感知、体悟文体中的语体样态和语体韵味。这样，在大量接触文本之后学生便自然而然地养成对文体的“嗅觉”和对语体的“味觉”，而培养学生对文体和语体的敏觉与感悟能力，恰恰是语文阅读教学的专业性体现。

二、寻求精神发展的津梁，实现主体的自我建构

“知书达理”，阅读让人不仅能知其文章作品中的事，还能通晓文章作品中的理。如果说，“事”主要来自世相，“理”则主要来自书本，文本中不仅有作者眼中的世界，更有作者心中的世界，因此，可以通过本文直读来拓宽学生的认知视野，发展学生的思考力，培育学生通情达理的文化素养。

本文直读是阅读主体直接进入文本，读者必须保持主体地位，与文本平等对话，同时，阅读过程必须凸显自我，是真我的进入。这样的阅读，读者与文本构成协同与共建关系，阅读的过程也是主体自我的建构与发展的过程。那些长期依赖参考资料的阅读会逐渐消泯阅读中的自我，长期依赖教参阅读的语文教师会丧失对课文阅读的敏感和真切体验便是一例。因此，让主体直接地进入文本，生成初感、悟会、洞见便是最为可贵的，因为它是主体的自我建构。

本文直读首先要让学生潜入文本，虚心涵泳，切己体察，实现文本潜移默化的价值渗透；在此基础上，通过本文直读抵达阅读教学的本真意义，克服当前语文阅读教学中牵强附会、过度拔高、脱离文本的弊端，回归阅读教学的要义与本真。

三、在真实切实的对话中培养学生的对话能力

新课程标准提出阅读教学是作者、编者、教师、学生多元对话的活动，那么这种对话能否实现，或者说实现的是训话、传话还是对话，关键要看能否落实本文直读。本文直读的价值假设就是所有的阅读者地位均是平等的，解读者的解读均有原初价值和意义。解读者以一种真切的、

本真的心态贴近文本，亲近作者，通过文本进入作者的情感世界。要充分实现阅读教学的教育价值，就要让学生作为文本的独特解读者，在自然的真实的朴素的阅读情境中，通过对语词的释义、文本的品读和涵泳，与编者、教师、同伴及文本的作者进行平等的多维度的对话，在本文直读基础上实现主体间性平等对话，不断接近文本的真实要义。

在阅读中丧失自我的对话或是被某种框限禁锢的对话一定是假对话、异化对话本质的对话。同时，在阅读教学中，对话又必须建立在基本理解的共识基础之上，那种僭越基本理解、基础性共识的对话，也只能是各说各话和自说自话。因此，搞好本文直读，就是为真实的对话搭建平台，打好平等对话的基础，养成真正对话的基本素养。

四、培养阅读基本能力，打好个性阅读的基础

能够识字、断句、解篇，能够辨体别裁是阅读能力的基本功，换言之，能够读懂文本基本意是阅读的最基本要求，也是阅读基础能力。阅读基础能力具体表现为，识别这是一篇什么类型类别的文本，这种类型类别的文本要求读者以怎样的姿态对待文本，以怎样的方法或路径进入文本，文本的基本意向和意思是什么，等等，这些能力都可以通过本文直读来培养，而培养这方面的阅读能力是阅读能力发展的基础。

个性阅读理应得到尊重，但是，没有真正的本文直读，个性阅读就会走偏，个性化的阅读体验就会成为无根游谈。《义务教育语文课程标准（2011 年版）》提出“阅读是学生的个性化行为”，“要珍视学生独特的感受、体验和理解”，这种个性化体验、个性化阅读实现的基本前提是本文直读得以实现。文本解读个性化是基于文本的原生价值下的个体感悟，在阅读教学中首先要让学生读懂文本的原生价值或基本意涵，在此基础上，鼓励学生以不同的身份、不同的文化经验去阅读同一篇文章并生成其异彩纷呈的理解与诠释。这样既可以培养阅读的基本能力，又可以发展阅读的创新能力。

第二章　共情赏读与阅读教学

本文直读是不带个人先见地潜入文本，入乎其内还需出乎其外，要达成文学之欣赏，则需与文本及作者形成情感的共振，所以我们把这种类型称为共情赏读。共情赏读的价值取向是在阅读教学中实现文本的审美教育价值，并发挥阅读教学的陶养功能。共情赏读的两个向度是“贴近”和“填补”。就第一向度而言，这种精神活动是学生在阅读文学作品时，在对艺术形象的感受、理解、联想和想象的基础上形成的情感共鸣和审美愉悦。欣赏者的感受往往与特定的作品联系在一起，欣赏者在阅读文学作品时，往往与作品里的人物同欢乐，共悲戚，苦其所苦，乐其所乐，这也就是通常所说的欣赏者与作者之间的情感交流，这种情感的“感同身受”就是对作者的贴近。就第二向度而论，欣赏者在进入作者的情感世界的过程之中和之后，根据自己所有的生活经验、体验，生成了新的意义，这就是接受美学和读者中心理论所说的“填补”。

共情赏读的理论依据主要来源于接受美学和哲学解释学，姚斯认为文学的历史性源于读者的体验，伽达默尔也提出“视域的融合”的哲学解释学。以姚斯为代表的接受美学，不仅扭转了读者长期的被动地位，强调了读者体验的正当性和合法性，而且认为读者是文本意义生成的核心内容。而以伽达默尔为代表的哲学解释学，则把对文本的解释与对作者的解读看作是多重的“视域的融合”。这两个方面的有机结合促成文学文本的解读模式由传统的“主客式”转变为“你我对话式”。王一川指出：“文学阐释-接受理论对于读者的体认，意味着读者的多重意义受到重视。阐释-接受理论不是简单地肯定读者的价值意义，而是将读者放在与作者、文本的相互关系中，去发现读者的多重意义。在阐释-接受理论看来，读者与文本、作者之间存在着复杂的关系，而其中最积极的则是三者形成的一种相互建构、相互启发的对话关系，也是在这种对话关系中读者的期待视野和文本的内容、作者的艺术想象之间形成了所谓的‘视界融合’，并促使新的审美经验的生成。”[1]这种读者中心的文学理论，重新发现了读者的主体性价值，把读者视为文学活动实现终极价值的重要因素。接受美学提出了读者的“期待视野”、文学文本的“空白”、“隐含读者”和“召唤结构”等重要概念。

事实上不止西方的接受美学、解释学，中国古代诗学的“以意逆志”“诗无达诂”“以心会心”等思想也是共情赏读的重要理论源头。汉儒董仲舒在讨论经学时，引述说：“所闻‘《诗》无达诂，《易》无达占，《春秋》无达辞’，从变从义，而一以奉人。”原典经学解释学的“诗无达诂”这一论断，早已为前人所接受，而在此后其由经学训诂的解释学观点逐渐扩展成为一般意义上的诗学观念。在古人看来诗歌的意义的生成离不开读者创造性的解释，诗歌意义的生成在一定程度上是靠读者不断解读来推进的，没有读者的积极解读，诗歌的诗意就不够丰富，读者的创造是诗意生成的关键。在《孟子·万章上》中孟子在与他的学生咸丘蒙讨论《诗经》时，围绕着其中一个具体诗句的不同理解，做出了“以意逆志”的论述。传统上将“以意逆志”与“知人论世”结合起来理解，但是如果从以读者的生活体验之“意”来逆作者创作之“志”的角度来解释，也许更具有启发意义，也更具有解释学的意味，更为明确地突出了读者读诗的创造性，这种创造性才能完成诗人的“志”。宋代诗人姜夔在《白石道人诗说》中谈论《诗经》的解释，提出“以心会心”：“《三百篇》美刺箴怨皆无迹，

[1] 王一川. 西方文论史教程[M]. 北京：北京大学出版社，2009：213.

当以心会心。”“以心会心”也就是读者以自己的“心”去融会诗人作诗时的心境，达到哲学解释学所说的“视域的融合”。

情感的唤起和共鸣是共情、同情的关键，但是共情并不是情感的泛滥和撒野，而是让情感升华醇化，成为真正的审美体验，所以从美学形态上说共情赏读是情感美的彰显。情感美的养成对于学生的精神境界的建构具有重要的价值和意义。文学性的文本从某种意义上说是情感的诉说，把人生的情感体验上升为一种审美的情感体验，就使得这里的情感不仅具有社会生活的意义，而且更具有审美的意义。从这个意义而言，共情赏读不仅要探寻文本的思想情感内容，本质上还要从形式层面飞跃到精神层面，从文本的形式进入情感，由情感通达其精神内核。审美主体的能动性使得情感超越了社会生活形态，形成一个审美心理结构（情感、意志、趣味、生命感），进入一个审美的境界，成就情感美的美学形态。

第一节　跟着语脉与情思走，把握文本情理脉搏

傅庚生先生说“以入化为极诣，就有形之文字细绎其无形之情愫，彼我互糅，悲喜与共，无差无失，相若而相通”[1]。意即根据作品的情感，调动自己的生活积累、人生经验、情感来读解文本，努力走进作者的心灵世界和情感世界，走进文心，求得与作者、文本的情感共鸣，从而加深对文本的欣赏、体验和感悟。共情赏读可凭借文本激活学生的生活体验，培养学生的体验力、感悟力，加深其对文本和人生的理解。阅读过程充分展开想象，唤醒已有的文化经验、人生阅历、心灵历程。用文心照亮吾心，用吾心照亮文心，文心与吾心相互补充、互相丰富，正是共情赏读的精神。

一、情思互映的艺术气脉

共情赏读首先需要“贴近”，让学生的感受与作者的情感联系在一起，促成学生与作者之间的情感交流，要实现贴近就要带领学生去寻找文本的语脉与情思，把握文本的情理脉络。这里所说的情理脉络与本文直读中所说的结构框架有所不同，结构框架是文本显现出来的形体骨架，而情理脉络则需要透过文本去聆听作者的心脉的跳动。因此，跟着语脉与情思走并不是一个技术的解析活动，而是一种情感的渗入交互活动。

过去提“理清文章思路”，应该说理清文章的思路是一个基础性的工作，叶圣陶说：“思路，是个比喻的说法，把一番话一篇文章比作思想走的一条路。思想从什么地方出发，怎样一步一步往前走，最后达到这条路的终点。”[2]思路就是文本情感表现的一个轨迹，一条道路，首先我们要理清作者的思路，才能正确理解作者组织文本的轨迹，“识途寻路”才能走近，走近之后才能贴近，最终才能体验作者所表达的真诚情感，领会作者写文章的真正意图。“识途寻路”是在本文直读中要下的功夫，赏

[1] 傅庚生. 中国文学欣赏举隅[M]. 北京：北京出版社，2003：1.
[2] 中央教育科学研究所. 叶圣陶论语文教育[M]. 开封：河南教育出版社，1986：156.

读的核心则是“情”。

“情思”可谓文学的艺术气脉，从讲究技术性、技巧性到讲究“情思”是从技而道的过程，把握了这个艺术气脉，才能从生命深处感受作品的意义。人类用不同的实践形式去诠释生命，种种方式也就呈现出种种生命的样态，在不同的诠释形式中，文学艺术的创作能试图探及生命的自由。人类丰富的情感世界，正是创作的重要资源，作家往往能表现出常人司空见惯的常理，同时又能道出常人所不能道出的独特“情思”。文学所传达的美感是情感和思想的结晶体，从创作的角度看，文学活动是主观世界与客观现实、审美判断与理性判断等动态结合、相互交融的过程。由此而言，文学创作的过程是一种特殊的情感活动，它是作者内心世界的外化，更是作家审美经验与理性智思熔铸的过程，是有理性介入的审美情感活动。在文学欣赏过程中，读者要获得审美愉悦，既要透过文本去感受和理解对象世界，也要透过文本与作家的“情思”进行审美式的对话，这既是一种认知性过程、情感体验过程，也是充分调动感觉、感知、体验、想象、理解、情感等复杂的审美心理机能的过程。因此无论是从创作还是从欣赏的角度看，文学活动的审美特性，都需要与文本产生情思交融的感知、感悟和体验。

在文学阅读教学中，如何抓住艺术的气脉，促使学生在作者的情思中实现文学的审美培养就成为一个关键的问题。作家将自己的审美经验通过语词符号，通过种种物象转化成充满艺术性的作品，从而含蓄蕴藉地寄托了自己的情思意脉，文本艺术世界、学生的现实世界都围绕着“情思”产生共振的效应。学生的心灵深度参与，准确理解文本的艺术形式，深入体悟作家的“情思”在文本中的波动变化，感受“情思”互映的独特审美效应。在文本中，外在物象均有不同的表现形式，因作者创作而异，然而最根本的是作者的情思。因有情思，文本除了物化的实际存在，更多了一个内心的情理世界。学生在生活中有其思考及经验累积，产生独特的体验，加上教师的体验通过教学的发酵往往共生沉淀，学生因移情作用，就会有某种新的意义产生，触及内心，就能用文心照亮吾心，用吾心照亮文心，与作者的情思共鸣。

二、作为文意“珠串”的语脉

明代胡应麟在《少室山房笔丛·丹铅新录六》中说：“凡读古人文字，务须平心易气，熟参上下语脉，得其立言本意乃可。”按照胡应麟的观点，要得作者“立言本意”，就需“熟参上下语脉”，这里所说的“上下语脉”不是单纯释义层的意义，也不是指文章思路意脉。如果把思路意脉比作整篇文章的一条红线，那么语脉就是贯穿在这条红线上面的“珍珠”，文章依靠意脉和语脉的相互串接就可以驰骋笔墨而气脉贯通。语脉在文章中有特殊的作用，作者对语脉的串联安排也是颇为注意的，其体现了作者的匠心独运，所以文章的意蕴虽思接千里，逸兴遄飞，但总有一条意脉主线时时牵住，再用语脉前去贯串每一个情思的“珍珠”，使之成为一串串的“珠串”。随着语脉不断地串接，串缀在意脉上的“珍珠”也就越来越丰富，而且愈加绚丽多彩。

以《再别康桥》为例，前文我们以“象性阅读法”对文本进行了解读，如果从赏读的角度跟着语脉寻其情思，也能获得另一番审美的体验。诗人对康桥有着特殊的感情，全诗以离别康桥时的感情起伏为意脉线索，抒发了对康桥依依惜别的深情。“轻轻的我走了，正如我轻轻的来；我轻轻的招手，作别西天的云彩。”三个“轻轻的”连用，正是诗歌的语脉珠串，节奏舒缓、轻盈，情意缠绵，表现了作者淡淡的哀愁的情思。“西天的云彩”作为诗歌的意象也是一种特有的语脉，勾出一笔绚丽的色彩。

“那河畔的金柳，是夕阳中的新娘；波光里的艳影，在我的心头荡漾。”这节诗写康河的美，“金柳”“新娘”“艳影”“荡漾”等语脉都将物我浑然，形成情思。“柳”有惜别的情思，“新娘”“艳影”“荡漾”则表达出诗人对康桥的眷念的情感，想象丰盈，移情入景，形成想象修辞性的语脉，跟着这个语脉寻诗人的情思，从“新娘”可以看出诗人的情感投射，突出其对康河的依恋，从“艳影”则可感受到这种情感的朦胧，“荡漾”则表现出情思的起伏变化，诗人情感深挚但却含蓄内敛。

“软泥上的青荇，油油的在水底招摇：在康河的柔波里，我甘心做一条水草！”第三节诗写出康河的清澈和水草的自由，“软泥”“柔波”这些语脉与前后语脉相互照应，诗人情感的细腻、轻柔都表现在这上下语脉中。“甘心做一条水草”则化客为主，移主为客，做到两相交融，物我难分。这种想象的语脉正好表现出诗人和康桥的情感关系。

“那榆阴下的一潭，不是清泉，是天上虹/揉碎在浮藻间，沉淀着彩虹似的梦。”这节是转折性的语脉，情感从依恋转为幻灭，一潭清泉，霞光倒映，仿如彩虹，却被“揉碎在浮藻间”，情思不断沉淀成为“梦”，这里上下之语脉形成虚实结合之势，表现出诗人梦想的幻灭，但是又并不悲戚，沉淀着彩虹似的梦，愁而不悲，悲而不伤，情思相融。

“寻梦？撑一支长篙，向青草更青处漫溯，满载一船星辉，在星辉斑斓里放歌。”这节诗是诗人对往昔的回忆和沉浸，“寻梦”“漫溯”这些语脉渗透出的便是诗人情感情思的回溯。诗人在康桥生活，这里有诗人的梦、理想，“一船星辉”更具有比喻性和象征性意味，所追寻的梦正是这满船星辉。

“悄悄是别离的笙箫；夏虫也为我沉默，沉默是今晚的康桥！”然而回到现实却要离开这个充满回忆的康桥，诗人以“沉默”的语脉来集中表现离别的惆怅。一再重复“沉默”“悄悄”“轻轻”，形成语脉的珠串，“沉默”是诗人在这里最深的感情，此处无声胜有声，不说一个愁字，甚至情感倾向也不直接表达，而仅以“沉默”的语脉来反衬，诗人对康桥的感情非常深厚，但不直接说破，让读者循着这个语脉去体会，因此“悄悄”“沉默”是意蕴丰富的语脉珠串。

“悄悄的我走了，正如我悄悄的来；我挥一挥衣袖，不带走一片云彩。”“悄悄”是全诗的语脉流，最终形成全诗的意脉，成为整个情感基调，“云彩”与诗歌的开篇形成照应，形成环形的意脉，但是又不是简单地回到起点，语脉又有升华，因此“再别康桥”不是与他生活的地方的告别，而是与过去的诗人和康桥文化的融合体告别。加之这首诗的语脉音流轻盈柔美，同时把离情的思绪压在诗的语脉内层，从而使人获得一种审美的享受。

文学作品要实现其审美价值就必须创造出一个个能够让读者共情的艺术形象，作者在创作过程中，会把个人的情感理趣投射于这个艺术形象中。而每一个艺术形象都有独特的形式及内容，反映了作者的情思。作者的创作因生活而有情思，情思成为创作的材料来源，创作之中，情思不断在作品中映现流转。作品在诞生的过程中会不断与作者共生，作者选择表达方式，于是就形成每一作品独特的匠心安排，这就是所谓的上下语脉，这种作为文意“珠串”的语脉是作者对语言运转的匠心安排，是作者情思最关键的表现，跟着这个语脉即可寻得作者的情思，就能贴近作者。

三、作为“文饰”的语脉

朱熹《诗集传》对赋、比、兴进行解释时，曾提出一个简要的定义：“直指其名，直叙其事者，赋也；本要言其事，而虚用两句钓起，因而接续去者，兴也；引物为况者，比也。”按照张万民先生在《从朱熹论“比”重新考察其赋比兴体系》的理解：“朱熹赋比兴体系的本质，是立足于一个完整的语意单位（在《诗经》中就是章），看其上下文的语脉如何连续、如何推进：所谓‘比’，就是‘表面—隐含’两重语脉的对应模式；所谓‘兴’，由无关之物引发主题，是‘发端—承接’两重语脉的转折模式；至于‘赋’，则是从头至尾直述主题的单一语脉模式。从语脉的角度来读诗解诗，是朱熹一向的、自觉的理论追求。”[1]也就是说朱熹把诗歌的语脉关系看得比字词的注释训诂更重要，因此提出了“诵其本文，见其语脉”的原则，朱熹的解诗以每章的语脉为基础，再考虑章与章之间的语脉关系、每章与整首诗之间的语脉关系。由此我们可以得到启示，语脉更重要的功能是作为整篇文章气脉运转的关节点，我们把这种语脉看作是文本的“文饰”。

抒情性文学中这种作为“文饰”的语脉比比皆是，而且是寻找作者情思的关键。对于小学语文教材中的《长城》一文，教师们往往将教学的立意点放在对思想内容的解说“认识到长城是我国古代劳动人民血汗和智慧的结晶，激发学生的民族自豪感、爱国主义”上面，这固然是重要的一方面，但是这种生硬的思想内容的灌输往往不能找到文本艺术性的根源，语文教学应体现出潜移默化的审美熏陶，以美来启智，以美来

[1] 张万民. 从朱熹论“比”重新考察其赋比兴体系[J]. 复旦学报（社会科学版），2014（1）：88-99.

养德，这才是最高的境界。要欣赏《长城》这篇短文，也可以从文章的语脉连贯性来赏读它，“远看长城，像一条长龙，在崇山峻岭之间蜿蜒盘旋。从东头的山海关到西头的嘉峪关，有一万三千多里”，文章开篇以“远看长城”领起，并运用一个比喻，形成语脉的起势，对长城的实景进行描写显得自然而然。“站在长城上，踏着脚下的方砖，扶着墙上的条石，很自然地想起古代修筑长城的劳动人民来。”这是文章的一个转折语脉，情思开始转移，由实而虚，这才引发出对劳动人民的赞颂，这种情思的流转变化就体现在语脉的起承变化上面。教师如果能带领学生细心体察文本中这些“文饰”性的语脉，由审美性再渗入思想性，学生就能真正感受到作者的情思的自然发展，就能贴近作者真实的情感，比起一味干瘪的说教灌输式教学效果更佳。

再以初中语文教材中的《紫藤萝瀑布》一文为例，这篇文章写于1982年5月，此时作者的弟弟身患绝症，作者心情是沉痛的，徘徊于庭院中见盛开的紫藤萝花，睹物释怀，由花儿自衰到盛感悟生命，写成此文。这是一篇有意蕴的经典美文，需引领学生以审美的姿态去赏读，忌用支离破碎的分析来破坏语文教学的审美价值。本文的阅读教学方法很多，可以美读，可以使用“象性阅读法”。《紫藤萝瀑布》的意象新颖独特，可从文本中发掘意蕴丰厚的紫藤萝之“象”，也可以从“文饰”语脉的探寻来发现文章的情思。整篇文章体现了一种“流动”的美学感，自然流畅、气脉贯通。开篇“我不由得停住了脚步，”这个语脉的开启给人以自然的遐想，有将意脉深入展开的趋势，是一种诗意的开启之势，并自然引起“观花”的描写。“我只是伫立凝望，觉得这一条紫藤萝瀑布不只在我眼前，也在我心上缓缓流过。”这个承接的语脉也极具艺术性，描绘意象之后，由物及人，“在我心上缓缓流过”形成一种充满生命力的“流动感”，这一语脉贯串了全文的气脉，虚实相生，时而写花的动感之美，花之瀑布“仿佛在流动，在欢笑，在不停地生长”，时而写花带给人的生命流动“紫色的瀑布……不断地流着，流着，流向人们的心底”。可看出这一语脉在全文中的重要审美意义。“忽然记起十多年前家门外也曾有过一大株紫藤萝”这一语脉引发“忆花”，此时作者的运思实际上暗示过去的时代境况，“十多年前”是让人忧虑的年代，家门外那株紫藤萝的生命遭到扼杀，它遭遇的是生命消逝的不幸，而现在的紫藤萝则拥有灿烂与辉煌。“在这浅紫色的光辉和浅紫色的芳香中，我不觉加快了脚步。”以此语脉收束，情思得到升华，使人自然地感受到时代的进步给人们带来的盎然生机，那是“流向人的心底”的切切实实的感受，形成生命的感知感悟，但是这种生命感悟的产生又是基于具体的时代境遇的。循着这种语脉去感受作者的情思变化，可以同其心共其情，能贴近作者，避免了那种生硬的“知人论世”的牵强附会，保留了文本本真的情感之美。

在论说性文章中也有“文饰”语脉，以魏征的《谏太宗十思疏》为例，这篇奏疏文势曲折有致，语气委婉灵活，文脉贯通。文章以设喻作为语脉开篇，“臣闻求木之长者，必固其根本；欲流之远者，必浚其泉源”引出“思国之安者，必积其德义”的观点，这就是起势的语脉，并作为全篇之总纲，全篇从“思”入手。在第一层次先从正面肯定思国之安必积德义的意义，之后语脉从反面相承，说明了不积德义难以思国之安的道理，一正一反，表达圆满，其义愈显。文章的第二个层次紧承上文，从反面总结了人君不能善始善终地积其德义，而危及国家长治久安的经验教训，进一步强调了深思慎行、积其德义的文意。文章以“怨不在大，可畏惟人。载舟覆舟，所宜深慎”作为转关的语脉，然后转入第三层次。第三层次既扣紧“所宜深慎”，又远承第一层次提出的总纲，分别从十个方面说明了“深思”的内容，又具体地说明了“积其德义”的含义。最后阐述了十思和无思的辩证关系，语脉浑圆，完整收结全文。论说文的语脉构思缜密，把文章交织融汇成一个行文流畅、文气贯通的有机整体。

四、把握文章的情理脉络

王国维在《人间词话》中说：“境非独谓景物也。喜怒哀乐，亦人心中之一境界。故能写真景物、真感情者，谓之有境界。否则谓之无境界。”[1]在抒情性文本中，正如王国维所说的情感世界的表现本身就是一种境界，在叙事性文本中，我们也可以说情理世界的表现即是境界，情思是作者藏在文本的内隐脉络，表现出来就是情理的世界。明清是小说发展的鼎

[1] 王国维. 人间词话新注[M]. 滕咸惠，校注. 济南：齐鲁书社，1999：38.

盛时期，而后评论家多以“情理”来评论小说，如张竹坡评《金瓶梅》“做文章不过情理二字”、脂砚斋评《红楼梦》“至情至理之文”等，可见情理脉络是叙事性文本的一个关键范畴。从明代到清代，人们在文学上的“情理观”也在发生变化，“情”与“理”的涵义也随之变化。总的来说有这样几种“情理观”，第一种是强调“情”回归于“理”“礼”，第二种是强调“情”对“理”“礼”的超越，第三种则强调“情”和“理”的融合。事实上无论是冲突还是超越，都可以是一种特有的融合，因此我们认为情理世界是不断涤荡交融的。

《红楼梦》的艺术构思的背后就有“情理”说作为指导，曹雪芹在《红楼梦》中对于小说创作中的“情理”问题发表过两次意见。一次是作品开端，石头对空空道人讲的一番话：“至若才子佳人等书，则又千部共出一套，且其中终不能不涉于淫滥，以致满纸潘安、子建、西子、文君，不过作者要写出自己的那两首情诗艳赋来，故假拟出男女二人名姓，又必旁出一小人其间拨乱，亦如剧中之小丑然。且鬟婢开口即‘者也之乎’，非文即理。故逐一看去，悉皆自相矛盾、大不近情理之话。”一次是五十四回“史太君破陈腐旧套”中，贾母对《凤求鸾》的批判：“这些书都是一个套子，左不过是些佳人才子，最没趣儿。把人家女儿说的那样坏，还说是佳人，编的连影儿也没有了。开口都是书香门第，父亲不是尚书就是宰相，生一个小姐必是爱如珍宝。这小姐必是通文知礼，无所不晓，竟是个绝代佳人。只一见了一个清俊的男人，不管是亲是友，便想起终身大事来，父母也忘了，书礼也忘了，鬼不成鬼，贼不成贼，那一点儿是佳人？”其基本观点都批评了当时盛行的才子佳人小说的致命弱点即“悉皆自相矛盾，大不近情理之话”，强调作品必须合乎情理。明末清初时期，才子佳人小说盛行，这些小说的特点是故事情节雷同，人物性格单一。脂砚斋也对这种情况进行了抨击，并肯定《红楼梦》是“真正情理之文”。

运用“情理”理论进行小说批评，把握小说创作的艺术规律，已经成为明清各个时期小说创作和批评的一种自觉。长期以来，我国中小学的小说阅读教学基本上沿用“三要素”的分析模式，这种分析模式逐渐成了小说教学的一种桎梏和束缚，无法引领学生进入叙事文学的情理世界和审美境界。事实上，如果我们能够回归和发掘传统的理论资源，也许可以找到一片新的绿地。叙事性文学中对情理脉络的把握往往是教学实际的盲区，所以小说教学应该注重人物、情节背后的情理世界，引导学生走进小说的情理境界。

情理的艺术只能用情理的方式走进，优秀的小说为人们展现了不同时代的生活画面，塑造了光彩照人的人物形象，寄寓着作者对现实世界的情感和思考，往往是一个情理交融的审美完型，给人们以理想和情操的陶冶。作者要通过塑造生动的形象传达出情理意味，感染读者的心灵，让读者进入情理境界中产生共鸣，而小说的阅读也就成了读者接受和融入这种情理境界的体验活动。小说的情理境界可以牵动读者情绪，使读者与之共喜、与之共悲，同其心共其情理相随。以《祝福》的教学为例，可以引导学生进入作者创造的情理世界，在冷漠凄寒的“祝福”环境里，勤劳善良的祥林嫂被包围在冷酷的生活环境中，鲁四老爷的鄙视诅咒，婆婆的捆卖逼嫁，镇上人们的冷漠取笑，以及柳妈有关灵魂在阴间受难的恐怖迷信，都使祥林嫂备受摧残和折磨，而祥林嫂苦苦挣扎却反遭一次比一次更大的打击。祥林嫂情感世界里的悲惨经历和挣扎失望的痛苦充分焕发出悲剧色彩，形成了情与理的冲突性融合，激发起学生对人物遭遇的深切同情，切情切理的脉络把握比起生硬的社会分析更能引起学生的共情心与同理心。

我们来看看浙江省宁波市镇海中学陈尚余老师的《宝玉挨打》教学设计。[1]

《宝玉挨打》教学设计

浙江省宁波市镇海中学　陈尚余

设计理念及依据

1.《宝玉挨打》（人教版大纲教材高中语文第六册第三单元）选自《红楼梦》。教学本文应重点培养学生研讨、评析文学作品思想内容和艺术特色的能力，着重认识宝玉挨打的根本原因及其社会背景，欣赏在这场矛盾冲突中出场的各色人物形象，了解运用舞台艺术的手法安排情节结构的特点。

[1] 陈尚余.《宝玉挨打》教学设计[J]. 语文建设，2007（3）：14-16.

2. 教师应从课程的复制者转变为课程的创造者，积极实践“用教材教”的理念。教教材和用教材教是两种不同的教学理念，出现在不同的时期。教教材是唯教材是从，教材讲什么，教师教什么，师生成为教材的奴隶。用教材教是把教材当作教学的基本材料，但不是唯一的，教师主动寻求适合培养学生能力、有利于调动学生主动性的材料进行教学。

3. 要培养学生的探究能力。探究式学习是以探究问题为主的学习方式，学生以问题为中心，在教师的帮助下，深入研究。在研究的过程中发现新的问题，然后又继续进行新的研究。探究的意义在于激发生命力和创造力，从根本上改变学习品质。探究的过程就是教学的过程，在这个过程中，学生是学习的主体，他们敏锐地发现问题，主动去解决问题，最终获得知识，提高学习能力。

教学目标

1. 抓住课文中的“哭”来组织教学，引导学生赏析在宝玉挨打这一事件中哭过的人、不哭的人、应该哭而且可以哭却没有哭的人，在这个过程中体会人物情感，把握人物特点。

2. 探究和鉴赏相结合。以“哭”为切入点，深入探究人物复杂的内心世界，培养学生的探究、鉴赏能力。

教学过程

一、导入

《红楼梦》第五回写贾宝玉神游太虚幻境，警幻仙子拿出茶和酒来招待，那茶名叫“千红一窟”，那酒叫“万艳同杯”。曹雪芹喜欢用“谐音法”，“窟”就是“哭”，“杯”就是“悲”，这暗示了那些女儿们共同的悲剧命运。《红楼梦》是一部悲剧，它的每页都沾着泪水。今天我们学的课文，围绕宝玉挨打这一事件，各色人物纷纷登场，展示了他们的内心世界。下面我们就一起来欣赏众人的“哭相”。

二、赏析在宝玉挨打事件中众人的“哭相”

1. 贾政之哭

教师：宝玉挨打，哭的都有哪些人？

明确：贾政、王夫人、贾母、袭人、林黛玉。

投影：贾政之哭、王夫人之哭、贾母之哭、袭人之哭、林黛玉之哭。

教师：请大家找出描写“贾政之哭”的句子，并分析他哭的原因。

分析：“那贾政喘吁吁直挺挺坐在椅子上，满面泪痕”，宝玉的所作所为令贾政又气愤又伤心。“贾政听了此话，不觉长叹一声，向椅上坐了，泪如雨下”，从这里可以体会到贾政的伤心和无奈。“贾政听了，那泪珠更似滚瓜一般滚了下来”，王夫人哭贾珠，触到了贾政内心的隐痛。“贾政听说，忙叩头哭道：‘母亲如此说，贾政无立足之地’”，从这句话可以看出他对母亲的畏惧，他是很孝顺的，但他的孝本身就包含悖论：他要孝顺母亲，却不能让宝玉孝顺自己。

投影：贾政极度气愤、失望、无奈、痛楚和委屈，他的孝本身就包含着悖论。

2. 王夫人之哭

教师：请找出写“王夫人之哭”的句子，并分析王夫人的情感特点。

分析：“王夫人哭道……”，王夫人自知不能阻止贾政，于是抬出老太太来压他，哪知贾政不领情。王夫人又“连忙抱住哭”，“爬在宝玉身上大哭”，这是王夫人的“哀兵”之计。这一招还真灵，贾政软下来了，泪如雨下。王夫人乘机查看宝玉伤情，“竟无一点好处，不觉失声大哭”。想起贾珠，“便叫着贾珠哭”。贾珠是他们的大儿子，第二回“冷子兴演说荣国府”说贾珠 14 岁进学，20 岁娶妻生子，是在科举场上崭露头角的公子哥儿，很合贾政夫妇的心意，可是生病死了。王夫人哭贾珠有何意义呢？如果贾珠还在，王夫人就有依靠，这是封建社会母凭子贵心理的反映。

投影：哭是王夫人用来保护宝玉的武器，哭声中既有对儿子的疼爱，也流露出封建社会母以子贵的传统思想。

3. 贾母之哭和袭人之哭

教师：请找出描写“贾母之哭”和“袭人之哭”的句子，并分析两人的心理特点。

分析：贾母见到宝玉，“又是心疼，又是生气，也抱着哭个不了”，“含泪说道”，贾母之哭表现了对孙子的怜爱之情，只是这种怜爱近乎溺爱。袭人“见贾母王夫人等去后，便走来宝玉身边坐下，含泪问他”，她为什么等贾母等人离开后才流泪呢？因为袭人只是丫鬟，虽然和宝玉比较亲近，但终究不是主子，她的地位只是在丫鬟中有些特殊罢了。"含泪问"大半是心疼，小半是责备宝玉不该如此。

投影：贾母之哭，体现老媪对孙儿的怜惜之情。袭人之哭，大半是心疼宝玉，小半是气恼他不争气。

4. 林黛玉之哭

教师：我们再来看"林黛玉之哭"，作者描写得最细腻，我们一起把相关语段念一念。

投影："恍恍忽忽听得有人悲戚之声。宝玉从梦中惊醒……只见两个眼睛肿的桃儿一般，满面泪光，不是黛玉，却是那个？""此时林黛玉虽不是嚎啕大哭，然越是这等无声之泣，气噎喉堵，更觉得利害。""半日，方抽抽噎噎的说道：'你从此可都改了罢！'"

教师：在所有哭的人中，林黛玉无疑哭的时间最长，哭得最伤心。对这位颦儿来说，哭是家常便饭，但这回哭的意义与别时不同。"你从此可都改了罢"这句话有什么意思？

分析：林黛玉是敏感细心的，见宝玉被打成这样，自然心疼伤心。但她又不能号啕大哭，这不符合她的个性，当然她的处境也不允许，否则就容易暴露两人的关系。这句话里既有哀怨体贴，也有无奈和畏缩。

投影：这里面包含着沉痛、体贴、哀怨，同时也包含着一种无可奈何的委屈和畏缩，体现了颦儿的真挚与敏感。

教师小结：刚才我们分析了贾政、王夫人等人的哭，这些哭里包含的感情有什么不同呢？

投影：哭声里的情味——父母的舐犊之情、老媪的怜小之情、年轻男女的爱慕之情。

三、赏析在宝玉挨打事件里不哭之人

教师：在宝玉挨打这一事件中，有哭的人，也有不哭的人，不哭的人有谁啊？

明确：薛宝钗、王熙凤。

教师：她俩为什么不哭？对宝玉挨打无动于衷吗？

分析：不是。薛宝钗受过很好的封建正统教育，温柔贤淑，雍容得体，落落大方，她把感情都藏在心里，含而不露。她这样的个性和教养，决定她不会在众人面前哭。王熙凤是贾府总管，比较冷静，她知道这时候不能哭，她要劝解双方，呵斥下人固然是出于对宝玉的关心，也有转移大家注意力的目的。

四、赏析宝玉挨打时可以哭却没有哭的人

教师：有一人，应该而且可以哭却没有哭，他是谁？

明确：贾宝玉。

教师：贾宝玉是挨打的人，他可以哭，而且可以号啕大哭，但课文并没有写他的哭。这是怎么回事呢？贾宝玉可不是什么英雄好汉，老师感到奇怪，所以又查了其他版本的《红楼梦》，发现很多版本写宝玉挨打都有描写他哭的文字，如（投影）：

小厮们不敢违，只得将宝玉按在凳上，举起大板，打了十来下。宝玉自知不能讨饶，只是呜呜的哭。贾政还嫌打的轻，一脚踢开掌板的，自己夺过板子来，狠命的又打了十几下。宝玉生来未经过这样苦楚，起先觉得打的疼不过还乱嚷乱哭，后来渐渐气弱声嘶，哽咽不出。众门客见打的不祥了，赶着上来，恳求夺劝。贾政那里肯听？

教师：大家说，写宝玉哭好还是不好？

分析：可能会有两种意见。一是不好，因为这样可以体现宝玉的封建叛逆者形象，面对贾政毒打，他一声不吭，表现了他的反抗和倔强。二是好，因为贾宝玉不是什么英雄好汉，被打疼了，乱哭乱嚷，让人感到真实。

教师：我觉得写宝玉哭比较真实可信。他害怕贾政，忠顺王府的人来追查蒋玉菡时便哭了，他被人打之前也托人通风报信，只是没找到人。宝玉不敢有意对抗贾政。

《宝玉挨打》的传统教学设计一般是梳理故事情节、分析人物形象、归纳主旨和艺术特色等，不出“三要素”分析的窠臼，陈尚余老师的教学设计突破了这种陈旧的分析方法，抓住了整部小说“千红一窟”“万艳同杯”的情理脉络，以“课文中的‘哭’来组织教学，引导学生赏析在宝玉挨打这一事件中哭过的人、不哭的人、应该哭而且可以哭却没有哭的人，在这个过程中体会人物情感，把握人物特点”[1]。这个设计点选择得有意味，令人耳目一新，这正是对小说的情理世界的悉心洞察。依次探讨了哭的人、不哭的人和应该哭却没有哭的人，这是一种横向结构；在分析这些人物时，又按照“寻找与哭相关的语句、讨论为什么哭、分析哭声（或不哭）体现了人物怎样的思想个性、哭声里的情味”[2]的顺序组织教学，这又是纵向结构。这种分析方法就是让学生先形成对小说情理的交错结构的认识，再通过情理脉络的把握透析背后的人物个性。社会分析法的最大缺点就是，由于时代、社会和地域与学生生活的现实都存在较大距离，所以学生在感受小说内容时会遇到障碍，学生难以进入文本描绘的社会背景，往往带着隔膜去感受和被动接受。情理则是具有共通性的，从学生的心理实际来看，学生走进小说的情理世界，他们的情理世界也得到了调动，并通过小说所表现的情理世界而获得时代精神的充实。陈尚余这个设计的特别之处就是抓住了小说中“哭”与“不哭”的情理解剖促成了这种情理世界的共通，这样学生更容易从一般的情理上来理解思考，更易生发出与文本的共情。

叙事性文学涉及人与事的展开，引导学生把握小说的情理脉络可以让学生感受小说的审美特性、人文性。我们只有让学生将常理心投入小说创造的情理世界中，注重发挥学生的情智的主动性和积极性，才能增强学生与小说情感共鸣的体验能力，从而促进他们的审美情感的生发。小说的情理之美，蕴含在作者所创造的艺术形象中，同时也会在学生的同理心之中得到创造性的再现，展现出多彩的人物形象和情理情境，学生的情理世界也会因此更加充实。随着这种体验式阅读的深化，他们的审美感通能力也会更强，心智水平也会提高，达成我们所说的潜移默化的审美熏陶，以美来启智，以美来养德。

[1][2]陈尚余.《宝玉挨打》教学设计[J].语文建议，2007（3）：14-16.

第二节　沉浸作品的思想情感与体验的生成

贴近作品之后则需沉浸于作品中，形成共感的体验，有一类文学作品抒发的是人们所共有的人情、人性，只要依着常理心去读，带着感情去品，不必深究便求得真性情。以“怀乡”这个源远流长的文学母题为例，诗人们或是登高吟啸，或是孤灯独诉，或是魂梦纷飞，无论是观月、听雁，还是闻笛、捣衣，不同时代、身份、个性的作者，都共同谱写一支缠绵反复、曲调单纯的怀乡曲，这种怀乡之恋是一种共通的文化情怀，如李白《静夜思》:“床前明月光,疑是地上霜。举头望明月,低头思故乡。”这首诗歌因其表现出人们所共有的情感而流传千古，思乡之情一经触动，人便沉浸其中，何人没有家乡，谁没有思乡的经历？不需要刻意地调动，这些经历就会涌上心间。此外还有亲情的文学母题。如孟郊的《游子吟》:“慈母手中线，游子身上衣。临行密密缝，意恐迟迟归。谁言寸草心，报得三春晖。”又如《陈情表》《祭十二郎文》等文章皆表现出亲情的可贵感人，“仁孝蔼蔼，万古如新”，这种亲情是亘古不变的人伦之情。阅读这样的作品，不必附会其背景、不需无谓的分析，只需沉浸于其中的情感，自然生成、调动自身的情感体验，本身就是一种最高的赏读境界。

一、体验：悲喜与同情

傅庚生在《中国文学欣赏举隅》中说：“人类之思想，固与时俱进，向之所以为新奇者，旋已变为陈腐；而人类之感情则今古终无大异，枝节之处虽小有变迁，其大本大源，未见歧背也。文学既有诉诸感情之能力，又以感情之无间新旧，是以文学创作能历百世而长新也。论文之情，约有三端：其一曰作者之情，其二曰文中人物之情，其三曰读者之情也。作者以其情寓于文中人物之情中，以激动读者之情;视此激动力量之大小，可执以评定作品之高下而无爽。是知唤起读者之同情，乃创作者之职志也。”从创作的角度来说，作者以激动读者之情、唤起读者的同情为职志。若从欣赏的角度而言，读者则因与作者产生共通的体验而获得审美的愉悦，悲喜与同情均关乎体验。

“体验”不仅仅是接受美学的核心问题，也是语文教学的重要概念。它在语文新课程标准中出现频率极高，即使在新一轮的语文学科核心素养的讨论中，“体验”也是一个关键性的问题；在文学欣赏中“体验”是审美愉悦产生的必要条件；在语文教学中“体验”既是一种重要的学习方式，也是一种具有美学意蕴的教学方式。

（一）体验的特征及教育价值

关于体验，不同学科有不同的视点和阐释。从哲学角度看，体验主要指主体与客体之间的一种特殊的关系状态。“体验，是人的生存方式，也是人追求生命意义的方式。”[1]从教育学角度看，体验是主体内在的历时性的知、情、意、行的亲历、体认与验证。从心理学角度看，“体验主要指人的一种特殊的心理活动”，“在体验中，主体以自己的全部‘自我’（已有的经历和心理结构）去感受、理解事物，因发现事物与自我的关联而生成情感反应，并由此产生丰富的联想和深刻的领悟。因此，从心理学上来讲，体验是在对事物具有真切感受和深刻理解的基础上对事物产生情感并生成意义的活动”[2]。以上对体验的表述虽各有侧重，不尽相同，但可以归纳出四个基本特征：主客相融性、主体自由性、情感丰富性、意义生成性。

从体验的特性角度来理解，由于具有主客相融性，体验是感知并认识世界、社会、人生、自我的一种途径和方式；由于具有主体自由性，体验既是对主体性的唤醒，也是对主体能动性、独特性的培育；由于具有情感丰富性，体验能够表现为一种诗意的生存方式和状态，充溢着生命色彩；由于具有意义生成性，体验可以引领体验者去“会晤”新的境界，实现智慧、人性的丰赡和更新。由此可见，体验具有丰富的教育价值，也正因为如此，它引发了教育工作者不约而同的关注和探讨，卓然进入新一轮课程改革者的视野。与其他学科相比，语文作为母语课程，与生活世界、人的心灵世界联系最为广泛而密切，在教学中引入体验并加强体验有着独特的优势。但遗憾的是，长期以来，语文课程所缺失的恰恰

[1] 朱小蔓. 情感教育论纲[M]. 南京：南京出版社，1993.
[2] 陈佑清. 体验及其生成[J]. 教育研究与实验，2002（2）：11-16.

是体验，所偏重的是认知和经验（主要是间接经验）。

认知侧重于把握事物的客观性，追求对事物本来面貌和规律的了解，在认知过程中，思维方式主要表现为逻辑性的、条理化的，摒弃个人主观情感的介入，以免影响认知的客观性、准确性。体验是主体对主客体关系的把握和体认，体验的结果是形成主体对客体的感受、态度、情感和领悟，体验的心理特点主要表现为整体性、联系性。不同于认知中的客体是纯客观的，体验的对象是生命化的，是与情感、生命紧密相连的一部分。体验是一种对生命的关注，没有体验的课堂教学就缺乏生命色彩。经验主要停留在感官层面，没有生命情感的交汇，体验则“通过个体的想象、移情等使经验生命化和个性化”，“就体验而言，主体与客体浑然一体，可以说是‘有所感悟’，是主体创造的知识”[1]。经验主要作用于人的机体和官能，而体验主要作用于人的心灵和精神；富有经验意味着有知识与技能，而富有体验则意味着有智慧和悟性。经验是体验的基础，体验是对经验的升华。

（二）生命的灌注：阅读教学中体验的展开

在以往的教学中，我们往往过多地强调对概念、判断、推理等知性因素的掌握，忽视了个体的感受、体察、领悟、想象、回忆等心理功能的发挥，以及发挥这些心理功能对学生全面发展的价值；我们过多地强调知识的记忆和再现，却无视它对学生直觉、悟性、灵性发展空间的逼压和挤占。教学尤其是语文教学应充分关注人的体验能力的培养——培育一颗敏慧的心灵和对语言、生活敏锐的悟性。

阅读教学主要是通过对一篇篇文质兼美的课文的赏读，来达成培养学生全面的语文能力、促进人格和谐发展的目的。阅读课文的审美心理过程大体有这样几个阶段：文（事、形）的感知——阅读课文，大体知道文章的类型和所写的人事；情的映射——在阅读过程中，感情受到激发，读者融入某种感情进行阅读；意的揣摩——对启人哲思、富有意趣的地方以心悟对，细细玩味；境的沉浸——阅读时完全沉醉在作品所描绘的情境中或沉浸在由作品而引发的联想、回忆中。阅读主体对文、情、意、

[1] 石鸥，侯静敏. 在过程中体验——从新课程改革关注情感体验价值谈起[J]. 课程·教材·教法，2002（8）：10-13.

境不同层面各有侧重、互有差异的解读，形成了阅读审美的丰富性和多样性。这四个阶段，在一定程度上代表了阅读体验的由浅入深的几种不同类型和主要层次。值得注意的是，与一般的阅读审美相比，体验更加关注主体生活经验、情感色彩和生命领悟。

1. 形象体验

形象体验是语文教学进入"体验"的基点。进入体验，首先要把课文的文字符号转化为头脑中生动鲜明的形象，这种形象当然不仅仅指艺术形象、人物形象，也指作品中描绘的事象和物象。这时，课文已不再是文字符号的集合，生活也不再是生活本身，而是统统化为学生心目中的一种情境、一种特定的场景，化为脑海中鲜活的"影像"，概括地说，是一种形象。这时，阅读的过程，就是与这些形象对视、对话的过程，就是让学生用心灵去亲近、拥抱、交流、体认的过程，从而获得一种美感的、情感的、道德的体验。从语文教育价值的角度看，这种体验可以培养学生形象思维能力和整体感悟能力，而这正是语文教学中的一个薄弱环节。

2. 情感体验

"体验的出发点是情感，主体总是从自己的命运与遭遇，从内心的全部情感积累和先在感受出发去体验和揭示生命的意蕴；而体验的最后归结点也是情感，体验的结果常常是一种新的更深刻的把握了生命活动的情感的生成。"[1]语文学科蕴藏着丰富而深广的人文情感，这正是语文学科进行体验教学的独特优势；语文作为母语课程与学生的生活、精神世界总是融为一体的，体验教学在语文学科中更容易找到触媒和接点。在阅读课文时，无论是有意还是无意，课文的情感都会与学生曾经的生活相互作用，与学生曾有的情感相互激荡，教学就是要善于发现并抓住学生与课文情感相联系的甬道，让学生曾有的生活体验接受课文美好情思的"蜡染"，让课文的美好情思与生活发生真实的联系，进而使学生拥有诗意的、纤敏的心灵，富有充满良知的、充溢着真情的善性。

[1] 童庆炳. 现代心理美学[M]. 北京：中国社会科学出版社，1993：54.

3. 意趣体验

在语文学习中，情感体验与意趣体验常常是不可分离的，然而，文章的情感与意趣还是有区别的。意趣指向的是文章的意蕴，它是作者思考的结晶，同时它又引发读者思考生活表层以下的东西，是透过感情的外在表现去追寻更深的那一份本真或真谛。所以，对文章意趣的体验，实际上是对生活质感的体验，对生命质量的体验。“在体验世界中，一切客体都是生命化的，都充满着生命的意蕴和情调。”[1]

4. 遐思体验

我们阅读文章作品，有时会感到文已尽而意无穷，甚至文章读完时，大脑中的形象却更加活跃，此可谓是“行到水穷处，坐看云起时”的阅读境界。这是因为：其一，阅读产生了丰富的联想和想象，甚至超越了文本，由此及彼而进入另一情境；其二，阅读唤醒了以往的生活经历，烟消云散的生活往事似乎豁然敞亮起来，以往未曾留意处却别有浓情深意在，这时，突然有一种醍醐灌顶的彻悟之感，这便是体验达到了妙悟的境界。遐思阶段的体验具有反思的性质，体验至此得到了升华，人性和人格将由此得到滋养和丰富。

（三）体验的审美化

情感体验作为一个心理过程是复杂的，文本所唤起的喜怒哀乐诸种情感体验是原生的心理活动，阅读活动一方面需要这种真实的生活情感，还原生活世界，另一方面也是更重要的方面则需要将这种原生的情感体验升华为审美的体验。也就是说将阅读教学中的情感体验审美化，审美体验是审美经验的高级阶段，也是生活化情感的净化阶段。比如一个悲剧性文本，仅仅引起学生的恐惧、哀怜、不忿等日常生活的共情是不够的，这种情感体验是不自觉的，这种生活情感的体验只是审美体验的一个准备，审美体验还要经提纯才能实现。日常生活情感体验往往是基于生理感受顺习，情之所动自然而生，而审美体验从心理学角度而言是一种有意的注意，需要有意识地唤醒和培养。

叶继奋教授在《文学课堂审美论》中指出：“要做到这一点，首先就

[1] 童庆炳. 现代心理美学[M]. 北京：中国社会科学出版社，1993：54.

必须中断审美者的‘日常意识状态’。所谓‘日常意识状态’，是指‘一种受功利性支配的有限目的的遥控的意识’。在‘日常意识’支配下，人的思维就像乘上快车，直奔目的地，一路上的美好景致都视而不见，在这样的情况下，审美体验是无法展开的。”[1]这实际上正是我们通常所说的“距离产生美”，体验来源于日常生活，为日常意识状态，但是只有抽离出来与之产生距离，甚至与之断绝才能产生真正的审美体验。在美学史上，对日常意识状态的抽离和断绝，称为“惊异”。“所谓审美惊异，从实质上讲，就是人在一定的现实境遇中由于与客体对象的契合所产生出来的一种迥异于日常生活经验的特殊心境。在这里，惊异既表现为客体对主体的召唤，也表现为主体对客体的向往。正是在主客体这种刹那间的直接碰撞与神会中，激发起主体强烈的审美兴趣。”[2]

比如高中语文编选了沈从文先生的《边城（节选）》进入教材，这个文本的教学就需要注意情感的提纯醇化，最终形成审美体验，在共情型赏读中实现美育的功能。而这其中的关键正是将生活中的日常意识状态切断升华。沈从文在《〈边城〉题记》里说自己所写的农人兵士，为了使他们更有人情而极尽琐碎地描绘，我们在阅读过程中一方面需要还原这种生活的琐屑，另一方面更需要抽离出来，才能产生审美体验，品味出文本中的人情美、人性美。文本中有很多日常生活的琐屑描写，如果不能抽离、断绝这其中的日常生活特性，就不能产生审美体验，只有依托这种日常生活但是又与之产生距离，形成“惊异”，才能品味出作品传达出来的那种民风淳朴的人情美，才能感受到爷爷与村民们的日常生活的人情美。在翠翠身上更需要这种“惊异”来发现翠翠的人性之美，在文本中翠翠就像是自然的女儿，原生而纯净。

翠翠在风日里长养着，把皮肤变得黑黑的，触目为青山绿水，一对眸子清明如水晶。自然既长养她且教育她，为人天真活泼，处处俨然如一只小兽物。人又那么乖，如山头黄麂一样，从不想到残忍事情，从不发愁，从不动气。平时在渡船上遇陌生人对她有所注意时，便把光光的眼睛瞅着那陌生人，作成随时皆可举步逃入深山的神气，但明白了人无

[1] 叶继奋. 文学课堂审美论[M]. 杭州：浙江大学出版社，2016：69.
[2] 朱立元. 美学[M]. 北京：高等教育出版社，2001：103.

机心后，就又从从容容的在水边玩耍了。

……

黄昏来时，翠翠坐在家中屋后白塔下，看天空被夕阳烘成桃花色的薄云。十四中寨逢场，城中生意人过中寨收买山货的很多，过渡人也特别多。祖父在溪中渡船上，忙个不息。天已快夜，别的雀子似乎都休息了，只杜鹃叫个不息。石头泥土为白日晒了一整天，草木为白日晒了一整天，到这时节各放散出一种热气。空气中有泥土气味，有草木气味，还有各种甲虫类气味。翠翠看着天上的红云，听着渡口飘来乡生意人的杂乱声音，心中有些儿薄薄的凄凉。

黄昏照样的温柔、美丽和平静。但一个人若体念或追究到这个当前一切时，也就照样的在这黄昏中会有点儿薄薄的凄凉。于是，这日子成为痛苦的东西了。翠翠在成熟中的生命，觉得好像缺少了什么。好像眼见到这个日子过去了，想要在一件新的人事上攀住它，但不成。好像生活太平凡了，忍受不住。

在文本中作者并没有将故事描写得曲折动人，翠翠也没有惊天动地的经历，而仅仅是湘西一个淳朴的女孩，甚至生活也是单调而枯燥的，但是一旦经由沈从文这种审美的轨迹去探寻，你就会发现“惊异”之处。翠翠的形象是自然美的人化，翠翠是原生的自然之女，从其外貌、名字、生活都可以看出来，作者甚至以“小兽物”来比拟她。同时翠翠也是人性的自然化，她处于自然的原生环境之中，生活单调平凡而又自然。沈从文曾说“我只想造希腊小庙……神庙供奉的是‘人性’”，“我要表现的本是一种‘人生的形式’，一种‘优美，健康，自然，而又不悖乎人性的人生形式’”。这就需要我们切断日常之意识走进这座希腊小庙、走近这种人生形式，从中感受到人情美、人性美、自然美的交融，不是要发现社会生活中的“翠翠”，而是要发现审美境界中的“翠翠”，小说中的翠翠实际上是美的化身，表达着作者的美学追求。

二、沉浸：陶醉与了悟

傅庚生在《中国文学欣赏举隅》中说：“盖文学作品必有其预期之目的，故事之开展必至其最高潮。成熟之作品，必入手即有攫住读者心灵之力量，挑之喜则喜，控之悲则悲，导而不迫，疏而不失，直至其最高潮，使读者涵泳沉酣，留连忘返，然后其文情复渐次轻减，至于结束，使读者掩卷惝恍，有无限迷惘依恋之思，此际读者之胸中唯有一片同情；是作品之成功。”作者与读者体验产生共鸣，均是创作和接受双方所追求的高级境界，“涵泳沉酣，留连忘返”正是阅读接受的一种审美高峰体验。而在阅读教学中往往难以达到这种境界，其根本原因是一般的阅读教学以认知为主，用呆板的分析妨害了学生作为读者的“涵泳沉酣，留连忘返”，这就需要改变阅读教学的方法，使学生作为读者沉浸于文本，陶醉于其中，甚至通过体验的共鸣、沉浸产生阅读的了悟。

（一）美读法

美读法包括默念、朗读、朗诵、吟诵、咏唱等读书方法，只要是能很好地体现出作品的语体风格与传情达意的读皆可称为美读。提倡美读，就是提倡学生根据自己的理解来读，读出自己的“生活”，读出属于自己的那一份情调、韵味、意趣，让学生在“读”中以声传情，以情带声，声情并茂，声醉情痴。实际上，这就是在多种感官协调配合下进行体验。诚然，我们不能直接对语言文字符号本身进行体验，但我们可以通过动情地“读”来激活作品形象、情感和意蕴。美读的过程，既是深情投注的体验过程，也是对语言的品味过程。长期以来，一些阅读教学名不副实，所忽视的正是学生的“阅读”，而且“读法”过于单一，既妨碍了学生对原汁原味的语文的品味，也扼制了学生对课文情感的独特体验。

（二）情境法

情境法以生动形象的场景来激起学生学习和练习的情绪和感情的体验，通过教师的语言或活动的设计，运用生活显示情境、实物演示情境、音乐渲染情境、直观再现情境、角色扮演情境、语言描绘情境等方法，把学生引入一定的情境之中，使他们产生一定的内心感受和情绪体验，在课堂上形成一个广阔的“心理场域”，作用于学生的心理体验，为学生创设和开拓一个广阔的想象空间。情境法通常可以运用以下几种方式。

（1）真实情境体验法。如教到朱自清的《春》，便把学生带到春天的原野，去追寻春天的踪迹，感受春天的勃勃生机。

（2）语言描绘引入法。教师通过绘声绘色、情真意切的讲述，把学生带入某一情境。语言的模糊性和情感色彩，不是进入情境的障碍，相反，恰恰容易引发学生的体验。

（3）背景渲染烘托法。运用教具，营造环境和氛围，进行渲染和烘托。如适当运用现代多媒体技术，让学生如临其境，感同身受。

（4）情境虚拟法。运用技术手段或艺术手法，模拟再现与课文相关的情境、场景等。如通过演课本剧来加深学生对课文学习的体验无疑是一种可行的方法。

（三）移情法

移情法与情境法有相似之处，二者都是调用各种手段引导学生进入情境，挖掘体验的通道，做的是“开渠引水”的工作。但二者的区别是，情境法目的在于让学生如临其境，如闻其声，如见其人（物），简言之，就是设身处境而感同身受。而移情法目的在于让学生切己体察，推己及人，甚至推己及物，也就是努力用心灵去感应对象，“在体验中‘物’与‘我’的距离缩短乃至最后消失，进入‘物我同一’的境界。自我仿佛移入到对象中，与对象融为一体”[1]。课文内容和思想感情不可能与学生的生活经验时时同步，有些作品所写的内容与学生实际生活相距甚远，有些甚至不是人类的情事，对于这类作品的体验，最好运用移情法。比如，有的教师在教学课文《爬山虎的脚》时，让学生戴上头饰扮演“爬山虎”，与“爬山虎”对话、交流，将爬山虎人格化便容易达成物我同一的深层体验。

（四）会悟法

会悟法也可称为会通法，指主体在与文本世界相遇、对话时心领神会，心有所悟，这种彻悟引导主体从文本世界拓展开来，生发开去，由此及彼，触类旁通。体验当然离不开课文所写的事象，但拘泥本事，体验就难以深入展开，也难以升华。况且，总是处于与学生同一级情感和认知水平的体验，对学生智慧、情感的发展价值并不大。所以，在体验中，要引导学生在原有的基础上展开和跳脱，让学生的体验从文本“飞”向更为宽广的大千世界、万象人间、自我心灵、社会人生……思接千载，心游万仞，

[1] 童庆炳. 经验、体验与文学[J]. 北京师范大学学报（人文社会科学版），2000（1）：92-100.

这便是体验生成与升华的过程，也是培养悟性、激活灵性的契机和途径。[1]

三、体验式赏读教学实践

共情赏读的关键是产生体验的共振，通过营造体验场或亲验活动，或开放式对话和反思性感知等环节，凸显既适合知识学习又有利于审美感知的调动和人格养成的教育情境和文化氛围，使教师成为体验的引导者，学生成为体验者，形成“作者—文本—生活世界—教师—学生”全息沉浸、多元贯通的阅读场景，激发审美愉悦、培养健全人格。这样一来阅读教学就不再是一种单纯的认知活动，而是多元智能的体验性活动，体验式赏读可形成一种多元促读的开放形式，发动学生开动多种智力因素进行创造性思维训练，言语的学习需要语感，而语感的生成又离不开思维的训练和智力的开发。阅读教学以语感训练为核心，而语感训练并不是孤立地、单纯地感受言语的教程，而是与多种智力活动密切结合的过程。在语感体验中要调动学生的智力因素，以智力活动推动语感体验活动的开展。充分调动学生的感觉、言语等智能因素，运用以画促读、以辩促读、以演促读、以写促读、以听促读等方法，充分渲染教学情境，形成体验式的赏读。以古典诗词的教学为例，有相当一部分古诗词教学直指考试能力的培养，把一个个文质兼备的审美范本变成了僵化的考试例题，用呆板的分析把诗词的美感消解殆尽，因此诗词教学应该回归体验式赏读。我们来看一个《雨霖铃》的教学设计。[2]

雨霖铃——基于博客的教学设计

柳州市第一中学 梅培军

一、教学目标设计

1. 在朗读中体味《雨霖铃》的思想感情和意境。

2. 利用教师博客建立多重的交互性学习平台。

3. 以听助析，以读代析；通过音乐想象空间的延伸，提升审美感知能力。

---

[1] 黄伟. 体验在语文教学中的运用[J]. 课程·教材·教法，2005（7）：48-52.

[2] 梅培军.《雨霖铃》——基于博客的教学设计[J]. 语文建设，2009（7）：58-60.

4. 通过对照辨别作品不同的演绎方式（读与唱），激发学生的审美感知，并使之升华为一种审美理解和审美体悟；通过理解词句，分析意境，提高鉴赏能力。

5. 通过网络收集相关资料，提高资源整合筛选的能力。

二、教学难点分析及策略

主要难点：学生无法体验《雨霖铃》情感的层次变化。

教学策略：通过现代音乐（邓丽君和包美圣的演唱）的演绎使学生首先产生一种感官刺激，但是又明显地感到这种演绎和《雨霖铃》文本的强烈差异，由这种差异性就会产生一种延宕的回味思考，然后再用适当的诵读方式让学生产生审美的感知，由审美的感知上升到审美鉴赏，从而以听和读两种方式理解《雨霖铃》的意境。

设计依据：尊重审美心理的形成规律，从感知、想象到情感、理解，这是一个上升的过程，又是一个交织的联系的网络，把诗歌鉴赏从抽象的层面拉到审美感知的层面。

三、教学对象分析及课堂管理策略

1. 网络时代的学生也是信息化的主体，充分发挥他们的这种优势，正确引导学生的网络文化；教师设计教学博客，发布预习学案，学生利用网络资源学习；通过多媒体的感官刺激，激发学生的鉴赏动机。

2. 实行任务驱动管理模式，每 6 人组成一个合作小组，小组设组长一名、发言人一名、朗读者一名、书记打字员一名。合作小组在各项任务中进行合作互助学习。

四、教学策略及教法

基于博客的教学法、预习学案导学法、合作探究学习法、诵读法等。

五、教学媒体设计

教师博客、课件、多媒体影音等。

六、教学过程设计与分析

教学过程	设计思路及多媒体应用分析
［课前自主性学习］ 通过教师博客发布预习学案及相关资料，学生课前进行自主性学习；设立讨论栏目，学生可以提出问题，进行讨论	①博客立足于网络，具有强大的交互功能，“交流”和“分享”变得十分轻松，可以即时编辑即时发布、迅速传播，阅读者可以随时评点进行交流。相对于论坛而言，博客具有相对较强的针对性，更有利于网络资源的整合和利用 ②自主、合作、探究是一个体系性的学习模式，没有教学策略的引导是很难实现的。因此使用“预习学案”的形式对学生的自主、合作、探究性的学习过程进行引导
［预习检查］ 1. 各合作小组明确任务和角色 2. 选取在博客上发表的相关留言和评论进行反馈 3. 让学生谈谈柳永的生平 4. 对学生听了博客中邓丽君和包美圣所演唱的《雨霖铃》后留下的言论进行点评 5. 学生齐读《雨霖铃》，请一些同学评价	①博客的开放性和兼容性可以激发学生的学习兴趣，在传统课堂上学生发言会有很多的顾虑，博客留言可以留名也可以匿名，所以学生会大胆发言，也因此会有许多创造性的奇思妙想出现 ②通过网络的资源筛选，整合课程资源，打破语文学习的封闭空间。只有更多地了解柳永的生平才能更深入地体悟《雨霖铃》的意境 ③通过现代音乐（邓丽君和包美圣的演唱）的演绎使学生产生一种感官刺激，但是又明显地感到这种演绎和《雨霖铃》文本的强烈差异，由这种差异产生一种延宕的回味思考 ④初步感知
［播放音乐和诵读录音］ 听音乐和诵读，进行评价，进一步体会这首词的意境。分组探讨，评价这两种声音对《雨霖铃》的演绎	①选取另一个演唱（有一定的古典意蕴，能在一定层面上反映原词的情感和意境）和诵读录音（能反映原词情感层次的变化），学生根据博客中的《〈雨霖铃〉学案》和《〈雨霖铃〉诵读指导》，边听录音边进行鉴赏。从审美感知出发，触发审美理解 ②通过多媒体的感官刺激，激发学生的鉴赏动机 ③在任务驱动管理模式中，小组成员根据角色分工在各项任务中进行合作互助学习
［互动交流］ 组长组织组员发布观点，可以发布在教师博客上，也可以由发言人在课堂上发言。教师充分与学生交流听后心得	①以听助析，以读代析 ②利用多媒体激发学生的审美感知，把学生的审美感知升华成为一种审美理解和审美体悟

续表

教学过程	设计思路及多媒体应用分析
［学生诵读］ 推荐部分小组的诵读者诵读《雨霖铃》，学生点评 ［课后任务］ 学生通过教师博客进行延伸学习，例如可以让部分学生将自己的诵读录音上传到教师博客，等等	教师博客成为师生交流的平台，成为师生不断更新观点、展示思考历程的平台

上面这个基于多媒体的语文教学设计虽然在媒体运用上可能已经显得有些过时，但是仍然有作为体验式赏读的一种教学探索意义。教学设计跳出一般古诗文阅读教学的程式化分析设计，不做过多的知识讲解和文本分析，而仅仅提供相关资源的渠道，引导学生进行自我建构式的学习，课堂上则进行直指诗词的体验式赏读，通过现代音乐（邓丽君和包美圣的演唱）的演绎使学生产生一种感官刺激，但是又明显地感到这种演绎和《雨霖铃》文本的强烈差异，由这种差异性就会产生一种延宕的回味思考，再用适当的诵读方式让学生产生审美的感知，由审美的感知上升到审美鉴赏，从而以听和读两种方式读懂《雨霖铃》的词境。“以听助析，以读代析”[1]，这正好凸显出体验式赏读的长处，学生能沉浸于其中的审美感知，并经过净化升华为审美的体验。

［1］梅培军.《雨霖铃》——基于博客的教学设计［J］. 语文建设，2009（7）：58-60.

第三节　玩赏文本的匠心之处和特异之处

读者对作品形成共感的体验后，自然调动自身的情感体验，并生成新的诗性体验，这正是“填补”。填补的阅读效应是“涵泳沉酣，留连忘返”，这就是一种文学玩赏的回味，读者在进行文学感悟的基础上进行审美观照，心灵一旦相互照亮便会情不自禁地反复琢磨，爱嗜其文，不能释手，反复玩赏文本的匠心之处和特异之处，使自己的心灵得到升华，胸怀得到拓展，审美快感达到极致。陆游的诗句说“文章本天成，妙手偶得之”。偶得之妙，匠心之工也，通过这种玩赏的回味去领略作者的匠心之工。

一、玩赏文本的动情点

什么是动情点？动情点即作者的感情流露的口子在文本中的表现，往往是赤诚的表征点，情景的融汇点。创作者的深情，渗透在作品中，映现于文本，颠沛必于是，造次必于是。即便是随意偶得之处，亦自然流露其至诚至真之情，并不是无聊的笔墨。动情点正是创作者尽瘁于其作品之处，值得欣赏者细细玩赏和咀嚼。在共情赏读教学实施中，教师应有意识地抓住课文中的“动情点”，引领学生仔细玩味，使得共情赏读在主旋律的共鸣之后，仍有余音应和的回响，从而形成学生的情感共鸣协奏曲，取得延绵不尽的教学艺术韵味。

（一）赤诚的表征点

晚明时期“主情说”文学思想大量涌现，公安派“三袁”标举“性灵说”，徐渭、汤显祖等人提出“主情说”，冯梦龙的评点体现出“真情”的主张，李贽提出“童心说”。强调情感，成为晚明时期文学批评的主要内容。我国古代文学批评的情感理论，发展到这一时期有了一个新的高度。以李贽“童心说”为代表的思想所倡导的“情”是一种出自人类本性的真实情感，其认为文学的基本功能就在于表现人的“童心”，“天下之至文，未有不出于童心焉者也”[1]。“童心”，一是指真心，“童心者，真心也”[2]。所谓“真心”，就是人在没有任何外界限制下自然流露的感情，它完全是自然、自由的，是无拘无束的主观的精神本体。二是指本心，“夫童心者，绝假纯真，最初一念之本心也”[3]。此一时期的“主情”的文学理论具有强烈的人文主义的色彩，也包含了对文学情感的真知灼见。作品动情点首先就体现在赤诚的表征点上面，不必使用华丽的辞藻、浓墨的渲染，只是信笔挥洒赤诚之情，就形成了感通人心之动情点。

孟郊的《游子吟》“慈母手中线，游子身上衣。临行密密缝，意恐迟迟归。谁言寸草心，报得三春晖”，这首诗歌的动情点在哪里，有的语文教师很有可能紧紧抓住“手中线”“身上衣”“密密缝”这些能够充分体现出母爱的伟大的细节点。这些细节的描写值得品味，但是动情点并不在这里，动情点在“恐”“报”二字上。“恐”字表现出母亲害怕儿子离去迟迟不归的情感，这种情感自然而真切，“手中线”“身上衣”“密密缝”的意义正由“恐”字牵动；“报”字则体现诗人的情感，孟郊近五十岁中进士，任溧阳县尉这一小官，随即迎其母侍奉，寸草之心难报三春之晖，孝子的愧疚、感恩便流淌出来。这两个关键点正是诗歌赤诚的表征点，牵动古今读者。

朱自清的《背影》之所以能成为现代散文的经典之作，其根本原因还在于作品所表现出来的情感的真实，父亲的“背影”成了内在精神的表征。文本的材料是分散的、零碎的，但是作者把这些光束聚合在父亲的“背影”上，使其成为文本动情的表征点。父亲在火车站爬月台时“用两手攀着上面，两脚再向上缩；他肥胖的身子向左微倾，显出努力的样子”。这个背影，是在一个特殊环境下活动着的背影，它就是这篇散文的赤诚表征点。从人之常情上来说，父亲碍于环境、威严等原本不该有这样的举动，父亲的慈爱和迂执、艰难和努力、困顿和挣扎都凝聚在这一赤诚表征点上了；父子之间分离时深沉的爱也倾注在这一背影上。抓住这一赤诚表征点，似乎可以把儿子对父亲一生的零星印象，以及复杂的思绪都汇聚成一个动人的场景，熔铸成一个真诚的情感表征。背影所呈现的

[1][2][3] 李贽. 焚书·续焚书[M]. 长沙：岳麓书社，1990：97-98.

动情的火种一下子点亮了父亲丰富的内心世界，也点亮了读者的情感世界。

再以归有光的《项脊轩志》为例，这篇文章借记物、事来表达情感，撷取日常琐事，通过细节描写来抒情言志。文章不刻意雕琢自有韵味，借日常生活和家庭琐事来表现母子、夫妻、兄弟之间的感情，让种种情感均熔铸在细腻的赤诚表征点之上。第一段写项脊轩修葺前后的变化，以“喜”贯穿。修葺前，项脊轩狭小、阴暗、破漏；修葺后，项脊轩明亮、幽雅、安静。修葺后的项脊轩迷人可爱，令人留恋之处不仅仅表现在修葺后的明亮、不漏和安静等方面，更表现在作者的生活情趣上。“姗姗可爱”作为赤诚表征，表达了自己对青少年时期生活过的书斋深深的眷恋之情，生活情趣自然流露。叙写项脊轩的变迁，回忆母亲和祖母的往事，用“悲”贯穿。“多可喜，亦多可悲”，表达家世之痛、思亲之情。先回忆“诸父异爨”引起庭院的变化，反映家庭的败落，笔墨中无不浸透着作者无限的“悲”情，这种“悲”的赤诚表征在文本中通过相关细节来表现；通过老妪忆母再现了慈母的音容笑貌，作者禁不住潸然泪下；忆及幼年读书时，祖母来轩看望自己，那真挚感人的情景、谆谆的嘱咐、沉甸甸的期望，更是触发了内心的动情点。作者情感由“悲”到“泣”，无不紧扣“亦多可悲”来写，回忆中隐含着作者对家庭变迁的悲叹，对亲人的深切怀念，对自己怀才不遇、有负祖母期望的深深感慨。“庭有枇杷树，吾妻死之年所手植也，今已亭亭如盖矣”，借物抒情，用枇杷树的生长作为赤诚表征点，表现了作者对妻子深深的怀念之情。

（二）情景的融汇点

王国维先生在《人间词话》里说：“昔人论诗，有景语情语之别，不知一切景语皆情语也。”[1]李渔《窥词管见》说：“词虽不出情景二字，然二字亦分主客：情为主，景是客。说景即是说情，非借物遣怀，即将人喻物，有全篇不露秋毫情意，而实句句是情，字字关情者。切勿泥定即景咏物之说，为题字所误，认真做向外面去。”[2]一切景语都是作者表情寄意的载体，一切景象都会引起作者情感的波动，进而付诸文字，形成景语。

[1] 施议对. 人间词话译注[M]. 长沙：岳麓书社，2008：176.
[2] 李渔. 闲情偶寄·窥词管见[M]. 北京：中国社会科学出版社，2009：250.

景与情，情与景，二者相因相成，情与景的融合点不正是文本的动情点吗？在文学作品中景物的作用是不可忽视的，特别是中国古典文学，以“比兴”作为根本，往往借助外物来触发和表达内在的思想情感，人的情感丰富细腻而复杂，情感的外显实际上就是人对自然环境、人文环境等的感知、反映，景物也就成了作品中一种特殊的情感因素。在文学作品的创作过程中，作者把自己丰富的情感融入景物描写之中，在山川风物中抒发内蕴的情感，达到景随情至，情景相合的境界，情景的融汇点正是动情之处。

文学作品创造的意象生动丰富，阅读文学作品就必须体悟诗中的意象，体会诗人的感情。我们在“象性阅读”中已经说明过，不是所有的意象都可成为动情点，只有那些包含了情感结晶体的情景融汇点才足以牵动人心，才能成为值得玩赏的动情点。杜甫的《登高》一诗“风急天高猿啸哀，渚清沙白鸟飞回。无边落木萧萧下，不尽长江滚滚来。万里悲秋常作客，百年多病独登台。艰难苦恨繁霜鬓，潦倒新停浊酒杯”。全诗的动情点即一“悲”字。那么“悲”点在哪里呢？无不体现在情与景、情与境的融汇点上，宋代罗大经读出了“八悲”，“盖万里，地之远也。秋，时之惨凄也。作客，羁旅也。常作客，久旅也。百年，齿暮也。多病，衰疾也。台，高迥处也。独登台，无亲朋也。十四字之间含有八意”[1]。这“八悲”处处牵动人心，感人肺腑，若不经反复咀嚼，回想体察，很难走进诗人的心灵深处。又如杜甫的《登岳阳楼》：“昔闻洞庭水，今上岳阳楼。吴楚东南坼，乾坤日夜浮。亲朋无一字，老病有孤舟。戎马关山北，凭轩涕泗流。”这首诗是杜甫登临岳阳楼，通过描绘洞庭湖的磅礴气势这个客观物象来表达情感，“吴楚东南坼，乾坤日夜浮”虽为千古名句，意象上气势磅礴，但是它难以成为动情点。“亲朋无一字，老病有孤舟。戎马关山北，凭轩涕泗流”，这两联形成两个关键的情景融汇点，表达诗人孤寂凄凉的身世之感和国家战火连绵、亲人分离之痛，诗人从感慨个人身世而延伸至悲叹国家命运的家国情怀就自然流露出来。诗人在此处并没有着力描绘岳阳楼的景致，而是把磅礴的景象与情感交织在一

[1] 罗大经. 鹤林玉露[M]. 上海：上海古籍出版社，2012：132-133.

起，写景壮阔，虽有崇高的美学意蕴，但难抵家国之悲痛情绪，杜甫的沉郁顿挫的风格愈加鲜明，动情之处愈加感人。

又如柳宗元的《江雪》“千山鸟飞绝，万径人踪灭。孤舟蓑笠翁，独钓寒江雪”。这首诗中的“千山”“鸟飞绝”“人踪灭”“寒江”“雪”，这些意象是营造环境的，此景不再是客观世界中普通的景象，而是带有诗人个人情感的“境”，千山万径没有行人甚至没有飞鸟，这是孤寂的环境的渲染，在冰天雪地的寒江上，只有一位老翁独处孤舟，默然垂钓。“孤舟”“独钓”这两个情景融汇的情感结晶体才是动情之处，从中读者可以感受到寒江独钓的老翁那种不屈服于环境的傲然，感通之处更能理解诗人的孤愤倔强与遗世独立。

再如马致远的《天净沙·秋思》“枯藤老树昏鸦，小桥流水人家，古道西风瘦马。夕阳西下，断肠人在天涯”。其中的“枯藤”“老树”“昏鸦”，这一组意象组合并列，形成一种审美静观，展现一片萧飒悲凉的秋景，营造一种凄清悲凉的氛围，主要起到烘托情感的作用。再以“小桥流水人家”呈现出眼前幽静恬淡的田园生活，与悲凉秋景形成对比，进而引起了浪迹天涯的游子的思乡之情。情感的结晶体在哪里呢？“夕阳西下，断肠人在天涯”，在这萧瑟的秋风中，寂寞的古道上，漂泊已久饱尝羁旅之苦的游子骑着瘦马在残阳中孤独地行着，那种落寞、寂寥、漂泊无依的天涯游子的情感从这个情景融汇点迸发出来。

文学的创作离不开作者对外界的体察，外界情境的变化触动了人的内心，文学的媒介也因此生发出来。作者选择特定的物象形态，并融入自己的情感，这些情态往往是社会中的常态，但是一旦经由作家的审美迹化就会成为触动人心的动情点。它们的表现形式或有不同，或以自然天成之赤诚表征，或以情景融汇的结晶表征，这些表征往往会引发情感的外扬，激发人的情感由内而外地呈现，还可以通过表征点移情给读者。因此，在阅读教学中就需要语文教师用一颗敏感的感通之心去引领学生悉心玩赏和品味。

二、玩赏文本的留白点

中国画讲究在画面上要适当留有空白，留白可以营造出深邃的空间感，给人以无限的想象空间，从而达到“无画处皆成妙境”的艺术境界。留白雅称“余玉”，它留下的是一种智慧，是一种境界。宗白华先生说中国画的特点是“中国画底的空白在画的整个的意境上并不是真空，乃正是宇宙灵气往来，生命的流动之处”[1]。无画处的空白使画中山川灵动，它是生命的流动，节奏的跳跃。以虚带实，虚中有实，虚实结合，这正是艺术留白的美学实质。画的空白展现在诗里是诗的“言有尽而意无穷”，是所谓的“此时无声胜有声”的美。袁枚《随园诗话》说：“凡诗文妙处，全在于空。”司空图《二十四诗品》说：“不著一字，尽得风流。”中国画如此，文学也是如此，文学中留白艺术的运用，同样给读者提供了丰富联想与想象的空间。读者可以借助自己的经验和体验，对文学的形象、意境进行填补和再创造，这也正是西方接受美学的精神。可以说文学中的留白，也是文学的一个有机部分，是文本形象的延续与衍生。从这个意义上说，文学的留白，正是作者独具匠心之处。

（一）结构留白

中国素有“诗画同源”的传统，更有“诗中有画、画中有诗”的说法，作家常运用结构性的空白来给作品添加神韵，给读者留下想象空间。王勃的“画栋朝飞南浦云，珠帘暮卷西山雨”、杜甫的“窗含西岭千秋雪，门泊东吴万里船”、米芾的“三峡江声流笔底，六朝帆影落樽前”，这些诗作中体现出来的空间意识正是中国山水画的空间性留白。

以贾岛的《寻隐者不遇》为例，“松下问童子，言师采药去。只在此山中，云深不知处”。此诗写寻找隐者的人问童子，后三句都是童子的答话，诗人采用了寓问于答的手法，把寻访的情形描绘得生气灵动。全诗遣词通俗清新，言繁笔简，质朴无华，然言简意丰，其妙处正在于结构性的留白。童子的回答层层递进，却由实而虚，“言师采药去”这一回答明确肯定，似乎给了寻者极大的期待，不过紧接着回答一转，最后给了一个没有结果的回答“云深不知处”。这正是一个留白，让你去想象，山峦之高峻，云雾之深杳，隐者之神逸，蓦然跃进读者的想象中。除了“不知处”的留白，这背后最大的留白是“隐者”的留白，“隐者”始终未现，神龙

[1] 宗白华. 宗白华全集：第2卷[M]. 2版. 合肥：安徽教育出版社，2008：45.

见首不见尾，若隐若现，扑朔迷离，虚虚实实，正是这种留白点出了“隐”的神秘和风神，让读者掩卷而思。

再如李清照的《如梦令》:“昨夜雨疏风骤，浓睡不消残酒。试问卷帘人，却道海棠依旧。知否？知否？应是绿肥红瘦。”全词篇幅极短，情感却极丰满。清朝黄苏《蓼园词选》说：“一问极有情，答以‘依旧’，答得极淡，跌出‘知否’二句来，而‘绿肥红瘦’无限凄婉，却又妙在含蓄。短幅中藏无数曲折，自是圣于词者。”“短幅中藏无数曲折”正是“结构留白”之工。“试问卷帘人”，也是形成一问一答的留白形式，春夜里大自然经历了一场风吹雨打，词人预感到庭园中的花木必然是绿叶繁茂，花事凋零了。因此，翌日清晨她急切地向“卷帘人”询问室外的变化，粗心的“卷帘人”却答之以“海棠依旧”。“问”得认真，答得淡漠，“空”出“卷帘人”的漫不经心；对此，词人禁不住连用两个“知否”与一个“应是”来指出其观察的粗疏与纠正其回答的错误，由此逼出女主人更为多情的“知否？知否？”的叠问，“驳”得极为恳切，“空”出女主人的万端感慨；最后推出“应是绿肥红瘦”的断语，不尽的凄婉怜惜之情被推向极致。词中“空白”手段的运用，给读者以丰富的想象空间。

不单单是诗词中有结构留白，叙事性文学中也常有留白。鲁迅的《孔乙己》，文章结尾说“大约孔乙己的确已经死了”。过去的教学常常从结构语法的矛盾处来说明孔乙己的死的必然性，说明这是深刻揭露了封建科举制度的腐朽和病态社会的冷酷。然而从叙事艺术的角度而言，这样矛盾模糊的语言让小说有了一个结构性留白，给读者以想象回味的余地。在教学中教师需要抓住这些留白点，使之成为教学解读的重要资源，以《凡卡》的教学解读为例：

比如《凡卡》一文，一般的解读是将目光停留在凡卡写给爷爷的信和两次插叙上，从而引导学生感受凡卡生活的悲惨，这自然是没有错的。但我们能不能从中发现一些意外呢？事实上是存在的，比如凡卡写信前的一段描述“他等老板、老板娘和几个伙计到教堂做礼拜去了，就从老板的立柜里拿出一小瓶墨水，一支笔尖生了锈的钢笔，摩平一张揉皱了的白纸，写起信来”。有一位老师在教学中是这样解读的：

1. 他为什么要等老板他们走了再拿？可以想象如果老板他们在，凡卡是无论如何不敢的——由此映射出凡卡日积月累形成的对老板，对学徒生活的恐惧心理。

2.“一小瓶墨水，一支笔尖生了锈的钢笔，摩平一张揉皱了的白纸”，这是凡卡写信的工具，但细细体会，里面却内涵丰富：为什么是生了锈的钢笔，而不是新的？为什么信纸是揉皱了的白纸，透过“揉皱”能够想象出什么？——反映出的是凡卡贫困的生活现状。

3.为什么凡卡不在圣诞前夜去教堂做礼拜，为自己和爷爷祈祷？也许是老板不允许，也有可能凡卡早就等待这一个时刻而故意托词没去——隐含着凡卡想逃避学徒现实的急切和无奈……[1]

分析并解答这些问题，就会发现文本叙事逻辑的空间留白，这样的叙述留白在文本中随处可见，而正是这些留白形成结构性的链接，与文章主题有效贯通，成为解读文本的切入点。

（二）意蕴留白

作家运用意蕴性的留白，是出于艺术本身的需要。留白不是空无所有，而是作者丰富的思想情感的一种特殊的延留，是藏而不露，使得作品更具有玩赏的意味。含而不露的妙处就是将艺术的意蕴空出来留给读者无限的想象空间，达到“不著一字，尽得风流”的艺术效果。

比如李白的《送友人》：“青山横北郭，白水绕东城。此地一为别，孤蓬万里征。浮云游子意，落日故人情。挥手自兹去，萧萧班马鸣。”此诗表达对友人的惜别之情，却不在情义上着浓墨重彩，而以“青山”“白水”“孤蓬”“浮云”“落日”等诸多意象的展现来营造别离的情境，情在景中。而尾联的意蕴留白则更加能传达出情意的延绵，一个简单的“挥手”离别的动作，引出的是班马长鸣，没有直接写离别的愁绪，而是设下一个意蕴的留白，马似能通人意，萧萧长鸣，也有无限深情。马犹如此，人的情谊如何则有待读者去感受想象，“留白”之处，情谊更显绵绵，意味深长。

又如姜夔的《扬州慢》，词的上片描写战乱之后扬州一片残败荒芜。“废池乔木，犹厌言兵”，是设想废池乔木的感受，而人们的感时伤乱不问亦

[1] 莫国夫. 善用文本留白　实现阅读创造——谈小学文学阅读教学的改进[J]. 语文教学通讯，2015（33）：53-56.

可知。清人陈廷焯《白雨斋词话》评说："'犹厌言兵'四字，包括无限伤乱语。他人累千百言，亦无此韵味。"这便是留白特有的艺术效果。下片"杜郎俊赏，算而今重到须惊。纵豆蔻词工，青楼梦好，难赋深情"，用杜牧诗意,对比今日之凄凉。"算""纵",都是假想,即使杜牧今日重来，目睹如此残败的扬州，恐难再有闲情逸致抒写儿女之情。蕴含其中的则是对战乱的谴责，以及沉重的家国兴亡之悲。词中多处留白，悲思的重量置于空白之中，从而拓展了想象空间，意蕴深广，哀思无限。词的结语"念桥边红药，年年知为谁生"，更是留下意蕴的留白，引领读者去吟味、思索那年年桥边盛开的红药背后所隐藏的无限悲怆。当然，古典诗词中，还常常借助一语双关等修辞手法形成意蕴的留白。比如，苏轼《定风波》中的"谁怕？一蓑烟雨任平生""归去，也无风雨也无晴"，诗句中的"烟雨"和"风雨"就是一语双关,不仅指可以感知的自然界的风雨，还指政治上的无形无迹的风风雨雨。前者可以从诗句中的词语直接获得，后者则要靠读者的思考去补充。

在鲁迅的小说《故乡》中有这样的句子："阿！闰土哥，——你来了？……""老爷！……"这是阔别20多年的迅哥与闰土刚见面时的话。以常理来说，两个儿时的玩伴此时应该有许多话要倾诉，有许多感情要表达。但作者独具匠心，妙用"意蕴的留白"传达出无限的人生感慨。迅哥简单的问候中表露出既惊又喜的复杂情感，而闰土的一声回答"老爷！……"却让此时的迅哥惊呆了。"老爷"这个特别的称谓在两人中间形成一条巨大的鸿沟，童年时的情谊与如今现实中彼此关系的反差，不禁让人感慨，尽在不言中的意蕴留白让读者想象闰土几十年艰难挣扎的生存状态。在这个留白处我们可以组织学生对两人的心理活动进行想象性的描写，这样就会更加强化对人物形象、主题的思考和理解。教学中需要挖掘这种意蕴留白的教学价值，比如有位教师执教《五月端阳》时是这样处理其中的意蕴留白的：

出示句子："五月初五这一天，他来到汨罗江边，怀抱一块石头，长叹一声：'永别了……祖国！'一纵身跳入江中。"（生随后齐读）

师：这个省略号，把屈原当时无法用文字来表达的心情都浓缩在了里面。你觉得当时屈原会想些什么？

生 1：我觉得他会想楚国被秦国占领了，那以后楚国的老百姓可怎么办呀。

师：此时他想到的还是百姓呀，正因为屈原心中有百姓，百姓才会——

生：爱屈原。

生 2：他可能会想："要是楚王当时听取我的劝告，楚国就不会落到今天这步田地了。"

师：他痛恨楚王听信奸臣。

生 3：他会想"我与其成为一个亡国奴，还不如以身殉国"。[1]

善于发掘文本提供的意蕴空白，并将其转化为语文阅读教学的有效课程资源。在语意未定处召唤学生的阅读期待，在教学中激发学生丰富的想象，构筑丰满的阅读形象，实现阅读的再创造和个性化。

三、玩赏文本的灵智点

我们主张文学作品的欣赏应当入于情出乎理。情感的触发感通是第一步，然而人的感情往往是率意而行的，如脱缰野马，无目的地奔腾突进，不加以控制就容易变成一种情感的"消费"或"撒野"。阅读时，若情有所动却无所安放，就会变成一种滥情式的消费阅读；阅读教学如果一直停留在情感的层面，过度煽情、过度消费情感，那么其教育价值将会被削弱。因此共情赏读除了需要情感的共鸣，还需理性地净化情感，这就需要我们去寻找文本中的智慧，这种智慧不是纯粹的理性判断，我们把这种智慧称为灵智。所谓文本的灵智点，就是文本所潜藏的表现作者创作过程中灵动的智慧之表征。这种灵智点是一种潜在灵动的智慧踪迹，它难以限定，可在优秀的作品中又无处不在，它是作者匠心的一种重要表现。

（一）于情理中显灵智

"意料之外，情理之中"是文学创作中一种高妙的艺术表现，作者通过独具匠心的裁剪和安排往往能发常人所不能发之思之语，但是一经展

[1] 莫国夫. 善用文本留白　实现阅读创造——谈小学文学阅读教学的改进[J]. 语文教学通讯，2015（33）：53-56.

现出来，读者就会觉得正是常理之中的必然，在情理之间显出作者的灵智。在小说的情节安排上这种灵智体现得最为鲜明，最值得读者玩赏品味。

比如欧·亨利的短篇小说素有出人意料的构思，通过这种构思来体现“意料之外、情理之中”的灵智点，让读者不得不叹服其匠心独具。顺着小说情节的发展，往往出现让人意想不到的安排，与一般的常理相去甚远，但细细玩赏品味，这样的安排却又在情理之中。欧·亨利小说结尾艺术，就具有这样的灵智性。《警察与赞美诗》中，苏比做出一系列的夸张行为都是想进入自己理想的冬季寓所——监狱，然而警察却一而再再而三地对其听之任之，按照常理大家所能想到的是苏比这个冬天肯定难以进入监狱了，这样也能体现社会的一种荒诞性，使小说具有批判性。但是作者没有止步于常理，“一刹那间，新的意境醍醐灌顶似地激荡着他。一股强烈迅速的冲动激励着他去向坎坷的命运奋斗。他要把自己拉出泥坑，他要重新做一个好样儿的人。他要征服那已经控制了他的罪恶。时间还不晚，他还算年轻，他要重新振作当年的雄心壮志，坚定不移地把它实现。管风琴庄严而甜美的音调使他内心起了一场革命。明天他要到熙熙攘攘的商业区去找事做。有个皮货进口商曾经让他去赶车。他明天就去找那商人，把这差使接下来。他要做个烜赫一时的人”。就在苏比受到赞美诗的感染决定改过自新的时候，却遭到了命运的嘲弄，被警察随便找了个理由抓进监狱。苏比被捕这一情节没有按照常理来展开，在读者意料之外，然而被捕的结局却在情理之中，因为苏比的一系列行为已经埋下了伏笔，只是进入监狱的“理想”没有成功罢了。这样的构思安排使故事跌宕起伏，更加凸显其荒诞性，巧妙的情节安排和结尾的出人意料就完美地结合起来了。

“欧·亨利式结尾”已经成为一种具有代表性的小说灵智的表现，这种灵智点所产生的阅读效果是一种审美的惊异和绵延，在阅读教学中这种灵智点正是情感的净化之处。欧·亨利的另一篇小说《麦琪的礼物》，讲述了圣诞节的前一天，住在公寓里的贫穷的德拉想给丈夫吉姆一个惊喜，可是她只有一块八角七分钱，她知道这点钱根本不够买什么好的礼物，于是她把自己的秀发剪下卖了20块钱。德拉找遍了各家商店，花去21块钱，终于买到一条朴素的白金表链，这可以配上吉姆的那块金表。

而吉姆也想给妻子一个惊喜，他同样卖掉了自己的金表，买了德拉渴望已久的全套漂亮的梳子作圣诞礼物。这篇小说里，虽然从表面上看德拉和吉姆极不明智地为了对方而牺牲了他们家各自最宝贵的东西，但同样可以深深地感到，他们彼此深爱着对方。他们能牺牲自己最贵重的物品，为的是给对方买来最好的礼物。可是双方都卖掉了自己贵重的物品，那么对方的礼物已经不适合自己了，而他们做这些事的时候，都是为了对方着想，根本没有考虑自己。作者并不特意渲染情感的浓厚，而是运用奇妙的构思和结局来表现款款深情，这就是一种灵动的智慧。而我们的教学中往往过多渲染文本所表达的情感性，却忽略文本的灵智性。“收场一出，即勾魂摄魄之具。”[1]欧·亨利式的灵智性构思和结尾耐人寻味，值得玩赏。

莫泊桑的短篇小说《项链》，以借项链—丢项链—还项链的线索自然展开故事情节，使叙述有序集中，构思独特灵智。丢失项链之后，玛蒂尔德决定“要偿还这笔可怕的债务”。按照常理写到玛蒂尔德为其虚荣付出惨痛的代价之后，就自然结束，但作者不动声色地以人物自身也不敢相信的荒诞性结局收束。这一结局是带给毫无思想准备的玛蒂尔德和读者一种突如其来的惊异——项链竟然是假的。这正是莫泊桑构思灵智带来的震撼力。那出人意料的结尾，让我们既惊讶又陷入深思。我们在教学中过多关注玛蒂尔德及对其所处的社会的批判，却忽略了小说构思的灵智性带来的审美惊异。

（二）于悖反处显灵智

在文本细读理论中“悖论”和“反讽”是重要的概念，但是文本细读主要是从形式主义的角度来理解“悖反”，我们这里所说的“悖反”主要是指作者以特有的矛盾形式，从深层的文意角度来突出展现隐藏在文本背后的意蕴，这也是文本的一种独特智慧，于悖反处显灵智。文本内部悖反是文本解读的重要依据，孙绍振称之为隐性的矛盾，“文本分析的对象是文本的矛盾”[2]，一旦进入教学视域，文本内部矛盾也就自然地成为一个重要的教学展开的凭借。只有深入地咀嚼这种悖反，才能品味出

[1] 李渔．闲情偶寄[M]．北京：中国画报出版社，2013：53.
[2] 孙绍振，孙彦君．文学文本解读学[M]．北京：北京大学出版社，2015：5.

文本蕴含的丰富而深刻的内涵。找出文本内部的悖反，才有可能找到背后的灵智点，才有可能读出文本应有的深度。阅读教学中，只有引领学生发现文本内部的悖反之处，才能教会学生阅读的智慧。

再以《项脊轩志》为例，上文已经解析过文本的动情点。然而深入情感的动情之处还可以找出其中“悲”点的悖反之处。一般将归有光的“悲”点理解为家道中落、亲人逝去之悲，这其实仅是其中的一个“悲”点。另一个“悲”点需在文本中的悖反之处悉心品味：言及慈母用“语未毕，余泣，妪亦泣”，而言及大母却用“瞻顾遗迹，如在昨日，令人长号不自禁”，这显然是一个稍微有违儒家常情伦理的悖反点。“号”比“泣”感情更浓、悲情更重，而且是“长号不自禁”，用词的感情程度对比似乎有所不妥。有解读认为慈母逝世时归有光年仅八岁所以记忆不深，这一解释是不充分的，如果记忆不清就不会有“娘以指叩门扉曰：‘儿寒乎？欲食乎？’”这样细节性的回忆。如果引导学生进行文本的深入研读，就能在文本当中发现这个悖反点的灵智所在，“‘吾家读书久不效，儿之成，则可待乎！’顷之，持一象笏至，曰：‘此吾祖太常公宣德间执此以朝，他日汝当用之！’”这些句子体现了作者最真实的“悲”点，归有光作为一个深受儒家思想影响、期望求取功名的文人，这个地方触到了归有光的最悲点，家道中落的深层原因是功业未成，才会“长号不自禁”。阅读教学中，我们应该善于引领学生深入悖反点的背后，去挖掘作者情感的真正内涵。

再如《张衡传》中多处描写张衡的才能，突出其“善”，“衡少善属文”“通五经，贯六艺”“衡善机巧”“安帝雅闻衡善术学”“衡下车，治威严，整法度”，等等，郭沫若评价说：“如此全面发展之人物，在世界史中亦所罕见，万祀千龄，令人景仰。”总体而言，文本描写张衡的“善”的内容很多，但是文章也叙述了其“不善”之处，“不好交接俗人”“衡不慕当世，所居之官辄积年不徙”“衡乃诡对而出”，等等，这正是文本的悖反点，在“不善”之处更加突出张衡“善”的高尚，这正是作者叙史的灵智所在，体现史传文学的匠心选择和安排。

在阅读教学中我们如果能够挖掘这种文本的悖反点，将其化为阅读教学的智慧，就能培养学生阅读的灵性。我们来看下面这个小学阅读教学的例子。[1]

《负荆请罪》是苏教版小学语文六年级上册的一篇课文。江苏省南京市拉萨路小学伍文杰老师在执教这篇课文时就能紧紧围绕着学生对剧中人物的识读矛盾展开教学，真可谓精彩纷呈。下面摘选的就是其中一段教学实录：

师：剧本当中最重要的内容就是台词，就是通过台词塑造人物形象，推动情节发展。剧本还有许多，比如说：潜台词，戏剧冲突，把握住了剧本主要的冲突就把握住了戏剧关键。

师：请同学们快速浏览第一段，想一想，韩勃和蔺相如在讨论什么问题？

生：在讨论蔺相如为什么要避让廉颇的车子，韩勃说蔺相如怕廉颇。

师：他自己认为怕不怕？

生：不怕。

师：韩勃说怕，蔺相如说不怕。这就是第一幕主要的戏剧冲突，那么蔺相如到底是怕还是不怕，再读读并勾画出主要句子。

生：蔺相如并不怕，因为蔺相如在渑池之会的时候，他唇枪舌剑，针锋相对跟秦王斗，所以他根本不怕。

生：蔺相如在前面就说了："我不会怕他。"然而后面又解释了说秦王不敢侵犯赵国是因为赵国武有廉颇，文有蔺相如，要是蔺相如跟廉将军闹翻了，后果不堪设想，秦王就会趁机来侵犯赵国。

师：你说得很好，你注意到了前后文的联系。可是韩勃却说："我真不明白，大人您为什么变得这样怕事……"韩勃为什么要这样说？

生：看到蔺相如给廉颇让路。

生：因为书上介绍"大人为什么好几天不敢上朝"，这也说明了韩勃认为蔺相如怕廉颇。

师：朝也不上了，门也不出了，真是怕到极点了。

……

师生围绕着"蔺相如究竟怕还是不怕廉颇"展开学习，或细读文本

[1] 陈跃红. 语文课堂的最高境界：挑起矛盾的冲突[J]. 小学教学研究（理论版），2012（4）：20-22.

圈圈画画，或阐述观点激烈争论，人物形象也在师生共同研读文本、积极互动交流中逐渐清晰起来，站立起来。

这里所说的矛盾正是我们所讲的“悖反点”，通过对这种悖反点的挖掘，引导学生深入思考问题，由情入智，这不是对情感的破坏，而正是对情感的一种净化，使情感有了更深的力度感。由此不仅能找到文本的灵智之处，对学生知情意的综合全面培养也大有裨益。

再如《跨越百年的美丽》一文，一般的教学实施可能仅仅停留在赞美居里夫人的坚定执着、淡泊名利、刚毅顽强、为科学献身等精神上，一味地情感轰炸就会变得空洞乏力。这篇文章的谋篇布局实则另有一番匠心，标题“跨越百年”与“美丽”本身就是一个悖反点，文章就是围绕这个悖反点的开释而展开的，美丽怎能跨越百年？阅读前两个自然段学生仍是疑惑的，阅读到第 3 自然段，作者暗示：“经过三年又九个月，他们终于在成吨的矿渣中提炼出了 0.1 克镭。它真的有极美丽的颜色，在幽暗的破木棚里发出略带蓝色的荧光。”跨越百年的美丽或与镭相关。再往下阅读第 4 自然段，进一步开释：“这点美丽的淡蓝色的荧光，融入了一个女子美丽的生命和不屈的信念。玛丽的性格里天生有一种更可贵的东西，她坚定、刚毅、顽强，有远大、执着的追求。”原来镭的美丽是居里夫人用美丽、青春和执着的追求换来的，是她献身科学的结果，这种献身科学的精神才是“跨越百年的美丽”。围绕着这个悖反点层层深入地进行开释，形成匠心独具的谋篇布局。“她淡淡地生活，静静地思考，执着地进取，自由地驾驭规律，永葆着一种理性的美丽”，这篇文章的结尾似乎也是阅读教学的一个比喻，阅读教学应该葆有一种“理性的美丽”，共情赏读不应只是空洞乏力的情感的泛滥，而应当入于情出乎理。

（三）于隐秀间显灵智

刘勰的《文心雕龙·隐秀》有这样的论述：“夫心术之动远矣，文情之变深矣！源奥而派生，根盛而颖峻，是以文之英蕤，有秀有隐。隐也者，文外之重旨者也；秀也者，篇中之独拔者也。隐以复意为工，秀以卓绝为巧，斯乃旧章之懿绩，才情之嘉会也。夫隐之为体，义主文外，秘响傍通，伏采潜发：譬爻象之变互体，川渎之韫珠玉也。故互体变爻，而化成四象；珠玉潜水，而澜表方圆。始正而末奇，内明而外润，使玩之者无穷，味之者不厌矣。彼波起辞间，是谓之秀。纤手丽音，宛乎逸态，若远山之浮烟霭，娈女之靓容华。然烟霭天成，不劳于妆点；容华格定，无待于裁镕。深浅而各奇，秾纤而俱妙；若挥之则有余，而揽之则不足矣。”其大体的意思是说，优秀的作品有“隐”“秀”两种特点。“隐”就是言外之意，“隐”的特点是意义产生在文辞之外，含蓄的内容可以使人触类旁通，潜藏的文采在无形中生发。“秀”就是作品中突出的点睛之笔，“秀”的特点就如文辞中涌出的波峰。“隐”实际上与我们所说的“留白点”是相通的，在隐秀之间谈文本的灵智点，重要的是这两者之间的智慧处理。

唐代张彦远在《历代名画记》中记载了画龙点睛的故事，这个故事用来称赞绘画中最传神最有神韵的那一笔创作，后被引入文学创作。在文学作品中最关键之处用精简而有神韵生气的语言点画作品的要旨，可以激活全篇要领，唤起读者共鸣，因此也可以说隐与秀、画龙与点睛也正是文学创作的高级智慧。隐与秀是文学作品创作过程中的两个方面，两者相互联系，相得益彰，隐篇与秀句相得益彰，就能使作品的形象既鲜明突出，生气灵动，又含蓄蕴藉，意蕴深远，这就是在隐秀之间彰显作者的灵智。以《古诗十九首》中的《涉江采芙蓉》为例，“涉江采芙蓉，兰泽多芳草。采之欲遗谁？所思在远道。还顾望旧乡，长路漫浩浩。同心而离居，忧伤以终老”。《古诗十九首》由于创作的时代背景原因，其主要基调是以“隐”为主的，少有直抒胸臆的抒发，而多选用隐喻的方式来表达。《涉江采芙蓉》亦如此，但是末句“同心而离居，忧伤以终老”却以“秀”的方式直接触动人心。“同心而离居”道出了现实之残酷，“忧伤以终老”道出了不渝的情感。现实的残酷与爱情的坚定，形成对比，直戳人心。如此前面所用的曲笔在点睛之笔的映照之下就形成一个整体的感情格式塔，自然天成、浑然一体。《涉江采芙蓉》末句达到了“秀以卓绝为巧”“自然会妙”[1]的境界，这里的隐秀之间的平衡就成了诗歌的灵智之处，值得我们反复玩赏。欧阳修的《醉翁亭记》在隐秀之间的艺术也是达到了一个极致。文章时而绘山色，时而听流水，时而抒人情，这些都仿若游龙，若隐若现。文章则“秀”于情感——“而乐亦无穷也”，

[1] 黄霖. 文心雕龙汇评[M]. 上海：上海古籍出版社，2005：132-133.

醉中之“乐”，这就是“游龙”的“眼睛”。正因为有此点睛之笔，文章的起、承、转、合，都围绕这个核心去展开。写山水，是抒发“得之心”的乐；写游人往来不绝，是表现人情之乐；写酿泉为酒，野肴铺席，觥筹交错，是表达“宴酣之乐”；写鸣声婉转，飘荡林间，是显示“禽鸟之乐”。酣于万物，醉在其中，全文隐秀错落，如行云流水。

不独中国古诗文可以从隐秀之间去探寻作者的灵智之处，现当代文学同样具有这种隐秀之间的智慧，东北师范大学附属中学孙立权、张林建两位老师就从隐秀的角度来解读《荷塘月色》的匠心之处。

《荷塘月色》作为抒情散文，行文线索基本随着作者移步换景而呈现，由出门散心缘起，接着写煤屑小径，赏荷塘月色，顺引云月树影，远山蛙声，进而惦念江南，最后回到家中作结，但在这简单的出门与回家之中却产生了复杂的思想情感，其中文本的章法起到了很大的作用。在外围场景中作者经历了“家—小路—荷塘—家”几个场景的切换，而作者自身复杂的感情正是在几种场景切换中才得以兴发表达，外在的布局成为本文情景交叉变换的基础。由“颇不宁静”情起而“出门”换景，因荷塘月色之景而生喜悦忧伤之情，情景交融后而联翩江南，最后自由风流之情又复归家中之景。

当然这种外在显性空间结构的背后也透露着文章隐性的情感结构。因为不静而忧愁烦闷，寻求宁静暂得超脱，得到宁静而喜悦，最后出静复归忧愁，可见复杂的情感皆是围绕“静”展开。“这几天心里颇不宁静”略有低沉，曲折幽僻的小径阴森寂寞，发现别有风致的荷塘泛起喜悦，沉浸月色之中又仿佛梦幻缥缈，但作者并非“热闹”，遥想江南旧俗中“风流的季节”似乎寻得自由却又回到现实之中，徒有焦虑与苦闷。出静则为现实苦闷忧愁，入静则为理想自由喜悦，因为空间场景的切换而致使情感象征结构随之变换，作者将自身现实与理想之间的矛盾含蓄地置于含而不露的圆形结构中，正因作者内心世界的挣扎，出入于“静”与“不静”的隐形结构之中，所以文章中的情感是忧伤与喜悦兼有、闲适与愁闷并存，所谓“辞生互体，有似变爻”。[1]

[1] 孙立权，张林建.“语文教育民族化”作品赏析探索——论《荷塘月色》之“隐秀”[J]. 名作欣赏，2016（2）：124-126.

隐之含蓄美，需要通过秀的点拨，否则就晦涩难懂，难以收到灵智的审美效果。要做到隐秀的协调，陆机提出“立片言而居要，乃一篇之警策”，“一篇之警策”正是点睛之笔，正是“秀”的核心。立“片言”是作者反复锤炼的语言精品，也是全篇的要旨，往往能一语中的，点铁成金。显隐相依，风流尽得，隐秀之间的关系流转正是作者创作的灵智之所在，也是值得欣赏者玩赏的关键审美意趣。

第四节 结合自己的阅读体验，品味篇章技巧与语言韵味

姚斯指出，美学实践应包括文学的生产、流通与接受三个方面。接受是读者的审美经验创造作品的过程，它发掘出作品中的种种意蕴。艺术品不具有永恒性，只具有被不同社会、不同历史时期的读者不断接受的历史性。作者通过作品与读者建立起对话关系。当一部作品出现时，读者就产生了期待，即期待从作品中读到什么。读者的期待建立起一个参照条，读者的经验依此与作者的经验相交流。审美经验在阅读接受活动中产生和发挥的是美学实践的中介作用。伊瑟尔提出，文学作品的显著特征在于，作品中所描绘的现象与现实中的客体之间不存在确切的关联作用。一切文学作品都有某种程度的不确定性。读者由于个人的体验发现的也正是这一特性。读者有两种途径使不确定性标准化：或者以自己的标准衡量作品，或者修正自己的成见。作品在现实生活中没有完全一致的对应。这种无地生根的开放性使它们能在不同读者的阅读过程中形成各种情景。

在本文直读中品味语言和篇章的艺术技巧是一个关键性的环节，那么在共情赏读中语言和技巧的品味有什么不同呢？本文直读中品味语言和技巧主要是形式主义的品味，最多是对作者情感的贴近还原，而共情赏读的品味是将这些语言和技巧当作共鸣曲当中的一个个音符来聆听，音符不断触动读者的体验，形成特有的审美感知和审美经验。

一、解释学视域下的语言和技巧的品味

“语文味”的提出者、特级教师程少堂2004年在深圳执教《荷花淀》，大胆地从中国文化的角度来解读《荷花淀》，并将这种解读运用到课堂教学中。程少堂从人与自然、人与人、人与自我的三重关系，从文化的视角来重新解读《荷花淀》。这节课在当时引起了相当激烈的争论，抛开争论，事实上程少堂老师的这种教学尝试是一种哲学解释学的探险。我们可以通过这个课例来思考解释学视域下如何开展对语言和技巧的品味。

师：孙犁在中国当代文学史上可能算不上最伟大的作家，但他的作品在文学界影响非常大，甚至以他为代表形成了一个荷花淀派。中国的文学青年都很喜欢他的作品，觉得它很雅，艺术品位很高。但是我调查过一些高二的学生，却发现他们不怎么喜欢《荷花淀》，其中一个很重要的原因就是大家对中国文化不了解，有时代的隔膜。所以我说，我今天就跟大家用一种新的眼光、新的方法来读《荷花淀》，乃至来读其他的文化色彩、民族色彩比较浓郁的小说。

（板书："用另一种眼光读孙犁：从《荷花淀》看中国文化"）

师：这篇小说没有很复杂的情节，没有很多的人物，也没有很多的悬念，但是它在中国当代文学史上非常有名。在2000年《亚洲周刊》评选的"20世纪中文小说100强"中就有《荷花淀》。我们以前多用政治学和社会学的眼光读它，但是我们今天将在文化视野的观照之下，来读这篇小说。我希望同学们通过这节课，在以后读小说的时候，也尝试用这样一种眼光。首先请同学们打开书，看第1段到第3段写自然风光的部分，齐读一下。

（生齐读1—3段）

师：非常感谢同学们，读得很好。下面我请个朗读能力好的同学读一读第1段。昨天我了解了一下，有位叫张晶的同学读得不错。张晶，你来读一下第1段，老师用的教学参考资料已经给了大家，上面说这篇小说有诗情画意，是诗化小说。张晶，把诗的味道读出来。

（张晶用柔美的音质、充满深情地读第1段）

师：你的朗诵水平很高，如果你节奏稍慢一点，那就更好了。你再读一遍。

（张晶放慢节奏，充满深情地又读了一遍。听课师生鼓掌）

师：下面同学们再自由地朗读1—3自然段，你们什么都不要思考，仔细体会一下它的韵味。不是说像诗一样美吗？你们仔细品味它怎么像诗，怎么美。

（自由朗读）

师：好的，大部分同学读完了。昨天晚上，我在家把第一段编排了一下。不是说孙犁的语言像诗吗？我一个字也没有加，把它编排成诗的样子。（老师放投影，第1段被改写成了诗歌）请张晶带领大家读一下。

月亮
升起来
院子里
凉爽得很
干净得很
白天
破好的
苇眉子，湿润润的
正好编席
女人
坐在
小院当中
手指上
缠绞着
柔滑修长的
苇眉子
苇眉子
又薄又细
在她怀里
跳跃着

……

师：俗话说“三个女人一台戏”，女人有时候在一起容易闹矛盾。但是，我们小说中的女人闹矛盾没有？（学生答：没有）小说里人和人的关系，用一个词概括一下，夫妻之间，女人与女人之间，是什么样的关系？

生：和谐的关系。

师：还是和谐。

（板书：“和谐”）

师：非常好，非常好！同学们回答得非常好！人和自然的关系很和谐，人和人的关系也很和谐。那么，我们再接着往后看。人有时会和自己闹别扭，会产生痛苦。课文中妻子送丈夫上前线，丈夫生死难料，回来的时候可能缺条胳膊，断一条腿，是很痛苦的事情。但是我们看不看得出，他们内心痛苦得不得了？

生（齐答）：看不出。

师：怎么看不出？在课文中找个例子证明一下。

生：第3页最后一段，“几个女人有点失望，也有些伤心，各人在心里骂自己的狠心贼。可是青年人永远朝着愉快的事情想，女人们尤其容易忘记那些不痛快。”

师：有痛苦，也有孤独，但不是那种呼天抢地的苦。我再穿插说一个例子。这里女人和她们的丈夫对话，有的比较忸怩，有的比较坦率，有的找借口，说是婆婆叫去的。但这些女人都很含蓄，包括水生和他的妻子之间。为什么要含蓄？含蓄是中华民族传统文化的一个特点。这也是中华民族艺术的一个追求。含蓄也是适中和谐。

好，现在我们大家再往黑板上看一看。我们通过对这篇小说的研读，发现从人与自然的关系、人和人之间的关系、人与自我之间的关系看，它强调的大致都是和谐。这个，是中华民族文化的基本特点。

我们现在回过头来归纳一下，什么叫文化，这个我来说。

（打出字幕：“文化的定义很多，简单地说，文化就是思维方式和行为方式，即怎样想和怎样做。”）

文化学里面讲文化的时候，定义是很多的。每个文化学家都有他的定义。但是，最基本的思想就是：文化就是思维方式和行为方式。我们今天在这里讲的三个关系：人和自然的关系，人和人的关系，人和自我的关系，都是文化问题。我们把这节课小结一下。

（打出字幕：“小结：中和（适中和谐）精神与中和之美，是中国文化的基本精神和基本审美观念，它的基本思想是教人处理好人与自然、人和人、人与自我的关系，使之处于协调状态，即教人学会诗意地生活，诗意地栖居”）

这里我提到了一个哲学、美学的概念。刚才我们讲了“天人合一”，中和就是适中和谐，就是做什么事情做得恰如其分。感情也是这样，各种关系都要处理得恰如其分。它的基本思想是教人处理好人与自然、人和人、人与自我之间的关系，使之处于协调状态，也就是教人学会诗意地生活。

我今天给大家提出一种新的视角——从文化的角度来读小说：从孙犁的小说看中国基本的精神。

最后，给大家留一道题，是研究性的，请大家记一下。

（打出字幕："作业：《老人与海》与西方文化精神"）这里头有一句话，我提供给大家。

（打出字幕："人不是生来要被打败的，你可以消灭他，但就是打不败他。——海明威《老人与海》"）

这句话是我最喜欢的，我在20年前背下来了，到现在还记得。这是一种硬骨头精神！来，现在，同学们，一起站起来，跟我读读这几句话。

（师领读，下课）[1]

《荷花淀》的文化语境是战争条件下的文化语境，只不过小说使用了浪漫主义的手法和富有诗情画意的形式来展现这种战争中某些场景的文化语境，程老师却用中国传统文化的"和谐"思想来进行解读。这正是伽达默尔哲学解释学很重要的一种视域：效果历史和"偏见"的合理性。在伽达默尔看来，历史不是主体众多行为方式的一种，而是"此在"本身的存在方式。就是说你一旦生活在这个世界上，就不断地对这个世界进行理解，而且从小就不断地理解这个世界，所以理解是"此在"的存在方式。伽达默尔认为，解释学研究的是存在论——人与经验世界的关系。他认为历史性是"此在"存在的根本特征。因为人是历史性的，所以人有不同的解释。作为"此在"的"动中之在"的历史，是主体与客体相互融通的关系。就是说人的"此在"在世界中理解的时候运用解释学的循环思想，当我理解世界时，我头脑中总有一个前界、前概念在其中，没有它们就无法理解这个世界，用前概念的导向去理解世界，得出新的前界和前概念，反过来再用新的前界、前概念去理解更新的这个世界……所以解释学是循环的，伽达默尔由解释学的循环推出这样的观点：历史是人们视域融合的历史，是理解和解释的历史，并不是客观的。

[1] 程少堂，邹玲. 用另一种眼光读孙犁：从《荷花淀》看中国文化——《荷花淀》教学实录[J]. 语文建设，2004（5）：15-17.

程少堂的《荷花淀》课例进行的正是这种解释学探险，实际上给我们再一次充分展示了文本的解释学之历史意义，我们可以不过分渲染当时战争年代的战争色彩，在如今的时代从纯诗意的角度、从中国文化的和谐的角度来解读文本，比如程少堂将其中的小说语言重组成为诗体语言，以建筑美强化了文本的诗意意蕴。当然程少堂的课例硬伤还是比较大，主要的问题是这种视域实际上是教师的一种文化视域，而不是以学生的体验、"先见"为基础，观念的灌输较多，是一种较为生硬的文化植入，而不是从文本和学生的体验的契合点出发。但是无论如何，这个课例给我们开启了解释学视域下，语文教学语言和技巧体验性介入的可能性，因此我们提出共情赏读中的语言的体验观和技巧的体验介入，将文本的语言和技巧当作共鸣曲当中的一个个音符来聆听，音符不断触动读者的体验，形成特有的审美感知和审美经验。

二、增强语言的体验性

王诗客、王尚文在《语文教学与语言体验》一文中指出："重视语言文字的'理解与运用'当然是必要的，但还不够，还必须体验'符释'与主体以及生活世界相联系的情感内涵，应当把语言'体验'提高到与'理解和运用'同样重要的位置。语言体验，是语言主体对语言本身情感或情绪色彩的感知、感受、感悟，'体验'是'理解与运用'的基础。比起'理解'，'体验'更能将语词的意蕴复原到我们的感觉层面上。从'体验'语言的生命感开始，把握语言，融入语言，这正是语文教学的真谛。"[1]这里提出了一个语言的体验性问题，我们以往可能认为语言主要发挥能指与所指的关系功能，解决认识层面的问题，但是语词符号一旦进入具体的文本当中时，就带有了情感性，刘勰《文心雕龙·物色》说："情以物迁，辞以情发。"[2]文辞依据情感的变化而书写，因此可以说在文学性文本中语言天然地具有情感体验特性，这种体验性还不只是格式塔式的整体体验性，而在具体的语词符号之间也有灵动的变化，语言的体验观

[1] 王诗客，王尚文. 语文教学与语言体验[J]. 课程·教材·教法，2010，30（10）：34-38.
[2] 黄霖. 文心雕龙汇评[M]. 上海：上海古籍出版社，2005：149.

就是需要我们在品味语言时调动我们的情感体验。

以《秋水》一课为例，《秋水》中有“于是焉河伯始旋其面目”这句话，课本释“旋其面目”为“转过脸来。旋，掉转。面目，指面部”，但是在教学过程中教师却发现这样解释很令人费解，因为下文又说“望洋向若而叹曰”，上下文就矛盾了，于是学生就提出了质疑。那么如何来理解这里的“旋其面目”呢，学生根据课文调动自己的情感体验设置了情景，河伯见到百川灌河的景象，欣然自喜，到达北海，脸朝东看，看不见尽头，这时他转过脸来，仰视着对着海神感叹，学生分别做了“脸朝东看”“转过脸来”“仰视”这三个动作，学生马上认为课本的注解确实是不对的，讲不通。于是学生尝试再次设置合理的情景表演，河伯在“秋水时至，百川灌河”的情况下“欣然自喜”，“以天下之美为尽在己”，可当他顺流东下到达北海后却发现北海之大“不见水端”，于是在海神面前望洋兴叹。学生根据情景和生活经验、体验，认为河伯在这样的情况下很有可能向海神若陈说自己在思想上的变化。那么他的神情神态应该是从自得自喜到反思反省的过程，脸色发生了变化。根据情景的设置，学生认为“始旋其面目”可以理解为才转换了自己骄傲自大的神情。而另一组学生结合自己的体验做了另一种情景的设计，他们抓住了“望洋向若而叹曰”这个细节，“望洋”是仰视的样子，这个细节很能表现河伯的心理活动，包含了惭愧的心理，而这种心理形于色就是“旋其面目”，所以这一组学生认为“旋其面目”是一种惭愧的表现，他们大胆推想，大胆表演，认为这里是仰头摇晃脑袋叹息惭愧自省的形象。他们得出的结论是，应注解为摇晃着头的意思。语言文字的背后有思想，还有丰富的生活世界，我们往往把那背后鲜活的生命抽离了，阅读教学的观念从形式主义的语言观转变到语言体验观正是要将语言的品味的生命复归。

南京语文特级教师袁爱国在南京浦口车站执教了朱自清的散文《背影》，这是一堂特殊的语文课，是一种实景教学。《背影》所记叙的事件发生于1917年，到如今已有100多年，事件发生地点正是南京浦口车站，这正是我们前面所说的真实情境体验法。袁爱国老师带着学生重走“背影路”。父亲送作者到浦口车站，照料他上车，并替他买橘子，在作者脑海里印象最深刻的，是父亲买橘子时在月台攀上爬下时的背影。作者用朴素的文字，把父亲对儿子的爱，表达得深刻细腻，真挚动人，从平凡的事件中，表现出父亲的关怀和爱护。在实景教学中，学生体验的场域发生了变化，从教室变成了车站，浦口车站的售票处也是100多年前的，当年的一幕幕似乎都发生在眼前。沿着火车站的月台，一辆绿皮火车就在那里，这样的课堂背景一下子就让学生们融入情境之中，也增强了学生自身感受语言的敏感性。在品读关键语言的过程中，袁老师还组织学生进行现场表演，像父亲一样攀过月台。在瑟瑟的冷风中，注目“父亲”来回，很快将学生的体验场建立起来。“走到那边月台，须穿过铁道，须跳下去又爬上去。父亲是一个胖子,走过去自然要费事些。我本来要去的，他不肯，只好让他去。我看见他戴着黑布小帽，穿着黑布大马褂，深青布棉袍，蹒跚地走到铁道边，慢慢探身下去，尚不大难。可是他穿过铁道，要爬上那边月台，就不容易了。他用两手攀着上面，两脚再向上缩；他肥胖的身子向左微倾，显出努力的样子。这时我看见他的背影，我的泪很快地流下来了。我赶紧拭干了泪，怕他看见，也怕别人看见”，此时这些平淡语言的生命感顿时强化了。

这种语言体验观告诉我们每一个语词符号都不仅有单纯的表层含义，其背后的生命体验性才是最重要的。引导学生采用“读”“悟”结合品味语言是阅读教学的关键,品味文本的语言文字,一方面要追求形式的美学，要贴近作者的情感，另一方面更要调动学生的体验，形成一种精读体验，让学生结合自身的生活世界读出自己的思考，读出自己的见解。

三、精细玩味修辞艺术

俄国形式主义提出“陌生化”理论，这是形式主义文论中最核心的思想。在形式主义看来，我们虽然生活在瞬息万变的世界之中，但由于每天耳闻目睹这些现象，因而对现实生活中的一切都习以为常、视而不见。艺术创作的目的就在于把那些日常的、司空见惯的、已经不能引起我们美感的东西陌生化，从而使人产生强烈的感受。艺术的手法就是将事物陌生化的手法，是把形式艰深化从而增加感受的难度和时间的手法，因为在艺术中感受过程本身就是目的，应该使之延长。事实上陌生化的理念本身就已经蕴含了体验介入的技巧的可能性和必然性，艺术技巧的高妙之处在于把形式艰深化、陌生化从而增加感受的难度和延长玩味的时间，《文心雕龙·情采》说："夫铅黛所以饰容，而盼倩生于淑姿；文采所以饰言，而辩丽本于情性。故情者文之经，辞者理之纬；经正而后纬成，理定而后辞畅：此立文之本源也。"[1]其意是说思想感情是文采的经线，言辞是思想内容的纬线，这启示我们艺术技巧正是作者情感体验的一种特殊表现，从文学接受的层面说艺术技巧正可成为作者与读者的体验链接。

以朱自清《荷塘月色》为例，文章第4—5自然段被看作是全文最精彩的部分，因为其艺术手法运用达到一个极高的境界。文章多处使用博喻、通感、叠字等艺术手法，这些艺术手法的陌生化效果十分鲜明，使得读者能够产生强烈的诗意体验。比如作者使用博喻来描绘静态的荷花，"正如一粒粒的明珠，又如碧天里的星星，又如刚出浴的美人"，绘出了月下荷花的纯洁、晶莹，荷花在荷塘上的整体画面以及荷花纤尘不染的特点。比喻本身就是一种特殊的想象联想，是能让读者充分体验艺术技巧的重要方式，通过比喻调动读者的体验，才能产生"陌生感"，才能生成审美的境界。通感的艺术技巧更是体验的交互性产物，通感就是在描写客观事物时，通过人们各种感觉间的相通性体验，用形象的语言把某一感官上的感受挪移到另一感官上。从接受美学所说的期待视野来看，作者所描绘的客观的物象如果要进入主体，则需要以主观的情感体验为基础。读者的情感体验不同就会形成不同的期待视野。钱锺书说"一种感觉超越了本身的局限而领会到属于另一种感觉的印象"，这正是通感能够激活阅读期待的关键。把"荷花"的"清香"比作远处的"歌声"，这就把嗅觉形象当成了听觉形象；用"梦"喻月色下的"叶子和花"，就把视觉形象转移为所有的感觉形象；将"月色"比为"奏着的名曲"，就把视觉形象比作了听觉。作为艺术手法的通感首先是作者表达自身体验的一种特殊表述手段，就通感的审美体验来说，它虽然出现在作品所描绘的具体情境中，但依然需要将艺术情境拉回到真实的体验中才能产生审美体验，这是一种陌生化之后的回归。所以审美体验的生成也需要切实的感官体

[1] 黄霖. 文心雕龙汇评[M]. 上海：上海古籍出版社，2005：109.

验的验证，形成通感的生命复位，比如将“月色”通感为“奏着的名曲”，要有一定的对于音乐美的感知，才能产生通感所引发的体验的溢出效应，超出作者自身的体验和意图而到达审美体验的玄远之境，甚至与我们的生命产生沟通。

在古诗文中，篇章和语言修辞艺术更值得玩味。特级教师余映潮教《记承天寺夜游》，对文章做了透彻的分析。短短的7句话，他尝试用二分法、三分法、四分法分析文章的结构。二分法，前面叙述，后面抒情。三分法，分别为叙事、写景、抒情。四分法，分别为起、承、转、合。分法不同，各得其妙，让我们体会到文章的结构之美、写法之美。再以李贺的《李凭箜篌引》为例，“吴丝蜀桐张高秋，空山凝云颓不流。江娥啼竹素女愁，李凭中国弹箜篌。昆山玉碎凤凰叫，芙蓉泣露香兰笑。十二门前融冷光，二十三丝动紫皇。女娲炼石补天处，石破天惊逗秋雨。梦入神山教神妪，老鱼跳波瘦蛟舞。吴质不眠倚桂树，露脚斜飞湿寒兔”。历代专家学者论及李贺诗歌的特征时，大多指出李贺诗歌“奇”的风格，《新唐书·李贺传》中指出李贺的诗歌“辞尚奇诡，所得皆惊迈，绝去翰墨畦径，当时无能效者”，用形式主义的话语来说这里所讲的“奇”也就是陌生化效应，李贺善于抓住喻体的特征进一步激发读者的体验性，其诗歌中的喻体范围之广、比喻使用之巧，让他笔下的比喻形成了一个独特的世界。第十一句诗人从天庭描写到神山，那美妙绝伦的乐声传入神山，令神妪也为之感动不已。第十二句写乐声感物至深，致使“老鱼跳波瘦蛟舞”。用“老”和“瘦”这两个词来修饰鱼龙，激活了一种平淡的生活体验，鱼已老、蛟已瘦，受到音乐的感染，竟然跳起来了、舞动起来了，使无形的音乐形象更加丰满可感，产生出其不意的审美体验。因此在共情赏读中，技巧的教学并不是单纯地感知形式美，更不是单纯地解说知识，而应该有审美体验的介入。

第五节 共情赏读的阅读方法

共情赏读是一种特殊的精神活动，共情赏读的阅读准备就是“贴近”和“填补”。学生阅读文学作品时，在感受、理解、联想和想象的基础上形成情感共鸣和审美愉悦，与文本传达出来的情感同欢乐、共悲戚，通过文本与作者形成情感交流，这种情感的“感同身受”就是对作者的“贴近”。学生在进入作者的情感世界之后，根据自己所有的生活经验、体验，生成了新的意义，这就是接受美学和读者中心理论所说的对文本的不确定性和空白进行“填补”。我们给共情赏读归纳出审美性诵读、会通性品读、体验性悟读、个性化重读四种阅读方法。

一、审美性诵读

共情赏读重视诵读法在语文教学中的重要作用，而且强调审美性的介入，使用多元促读法引导学生开动多种智力因素，充分调动学生的感觉、言语、听觉等智能因素，设计以画促读、以辩促读、以演促读、以写促读、以听促读等方法，充分渲染朗读的情境氛围，使之形成审美特性。审美性诵读包括默念、朗读、朗诵、吟诵、咏唱等审美性的朗读方法，让学生在“读”中，以声传情，以情带声，声情并茂，声醉情痴。实际上，这是在多种感官协调配合下进行体验，通过动情地“读”来激活作品形象、情感和意蕴。审美性诵读的过程，既是深情投注的体验过程，也是对语言的品味过程，更是对作者情感贴近的独特方式。

二、会通性品读

会通性品读就是指主体在与文本世界相遇、对话时心领神会，心有所悟，这种彻悟引导主体从文本世界拓展开来，生发开去，由此及彼，触类旁通。要引导学生在原有的基础上展开想象，让学生的体验从文本“飞”向更为宽广的大千世界，思接千载，心游万仞，这便是体验生成与升华的过程，也是培养悟性、激活灵性的契机和途径。会通性品读包含两个方面：一是“会”，即领会，领会文本的精妙之处，能够发现文本的艺术机枢和玩赏作者的匠心，包含文本的动情点、留白点、灵智点等；二是“通”，即沟通、连通，通向新的审美境界，形成填补的审美心理效应。

三、体验性悟读

体验性悟读需要根据文本的情感调动自己的人生经历，并将这种经历与文本形成视野的交汇和融合，投入作者的情感世界中，激起自身情感的共鸣，从而进一步发酵生成审美体验。体验性悟读以情景设置激起学生阅读的情绪和感情的体验，通过教师的语言或活动的设计，运用生活显示情境、实物演示情境、音乐渲染情境、直观再现情境、角色扮演情境、语言描绘情境等方法，把学生引入一定的情境之中，使他们产生一定的内心感受和情绪体验，在课堂上形成一个广阔的“心理场域”，作用于学生的心理体验，为学生创设和开拓了一个广阔的想象空间。同时以语言体验观技巧的体验介入，再度品味语言和技巧，形成新的审美体验。以移情法挖掘体验的通道，让学生切己体察，推己及人，甚至推己及物，也就是努力用心灵去感应对象，“在体验中‘物’与‘我’的距离缩短乃至最后消失，进入‘物我同一’的境界，自我仿佛移入到对象中，与对象融为一体”[1]。

四、个性化重读

个性化重读是在“贴近”与“填补”之后形成的共情赏读的一种特有阅读效应，之所以提出“重读”，主要是强调个性化不是一种自然的无序个体化的阅读，而是在共情之后的一种个性化的重新体验。个性化重读是一种对话、融合的阅读方法，促成学生与文本（作者）间的交互作用，学生在与文本对话融合的过程中丰富着文本，同时也形成一个新的阅读自我，教师、学生、文本实现了相互融合，这种融合就是一种独到的体验。这样才能真正实现课程改革所倡导的珍视学生独特的感受、体验和理解，让学生在主动积极的思维和情感活动中加深理解和体验，有所感悟和思考，受到情感熏陶，获得思想启迪，享受审美乐趣，这也正是共情赏读的价值取向。

[1] 童庆炳. 经验、体验与文学[J]. 北京师范大学学报（人文社会科学版），2000（1）：92-100.

第六节　共情赏读所蕴含和追求的教育价值

共情赏读的教育价值的实现，其基点是审美。孔子说“诗可以兴，可以观，可以群，可以怨”，其中的“兴”和“怨”可以看作是审美经验、体验的表现。亚里士多德认为悲剧可以引起人们的怜悯与恐惧，从而使人的心灵得到净化，这也是一种审美体验。通过学生审美经验、体验的生成达成潜移默化的审美熏陶，以美来立美、启智、养德，实现其教育价值。

一、审美与立美

共情赏读首先把阅读教学作为一种无功利性的审美活动，最主要的功能在于促成学生对情感价值的自觉追求，培育其审美能力，发展其审美主体性意识。在阅读教学中，通过对艺术形象的情感体验和审美观照，促成学生情感价值的实现，从某种意义上说情感的表现和情感体验是文学的本质。文本的生产倾注着作者切己的情感体验，学生在欣赏作品时，同样会带着自己的情感与文本、作者对话，由此产生的共振效应就是一种情感共鸣。阅读教学过程中学生情感的自然表现，其实就反映了其“以心会心”的审美体验生成的过程。教材中的文学性文本往往文质兼美，具有较高的审美价值，可以给学生带来丰富的审美情感源泉，阅读教学中让学生通过审美体验丰盈自身的审美情感，从而获得审美的愉悦和境界的升华。共情赏读就是要通过阅读教学中的情感体验来打开学生的心扉，使学生自然地生成审美情趣和提高审美鉴赏能力。

二、补偿与丰赡

阅读不仅具有增知益智、审美怡情的功能，还具有情感补偿的功能，可以丰赡读者的情感和精神生活。在共情赏读中补偿和丰赡的价值更加凸显，共情赏读可以慰藉、抚慰心灵的皲裂，补偿、丰赡情感的缺憾，按摩、舒解精神的淤积。在共情赏读中读者可以神游于作家创造的艺术世界，实现在现实生活中难以实现的愿望，从精神、情感上获得一种虚拟性的满足或者情感的转移，这就是阅读的补偿功能。不仅对阅读者来说是这样，对创作者而言也是如此，弗洛伊德的“力比多”的转移、冰山理论都从心理学的角度说明文学阅读特别是共情式阅读可以帮助人们寻求精神上的补偿。人生在世有诸多的苦楚和不如意之处，人们却不能总是沉溺于这些凄苦之中，必然需要寻求精神上的解脱，除了宗教的解脱方法，较好的策略就是在文学艺术的世界中找到解脱的法门，文学阅读中的共情正是强有力的转移、替代的满足、陶醉的方法。文学艺术的创作和接受也是人们逃避痛苦、寻求补偿的一种重要方式。通过这种补偿机制，人们的心灵暂时得到解脱，与此同时读者通过这种精神补偿也会逐渐丰赡自己的精神世界。

三、陶养与提纯

德国存在主义哲学家、教育家雅斯贝尔斯在《什么是教育》中说:“教育过程首先是一个精神成长过程,然后才成为科学获知过程的一部分。”[1]人的灵魂教育、精神成长不是直接的传授过程，而需要“中介”来实现，阅读的陶养就是其中一种中介。

文学除了具有审美功能，还有衍生浸入、氤氲化育功能，比如说认识功能，但是这里的认识是一种审美式的认识，而不是一般的理性认知，是以情来启智，通过审美情感的丰盈来提高学生对社会、人生及自身的内在认识，因此我们并不主张共情赏读时情感的泛滥，而主张入于情出乎理，要以情来启智。这种阅读教学还深刻地影响着学生的德行情操，一般的德行教育以事实说话，以道理服人，以实践亲证，而在阅读教学中德行教育功能主要是通过以艺术形象、审美情感为中介实现的，学生的德行经验与文本中蕴含的情感价值融合发酵，学生获得审美愉悦的同时也得到德行的浸润与心灵的净化。换言之，共情赏读中学生伴随着审美的愉悦在潜移默化中受到启发和浸润。在阅读教学中审美境界越丰盈，

[1] 雅斯贝尔斯. 什么是教育[M]. 邹进，译. 北京：生活·读书·新知三联书店，1991：30.

学生获得智慧、养成德行的可能性就越大，这便是共情赏读的陶养价值。

四、照亮与唤醒

共情赏读就其实质而言是一种情感性的精神创造活动，阅读过程中的审美体验成为一种自由的精神活动，因此这样的阅读活动不是被动的，而是具有主动性的一种审美观照。通过审美体验的创造性，产生真善美等情感结晶，实现对学生生命的照亮。阅读中的审美体验源于文本但是最终要超越文本，有意义的阅读接受过程不仅限于对文本意义的简单还原，而且还要通过审美的通道对理想的意义世界进行建构。阅读过程中学生通过直觉、感知、想象、理解、体验等心智因素参与了文本意义的生成，审美体验的滤镜能创造出一个让人愉悦的理想世界，阅读在此照亮学生的生命路程，让其心灵试图去接近意义，在寻求意义的过程中发现真善美。赏读的精妙在于打破时空的限制，克服个体生命的有限，把学生引入自由的精神世界，与作家进行精神的对话。在阅读的过程中，你会融进一个纯洁的情感世界，喜怒哀乐皆感染着你，悲喜同情皆浸入生命，不知不觉地你发现自己变了，自己内在的生命智慧，想象力、审美力、思考力、创造力皆进入了新的境界，精神境界自由而开阔起来了，这其实是你的生命被照亮了。

在共情赏读中艺术形象、审美体验本身具有丰富的多解性和可塑性，文本世界形成一个“空筐”，这为学生的阅读提供了想象的空间。伊瑟尔就提出，文本中的未定性与意义空白是联结创作意识与接受意识的中介桥梁，它的作用在于促使读者在阅读过程中赋予文本中的未定之处以确定的含义，填补文本中的意义空白。这就是接受美学理论中所谓的“召唤结构”。然而这种效应一旦延展开来就会形成一种教育的唤醒价值。阅读教学活动是一种发生在师生、文本（作者）、生活世界之间的交互性融合理解活动。这种交互活动，是建立在主体间性之间相互联系的一种对话活动。这样的交流对话机制强调主体与主体的平等对话。但是在平等对话中，有一种话语也是不可缺失的，那就是“唤醒”话语，唤醒不是宣讲和启蒙，而是一种撼动式的呼唤。“所谓唤醒教育，就是通过主体间的意义对话，从人的生命深处唤起沉睡的自我意识，解放其内部心灵，促使人的价值观、生命感、创造力全面觉醒，以实现自我生命自由自觉建构的教育过程。”[1]从生命哲学的角度来理解，“唤醒”实质上就是自我生命意识的确立，从而获得心灵的解放和敞亮。就阅读教学而言，这种“唤醒”的功能，就是引导学生在阅读过程中通过与文本的对话与交流、想象填补、感悟与体验，陶冶情感与心灵，确立自我生命意识，使学生的生命个性得以张扬。

五、省己与共情

省己指的是一种自我反省的能力，这种能力在共情赏读中可以得到培养。当读者在阅读他人的文章作品时，作者观察世界、认知世界、体验世界、理解世界的方法都在启示、引导读者应该运用怎样的方法、怎样的心智、怎样的情理进入世界，同时，作者观照大千世界、万象众生、世态炎凉、人情冷暖所获得的深切感受也会促使读者沉思其情其境中的自我，并用作者的“他者”即作者感知对象的身份来省察自己在此情此境中的所作所为。比如，读《我的叔叔于勒》时，我们若有类似的经历经验，会不由地想：我是菲利普一家中的“我”，还是“菲利普夫妇”，还是“于勒”？阅读《项链》时，我们也会联想到自己是否就是玛蒂尔德或佛莱思节夫人？事实上，文学阅读的过程常常是省己的过程，在这种省己的过程中我们获得了美的意趣、善的立场、省的自觉。

如果说省己是走进自己内心世界的能力，那么共情则是走进他人内心世界的能力，这种能力可以在共情赏读中培养。共情是能够并善于替别人着想的能力，是设身处地将心比心的能力。有了这种能力就能让人多获得一份理解，你也就有可能多传递一份善意。共情不仅是一种理解，也是一份善待，能舒缓、消弭、化解人性中苛责、刻薄、怨怼的弱点，使心灵变得宽广、大度而自由，这种基于“人同此心、心同此理”的理解力、同理心而养成的善非常重要。

---

[1] 曹明海. 语文教育观新建构[M]. 济南：山东人民出版社，2007：189.

第三章　互文参读与阅读教学

“互文性”（Intertextuality），也称“文本间性”或“互文本性”，这一概念首先由法国文学批评家朱丽娅·克里斯蒂娃在其《符号学：符义分析探索集》一书中明确提出，任何作品的本文都像许多行文的镶嵌品那样构成的，任何本文都是其他本文的吸收和转化[1]。其基本内涵是，每一个文本都是其他文本的镜子，每一个文本都是对其他文本的吸收与转化，它们相互参照，彼此牵连，形成一个潜在的无限的开放网络，以此构成文本过去、现在、将来的巨大开放体系和文学符号学的演变过程。在克里斯蒂娃看来，文本是对已有文本的重新组成，它包含各种话语、言说方式、约定俗成的惯例和系统，包含我们称之为文化的一切东西，文本不是个体的孤立的客体，而是各种文化文本的汇集。于是她彻底粉碎了静止封闭的文本意义观。克里斯蒂娃同意巴赫金的看法，认为所有的文本都包含着形形色色的意识形态结构，充满了各种话语的冲突和斗争。克里斯蒂娃认为文本是一种生产力，体现各种话语与冲突。巴赫金的对话主义思想、布鲁姆的诗学误读（六种修正比）、德里达的“延

[1] 克里斯蒂娃. 符号学：符义分析探索集[M]. 史忠义，译. 上海：复旦大学出版社，2015：8.

异”思想等都蕴含着互文性的思想意蕴。随后“互文性”成为后现代主义标识性术语。“互文本”可以用来指涉历时层面的前人或是后人的文本，也可以指共时层面上的社会历史文化文本，吸收、改编则可以在文本中通过仿拟、引用、拼贴等互文写作手法来确立，也可以在文本阅读过程中通过发挥读者的主观能动性或通过研究者的分析、互文阅读等得以实现。“互文性”这一术语看似简单，却具有强大的兼容性，一方面丰富着20世纪的西方文论，另一方面也渗透到当代西方的诸多重要的文艺理论、文化理论中，如结构主义、符号学、后结构主义、西方马克思主义、女性主义、新历史主义等，成为后现代主义文化研究中的一个关键词。

中国古代“互文见义”的修辞手法，如果抽离其单一的修辞特性，事实上也具有文本解读的一种解释性特征。“互文见义”也称“互言”“互辞”“互备”“互体”“参互”“互文相足”“文互相备”等。唐代的贾公彦在《仪礼疏》中说：“凡言互文者，是两物各举一边而省文，故云互文。”简单地说互文见义就是指通过上下文本的相互印证、相互参照实现意义的表现，对于这样的互文本不能断裂一方，而要前后照应，意义才能完整，比如“秦时明月汉时关”。此外，比较文学研究也为我们提供了一些可资借鉴的方法论，比如在比较文学研究中提倡的影响研究和平行研究都要深研文本之间的关系，要进行类比和对比。无论是西方的“互文性”理论，中国古代的“互文见义”，还是比较文学的研究方法，都为我们的阅读教学提供了一种比参阅读范式（在互文本之间进行比较阅读的阅读范式）的可能性。

从文本解读的视角来看，“互文”首先给我们提供了一个新的解释视角，比如我们为什么习惯于“知人论世”的解读，事实上这也可以看作是一种互文性的体现。另一方面也为文本的教学解读提供了一种新的操作可能性。互文思维是一种关系性、比较性思维，互文参读就是在关系比较中形成阅读的智慧，从美学形态上说是一种智慧之美。这种智慧美基于逻辑思维，却又超越逻辑成为一种美学形态。互文参读使用一种智慧的方法去寻找文本的智慧所在，比较参读构建了文本话语的多维空间，形成了语言的万花筒，用这个万花筒去照见文本丰富的镶嵌意义之美。从互文性的定义上来看，它揭示的是文本的内部构成本质，但是这种揭示本身就暗示着文本解读的一种可能方式。互文性的解读思维突破了线性阅读的局限性，使我们可以在阅读教学中把文本置于一个有效的参照网络中，形成互文参读，包含文本与文本作者的修改产生的互文、文本与同类文本的比较参照产生的互文、文本与文本形式的改写产生的互文、文本与有关背景资料产生的互文等。将互文参读科学地运用到阅读教学中，合理构建互文性参读范式，推进深度阅读、多元解读等在阅读教学中的实现，对于提升学生的阅读素养有极强的现实意义。

第一节 文本创编与流传产生的互文

互文性指向阅读教学的要义就是要找出文本的最佳参照物，通过参照物的对比更好地领悟和体会原文本的价值所在。从互文性的角度来看，文本的产生本身就是作者对众多文本进行选择，最终将它们镶嵌而成，因此从这个意义上说，原文本的天然参照物就是作者生产文本过程中的选择，只不过这种选择往往是隐性的，不能被读者发现的。但是有一些经典文本，作者的修改过程却流传了下来，教材的选编者也进行了某种选择删减，这就成为创编机制上阅读教学最好的互文本。

一、作者自身修改产生的互文

古今中外作家的创作都十分重视修改的过程，一个经典文本往往是经过若干遍的修改而产生的。作家巴金说："用辛勤的修改来弥补自己作品的漏洞。"列夫·托尔斯泰说："黄金要经过淘洗才能得到，精辟的、被表达得很好的思想也是这样。"契诃夫说："写得好的本领，就是删掉写得不好的地方的本领。"这些作家的创作经验之谈也印证了克里斯蒂娃所主张的互文性思想，从文学的创作或文本的生产的角度而言，"任何作品的本文都像许多行文的镶嵌品那样构成的"，都是一种互文性的选择。我国古代就有很多诗词创作时多次修改字词的故事。

王荆公绝句云："京口瓜洲一水间，钟山只隔数重山。春风又绿江南岸，明月何时照我还。"吴中士人家藏其草，初云"又到江南岸"，圈去到字，注曰不好，改为过，复圈去而改为入，旋改为满，凡如是十许字，始定为绿。黄鲁直诗："归燕略无三月事，高蝉正用一枝鸣。"用字初曰抱，又改曰占、曰在、曰带、曰要，至用字始定。予闻于钱伸仲大夫如此。今豫章所刻本，乃作"残蝉犹占一枝鸣"。向巨原云："元不伐家有鲁直所书东坡《念奴娇》，与今人歌不同者数处，如浪淘尽为浪声沉，周郎赤壁为孙吴赤壁，乱石穿空为崩云，惊涛拍岸为掠岸，多情应笑我早生华发为多情应是笑我生华发，人生如梦为如寄。”不知此本今何在也！[1]

这几个故事生动形象地反映了中国古诗词创作中一种十分重要的炼字精神，这种炼字的实现必然要通过互文性的尝试置换来实现。从某种意义上说，炼字正是一种互文性的文字游戏。这种互文性的文字游戏的巧妙使用会在语言艺术上形成形式美。朱光潜先生在《咬文嚼字》一文中说：“一般人根本不了解文字和情感的密切关系，以为更改一两个字不过是要文字顺畅些或是漂亮些。其实更动了文字就同时更动了思想情感，内容和形式是相随而变的。”所以，文本中这种互文性的文字游戏实质上是作家在寻找思想感情表达的更佳通道，所以才有“一字见境界”“吟安一字，拈断数茎须”等说法。诗人的创作体验也充分表现作家对选择互文本的重视，贾岛说“两句三年得，一吟双泪流”，袁枚的《遣兴》诗说“爱好由来落笔难，一诗千改始心安”。

苦吟派诗人可以为一句诗或一个词花费极大的功夫，贾岛就是其中之一。贾岛甚至可以用几年时间琢磨一首诗。著名的“推敲”的故事也是诗人互文性文字游戏的证明。《题李凝幽居》：“闲居少邻并，草径入荒园。鸟宿池边树，僧敲月下门。过桥分野色，移石动云根。暂去还来此，幽期不负言。”何光远《鉴戒录》：“（贾岛）忽一日于驴上吟得‘鸟宿池边树，僧敲月下门’，初欲著‘推’字，或欲著‘敲’字，炼之未定，遂于驴上作‘推’字手势，又作‘敲’字手势，不觉行半坊，观者讶之，岛似不见。时韩吏部愈权京尹，意气清严，威振紫陌，经第三对呵唱，岛但手势未已，俄为宦者推下驴，拥至尹前，岛方觉悟。顾问欲责之，岛具对：‘偶得一联，吟安一字未定，神游诗府，致冲大官，非敢取尤，希垂至鉴。’韩立马良久，思之，谓岛曰：‘作敲字佳矣。’”[2]在中国古诗词中这种互文有更加独特的价值，除了意义表达的优化选择，还有古诗词格律的限制，所以不断锤炼字词、推敲琢磨，就成为了古代诗人重要的互文性表现。那么在阅读教学中，这种创作机制上的互文性，正是重要的阅读教学资源。这一类型的互文参读最大的优势是可以让学生以潜

[1] 洪迈. 容斋随笔[M]. 鲁同群，刘宏起，点校. 北京：中国世界语出版社，1995：203-204.

[2] 陈伯海. 唐诗学文献集粹（上）[M]. 上海：上海古籍出版社，2016：146.

在作者的身份深入文本，探寻创作的奥妙，这将会给阅读教学带来意想不到的收获。广东省广州市开发区第一小学欧阳亮老师在执教《泊船瓜洲》一诗时就巧妙地运用了这种互文性资源激活阅读教学。

师："春风又绿江南岸"中的"绿"字，作者曾改过多次，同学们大胆地想想看，作者可能用过哪些字。

生：作者可能用过"吹"字。

生：作者可能用过"到"字。

生：作者可能用过"满"字。

生：作者可能用过"入"字。

……

师：据传，诗人先用"到"字，又改为"过"字，再改为"入""满"字，经过十多次修改，最后才决定用"绿"字。大家仔细品味品味，这些字各有什么好处？同学们可以前后桌商量商量。

（学生讨论、交流，教师巡视辅导）

师：现在我们来做个游戏。同学们按照老师说的做：先闭上眼睛，想想"春风又绿江南岸"的情景，形成一个图像，然后在脑子的荧光屏上慢慢地放一放——"春天来了，江南绿了"。这时，你大脑的荧光屏上，就会由黑白的变成彩色的。同学们试试看！

（学生闭上眼睛，想象回味）

师：你如果觉得不清晰，可以拨拨"微调"，慢慢地把干巴巴的文字变成图像，锻炼一下你大脑的左、右半球，再试试看。（学生再次品味）现在，能说说你们的看法吗？

生："满"字形容春风多而柔和。

师：不错。"满"，能体现春风浩荡，气势很大。还有吗？

生："吹"和"入"字都写出了春风的动态。

生："过"和"到"字也写出了春风的动态。

师：作者为什么不用"到""入""过""满"这四个字，却偏偏用了一个"绿"字呢？

生："过"字让人感觉春风吹过去以后，景物好像没有什么变化。

师：冰雪消融，万物复苏，动态的春天更有一番情趣。还有吗？

生：作者用“绿”字写出了春天景物最突出的颜色——“绿油油”“绿茵茵”。

生：“绿”字把景物写活了，使我们眼前浮现的景物也更具体了。

师：咱们把这几个字用在这句诗里读一读（学生换字读这句诗），再联系后面一句诗“明月何时照我还”的意思再想想看，你还有什么要补充的？

生：“绿”字不仅写出了春天景物的颜色“绿”，而且写出了春风的动态。

生：“绿”字有“吹”和“绿”两层意思。

生：作者认为春风把江南两岸都吹绿了，江南是作者的家乡。他看到这么美的景象，当然非常思念家乡了。

师：怎么讲？

生：“春风又绿江南岸”是说“春天来了，大江两岸的花呀，草呀，树呀都给吹绿了”。作者看到这么美丽的景色，自然而然地想起了家乡。

师：同学们的思维很活跃，积极开动了脑筋。“到”“过”“入”“满”这几个字，只是交待了时令，说春风来了。它们都不像“绿”字有色彩，有变化，给人以动感。这里的“绿”字确实有画龙点睛的作用。“绿”字本是形容事物颜色的词，用在这里仿佛在人们眼前展现了一幅春风吹过，江南两岸一下子变绿的情景，尽情地表达了作者对江南家乡的热爱和对家乡美景的思恋。[1]

在这个案例中教师通过“绿”字的互文性探讨，引导学生在诗歌选字用词上进行仔细的品味，在互文性探讨过程中并不是直接将互文本呈现，然后给予一般性的结论，而是先鼓励学生大胆猜测诗人可能用过哪些互文替换，这个环节可以激活学生潜在的创造性，学生似乎成了潜在作者，在学生尝试性说出自己的思考后，教师再将王安石选择“绿”字的故事告知学生，进而通过情景想象的展开组织学生进行了几个互文本的讨论。互文本之间的优劣有时并不是一种确定的答案，而仅仅是在置换、锤炼的过程中作者的一种写作达意的倾向性，学生均可对各个互文本发

[1] 欧阳亮.“改”出来的精彩——《泊船瓜洲》教学片断及反思[J].中小学教材教学，2006（9）：62-63.

表有理据的观点，在这个过程中培养学生语言文字的敏感度，培养其从文本到情感的体验性。

二、不同版本产生的互文

古代的典籍由于在传抄、刻印过程中出现差异或错误从而形成不同的文本版本，这些版本的差异也常常造成语文教材的文本差异，这种差异也可以看作是一种自然的互文现象。在这些文本的阅读教学中，教师面对这些版本差异造成的互文本，完全可以将这些版本差异作为互文参照有效地化入阅读教学，从而形成有效的互文参读。由于古籍原版本难以考证，今人只能根据文本的上下文去理解古籍，去探析互文本之间的合理性。在教学中，教师恰好可以借这种课文版本差异引起的互文引导学生进行深度的阅读，在这种差异中发掘互文本蕴含的丰富的信息量和审美价值取向。不同的版本的互文能给学生提供一个思考和讨论的契机。教师可针对这些互文本设置适当的开放性探究问题，激发学生的思考，这个思考和鉴赏的过程正是学生参与到文本生产机制当中的过程，学生的思维得到不断的激荡，这正是互文参读的价值所在。

张中行先生在其《文言津逮》中指出古代典籍由于辗转抄录流传的缘故，有些诗文随版本的不同而免不了文字彼此不同。张中行先生指出有三种情况：一是“两种说法都通，不能明显地分别高下”；二是“两种说法都说得过去，可是其中一种显然好一些或好得多”；三是“两种说法一对一错”。比如说陶渊明的《饮酒》二十首之第五首有两句：“采菊东篱下，悠然见南山。”另一种版本为：“采菊东篱下，悠然望南山。”对此，张中行认为：“陶澍《陶靖节集》注引苏东坡的话说：‘陶公意不在诗，诗以寄其意耳。采菊东篱下，悠然见南山，俗本作望，则既采菊，又望山，意尽于山，无余蕴矣，非渊明意也。见南山，本是采菊，无意望山，适举首见之，故悠然忘情，趣闲而累远，未可于文字精粗间求之。’这分析得对，‘见’比‘望’确是好得多。”[1] 多数学者比较赞同这种说法。这些版本的差异实际上有两个层面的互文性，一是两个版本之间的互文，二

[1] 张中行. 文言津逮[M]. 北京：中华书局，2007：67.

是两个互文本在语境中上下文的互文性。这种差异性产生的互文，对学生的语言感知能力的培养有较大的促进作用。事实上有的时候这种互文的选择没有确定的答案，让学生畅所欲言或许会有一些新的视角、新的见解。有的学生赞成“见”，认为“见”有偶然之意，表明诗人悠然自得的心情；有的学生认为“见”好在能体现诗人与山的一种亲切感，仿佛是老友相见。有的学生赞同“望”，认为用一个“望”字能把远山的特点写出来；有的学生结合诗人的心境品味“望”，认为“望”表示距离之远，表明作者所追求的生活理想与现实的距离。诸多思考将学生的思维拓宽，将其引向深度的阅读。

再以苏轼的《念奴娇·赤壁怀古》为例，“乱石穿空”，元延祐刊《东坡乐府》二卷、朱祖谋编辑的《东坡乐府》三卷、龙榆生《东坡乐府笺》作“崩云”，其他版本大多作“穿空”。

根据这种版本的差异，可以引导学生进行互文参读，思考“崩云”和“穿空”哪个词更符合语境。广东省中山市中山纪念中学的郭跃辉老师呈现了学生的思考。

学生回答一：“崩云”好。首先是洪迈的《容斋随笔》作“崩云”，洪迈是南宋人，距离苏轼的时代相对较近，应该可信。其次，“崩云”意为“像云一样裂开”，更能表现赤壁乱石的气势。（评：回答有条理，知人论世，以意逆志，孟子的理论得到了很好的体现。）

学生回答二：“穿空”好。从上述诸葛亮的引文可以看出，“穿空”是从“排空”化用而成的。从炼字上讲，“穿”意为直插云霄，有一种凌厉的气势。“崩云”有点突兀，乱石和云联系，有点不可思议。（评：能够抓住动词进行赏析，“穿”字确实用得很传神。）

学生回答三：“崩云”好。“崩云”不仅有视觉描写，也有听觉描写，有声有色。“穿空”显得呆板，没有生力。（评：能够从景物描写的感觉角度理解，在对比中得出中肯的结论。）[1]

柳永的《雨霖铃》，广东教育出版社出版的《普通高中课程标准实验教科书·语文（必修3）》选入这首词时，作“应是良辰美景虚设”，人教

[1] 郭跃辉. 巧用古籍版本差异赏析诗歌语言[J]. 语文月刊，2012（2）：28-30.

版使用的版本是“应是良辰好景虚设”。郭跃辉老师在教学中就提供了相关的互文性资料引导学生进行语词的分析。

“美景”与“良辰”搭配之例：

谢灵运《拟魏太子〈邺中集〉诗》序：“天下良辰、美景、赏心、乐事，四者难并。”

白居易《醉吟先生传》：“每良辰美景，或雪朝月夕，好事者相过，必为之先拂酒罍，次开诗箧。”

杨万里《病中七夕》：“良辰美景底须来，苦恼如山正满怀。”

汤显祖《牡丹亭》：“良辰美景奈何天，赏心乐事谁家院。”

“好景”与“良辰”搭配之例：

晏殊《凤衔杯》：“谁信道、两情难寄。可惜良辰好景、欢娱地。只凭空憔悴。”

晏几道《于飞乐》：“意中人，从别后，萦系情怀。良辰好景，相思字、唤不归来。”

李东阳《次陈德卿顾士廉乔希大韵三首》：“良辰好景多相似，只对愁人便不同。”

柳永词中的“美景”与“好景”：

《殢人娇》：“良辰美景，恨浮名牵系。无分得、与你恣情浓睡。”（注：明代毛晋刻《宋六十名家词》“美”作“好”。）

《望海潮》：“千骑拥高牙，乘醉听箫鼓，吟赏烟霞。异日图将好景，归去凤池夸。”

教师将这些材料提供给学生之后，可以设置问题：《雨霖铃》中，该是“美景”还是“好景”？

学生答案一：应该是“好景”。柳永和晏殊、晏几道都是写词高手，他们生活的年代大致相同，“好景”应是当时写词的常用语。柳永本人的《望海潮》也用了“好景”，选“好景”的版本显然多于“美景”。（评：该生从该词创作的时代入手，注意和同时代的作家相比较，并且和柳永本人的词相互参照，言之有理。）

学生答案二：应该是“美景”，将“良辰”“美景”搭配使用远远早于“良辰”“好景”搭配，柳永此处应该是用到了谢灵运的典故。（评：该生从用典入手考查词语出现的年代先后，也有道理。）

学生答案三：应该是“好景”。“好”的本义是“女子美貌”，引申为“一般的美”，用“好”字更有韵味，“美景”过于直接，损害了诗意。（评：该生从词的本意和引申义入手，比较“好”和“美”的韵味，认为诗歌讲究含蓄，因此要用“好”字。）[1]

除了古籍版本的差异造成的互文，国外作品的不同翻译版本也可以成为经典的互文本，比如普希金的《假如生活欺骗了你》。

查良铮的译本：

假如生活欺骗了你，
不要忧郁，也不要愤慨！
不顺心的时候暂且容忍：
相信吧，快乐的日子就会到来。
我们的心永远向前憧憬，
尽管活在阴沉的现在：
一切都是暂时的，转瞬即逝，
而那逝去的将变为可爱。[2]

戈宝权的译本（教材选用译本）：

假如生活欺骗了你
不要悲伤，不要心急
忧郁的日子里须要镇静
相信吧，快乐的日子将会来临
心儿永远向往着未来
现在却常是忧郁
一切都是瞬息，一切都将会过去
而那过去了的，就会成为亲切的怀恋。[3]

将两个翻译版本放在一起，你就会感慨互文性思想的深刻洞察性。如果能将古籍版本、翻译版本的不同产生的互文引入阅读教学，无疑会

[1] 郭跃辉. 巧用古籍版本差异赏析诗歌语言[J]. 语文月刊，2012（2）：28-30.
[2] 普希金. 普希金抒情诗一集[M]. 查良铮，译. 上海：新文艺出版社，1958：155.
[3] 中华人民共和国教育部. 语文七年级下册[M]. 北京：人民教育出版社，2017：114.

对学生的语言建构与运用素养的养成有较大的作用。这种不同版本形式的互文将学生已经积累的语言材料与互文资源建立起有机的联系，使学生逐渐将自己获得的互文性语言材料整合到文本整体的系统中去，理解并掌握语词运用的基本规律，找到语词进入语境、情境的入口和路径，帮助学生培养良好的语感。

三、选编者对文本的删减造成的互文

教材的选编者将文本选入教材时，由于某些原因对原文本进行了一定的删减改动，教师在教学的过程中也可以把删减的部分还原复位，形成课文与删减部分的互文对照，借此进行教学的思考，形成某种意义上的参读。

以《荷塘月色》为例，中华人民共和国成立以来多个版本的语文教材都编选了这篇文章，然而在编选的过程中编选者都进行了一些删减。比如“又如刚出浴的美人”这句曾被删掉，在过去思想比较封闭保守的时代，这句话是很大的忌讳。尽管删掉这句话之后文章并没有产生较大的意义的缺失，但是如果进行互文性考虑对其进行比较参读，就会发现这个句子使用博喻的奇特想象的逻辑性。“层层的叶子中间，零星地点缀着些白花，有袅娜地开着的，有羞涩地打着朵儿的；正如一粒粒的明珠，又如碧天里的星星，又如刚出浴的美人”，这个博喻的想象空间极大，也有一定的内在逻辑性，从中可以看出作者的视角镜头的伸缩拉近，状物写景的高超就体现在这里面，因此进行删减前后的互文比较可以更深入地理解这个博喻的写作价值。另一方面，教师在进行教学时，引导学生以一种审美静观的态度去复原这种互文本曾经的断裂。比如说“峭楞楞如鬼一般”，这一句也曾被删掉，对于这一句的互文还原比较也有一定的意蕴，能引发学生的思考。编者大体上杜绝这句，认为其有破坏意境的嫌疑，一篇如此纯美的散文，无端用了这一句，会让读者大为扫兴。“月光是隔了树照过来的，高处丛生的灌木，落下参差的斑驳的黑影，峭楞楞如鬼一般；弯弯的杨柳的稀疏的倩影，却又像是画在荷叶上。”这里写“黑影”主要是与“月色”形成反衬，在树影明暗错落的映衬下，反而更显月光的静谧，从不同的角度描写了月光。这是一种理解，当然这种互文性造成的张力还可以进一步引导学生的文本探索，如这里是否也是一句表现内心世界的景语。此外，曾删掉的《采莲赋》部分也可以做同样的互文性参读。

归有光的《项脊轩志》在被选入教材时，也被编者删掉了一段：

项脊生曰："蜀清守丹穴，利甲天下，其后秦皇帝筑女怀清台。刘玄德与曹操争天下，诸葛孔明起陇中。方二人之昧昧于一隅也，世何足以知之？余区区处败屋中，方扬眉瞬目，谓有奇景。人知之者，其谓与坎井之蛙何异！"

《中国古代诗歌散文欣赏教师教学用书》表述了删减的意图："这一段是正文的最后一部分，作者以坎井之蛙自喻，自我解嘲。于议论中夹以感叹之词，内容虽不足取，但也和盘托出自己生不得志的感慨。"在编选者看来此处内容"不足取"。在此且不论该评价是否恰当，但这个删减正好可以形成一个互文本，通过删减部分的复位促使学生进行深入的思考。我们在上文提出探寻文本的悖反点显现出的文本灵智之处时曾对《项脊轩志》中的一个细节提出思考："作者回忆母亲是'泣'，而回忆祖母时是'长号不自禁'。"我们找出文本的悖反点，主要在课文原文本中进行细致的品玩，发现回忆祖母时"持一象笏"，这是一个重要的暗示，作者的情感痛处正是对仕途的期许。如果我们将这个删减部分复位，形成互文本，甚至还可以与相关背景材料照应（这种互文下文再进一步论述），这样形成的互文本就方便读者更清晰地把握作者隐藏在文本背后的真实情感。作者所引述的清、诸葛亮在没有成名之前身处偏僻的蜀地和隆中，如果没有后来的出名立功，是不会被人们知道的。作者虽然自嘲，但却表达了自己重要的价值观，那就是中国古代读书人"修身、齐家、治国、平天下"的志向和观念。归有光写作《项脊轩志》时18岁，借蜀清、孔明的事迹来表达自己的心志，期望自己能够实现家族的理想。

阅读教学通过对编选者删减文本的合理复位，形成比较的互文，带领学生深入探求编选者删减的意图，思考删减是否合理，对文本重新进行结构性的审视，甚至有可能形成解读的新视角。

第二节　文本与类文本产生的互文

单篇阅读、多篇阅读、整本阅读，是常见的三种阅读方式。这三种阅读方式均是学生必需的阅读方式，当前的阅读教学主要是单篇阅读，缺乏多篇阅读和整本阅读。用大量时间指导精读，这种咬文嚼字品味式的慢阅读是一种必需的阅读方式，但是学生的完整的阅读生活也需要整体式的多篇阅读和整本阅读。多篇阅读不仅加大了学生的阅读量，更重要的是让学生在多篇阅读中形成比较归纳、分析综合、深入思考等互文参读阅读模式，在多篇阅读中关注略读、默读等方法的培养，这种多维的阅读视角可以为学生的终身阅读奠定基础。

多篇阅读教学就是按照一定的关联性指导学生阅读一类文本、一组文本，这种多篇阅读正是互文参读的典范的表现形式。多篇阅读教学是一种新的阅读教学形式，是对单篇阅读的拓展和补充，学生在多篇文章的互文性阅读过程中可有多元的意义创造与生成。根据阅读教学的需要，教师按照一定的分类将一组同类的文本放在一起，这样就形成了互文参读，包含有单元阅读教学、主题阅读教学、群文阅读教学等。

一、单元阅读教学

单元是指教材编写时根据一定的标准（如文体、主题等）组成一组具有关联性的教学文本，这种单元的组建本身就是一种互文的表现。但是在教学实践中，教师往往忽略了单元的互文特性，采用的还是单篇讲授的阅读教学方式，教师在单篇教学中过多重视教学内容的整全性，不能做出合理的取舍选择，导致单篇教学耗时低效。语文教材大都以文选式呈现，又以单元组建阅读单位，其中每一篇选文既作为单篇文本存在，又作为单元的体系中的文本存在，作为单元体系存在的单篇文本具有互文性，成为单元课程知识链条中的一个环节。因此，越来越多的语文教育研究者认识到只有关注单元统整教学，以教材单元为阅读单位，进行整体的考虑，才能更好地开发教材资源，才能更好地开展探究式学习，才能更好地形成单元课程知识的链条，而不是在单篇教学中各行其是。这种单元统整意识事实上正是互文性理念的一种表现，教材的单元组建材料正是编者提供的互文本，而且这种互文本具有一定的课程意蕴。

过去的语文教学大都以单篇文本作为备课的单位，教师大多只关注单篇文本的教学目标和教学内容的实现，但是这种集中的单篇备教在多大程度上能够实现其课程价值，这种深挖是不是有过度诠释、过度教学的嫌疑？于是，单元教学的思想开始引起大家的注意，从互文性思想的角度而言，在一组互文本中各个独立的文本如果不具有比较的意义，那么更多的应该具有相互补充相互映衬的意义。教材编者在组建单元文本时会树立一个互文本体系的单元目标，单篇文本在其中可能各有其功能，在编排互文本时就要考虑单元目标的实现。以人教版语文课本三年级上册第六单元为例，编者对这一组互文进行了这样的说明："本组教材是围绕着'壮丽的祖国山河'这个专题编写的，由3篇精读课文、1篇略读课文和1个语文园地组成。从导语到课文再到语文园地，各项语文活动的安排，都是围绕着歌颂祖国大好河山、展现祖国发展成就，培养学生爱祖国的思想感情这一主旨编排的。这里有古人赞颂长江雄伟气势、西湖迷人风采的古诗《望天门山》《饮湖上初晴后雨》；有反映南疆风景优美、物产丰富的《富饶的西沙群岛》；有描绘北国各个季节不同景色的《美丽的小兴安岭》；还有展示现代都市风采的略读课文《香港，璀璨的明珠》。单元内各部分互相联系，形成一个有机整体，使听说读写各项能力整体推进、协调发展。"[1]通过这样的单元说明，我们可以明确地了解编者对这一组互文本的课程价值的定位。首先本单元是以培养学生热爱祖国的思想情感为主旨编排的，单元的教学应服务于这个主旨，并规定了不同篇目的定位，形成有机整体。不同篇目又具有不同的定位，古诗两首为精读课文，教学建议"用自己的话说说诗句的意思，体验诗人的感情，培养热爱祖国山河的感情"[2]。《香港，璀璨的明珠》为略读课文，教学建议"有感情地朗读课文。了解课文内容，知道课文是从哪几个方面介绍

[1] 课程教材研究所. 人教版语文教科书三年级上册教师教学用书[M]. 北京：人民教育出版社，2010：106.
[2] 同[1]109.

香港的，激发学生热爱香港、热爱祖国的思想感情”[1]。可见单元组建的互文本之间从不同的角度来实现单元的总目标。教材的单元组建可能有不同的角度和标准，有的从文体上组建，有的以主题组建，有的以知识序列组建。立足于单元互文关系来实施教学才能有效实现课程价值，而不是单篇文本的无序重复。无论从文体、主题，还是从知识序列来考虑，单元互文本之间的关系意义都是一个重要的阅读教学思考向度。下面这个设计就是以一种互文性的关系意义视角来思考教学目标的确定的。

同一篇课文编辑在不同的教学单元里，教学重点并不完全相同，明确课文教学重点的基础是分析整套教材、分析课文所在单元，最终找到单元在教材中的教学任务，确定课文在单元中的教学重点。

人教社高中语文课标教材把《荷塘月色》编入必修 2 的第一单元，这套教材必修模块的散文单元设置如下：

模块	单元	篇目	学习任务
必修1	第三单元	《记念刘和珍君》《小狗包弟》《记梁任公先生的一次演讲》	揣摩人物言行心理，体察人物个性情操；体会作者在描写叙述中的情感
必修2	第一单元	《荷塘月色》《故都的秋》《囚绿记》	体会景物，感受心灵，进入审美境界；品味精彩语句，增强散文鉴赏能力

中国散文是因实出虚的艺术，必修 1 突出了散文这一特点，学习任务的设置基本上是“实”“虚”各半；必修 2 的要求有所提高，要求学生在了解散文因实出虚特点的基础上，“进入审美境界”“增强散文鉴赏能力”。《荷塘月色》作为必修 2 第一单元的第一篇课文，承担着奠定基础的任务，即帮助学生通过阅读《荷塘月色》理解本单元的阅读要求，明确“读什么”和“怎么读”，然后在阅读学习《故都的秋》和《囚绿记》的过程中去实践、检验、修正。

本单元的三篇选文特点非常相似。《荷塘月色》写于 1927 年“四一二”反革命大屠杀之后，面对社会现实，曾参加过五四运动的爱国知识分子朱自清思想感情非常复杂——悲愤、不满而又无可奈何，渴望自由，

[1] 课程教材研究所. 人教版语文教科书三年级上册教师教学用书[M]. 北京：人民教育出版社，2010：124.

想超脱现实而又无能为力。《故都的秋》写于1934年。1933年4月他由上海迁居杭州，1934年7月，郁达夫“不远千里”从杭州经青岛去北平，再次饱尝故都的“秋味”，在对北平秋天的描绘中，寄寓了对故都的眷恋和对美的执著追求，流露出一种沉静、寡淡的心境。《囚绿记》的作者陆蠡是一名烈士，为了民族自由，遭到日寇的屠杀，《囚绿记》展示了人们心灵中真实永恒的一面：和平安宁、优美诗意的生活才是人们真正的需要，但当一种东西威胁到自由的时候，人们会为自由而反抗，甚至牺牲。三篇文章都表现了旧中国正直知识分子在苦难中的徘徊前进，以及他们在前进过程中赖以寄托的精神家园。

基于以上分析，本单元的教学重点为品味课文精妙的语言、探寻作者的精神家园。《荷塘月色》的教学重点就是帮助学生明确怎样探寻并理解作者的精神家园：

1. 阅读课文，引导学生感受《荷塘月色》的景物特点。

2. 品读语言，引导学生揣摩作者是怀着怎样的情感欣赏“荷塘”和“月色”的。

3. 对比阅读，引导学生体验三篇课文景物描写与情感表现的异同。[1]

吴欣歆老师对《荷塘月色》的教学设计，并不是一个独立的单篇设计，其具有很强的互文意识，是在整个单元甚至是整个模块的互文性体系中思考文本的定位。《荷塘月色》所在单元是以散文文体组建的单元，设计者思考了散文的“虚实”特点在单元中的互文性关系，以及在不同模块中两组散文单元的目标设定的区别，因此可以说单元教学呈现的互文关系蕴含着一种体系性的课程意识。经过课程性的比较之后，单元互文本中的每一个文本都承担一定的课程任务，共同完成“进入审美境界”“增强散文鉴赏能力”等目标，最终选择确定《荷塘月色》在单元互文本中的目标定位，包含了情景的关系、语言的品味等，还设计了一个对比阅读，这个设计具有很强的互文参读的意识。

[1] 吴欣歆. 探寻作者的精神家园——散文专题单元中的《荷塘月色》教学设计[J]. 语文建设，2009（12）：27-30.

二、主题阅读教学

有些单元也是以主题为依据组建的，但是单元的组建主要体现的是编者的意图，而主题阅读教学则是教师根据一定的主题形成系列的互文本来实施阅读教学活动。两者有一定的交叉，但是主题阅读教学强调的是教师的主动选择形成的互文本。这种主题阅读教学可以是教材中的文本，也可以是教材外的文本，这种互文的选择以主题为依据，形成某一主题的深度研读。

主题阅读教学形成的互文有其优势。主题阅读教学首先具有丰富性。主题阅读教学聚合了一组主题意义相近的文本，从而形成互文本，这些互文本的阅读学习开阔了学生的阅读视野，开拓了学生的意义世界，让学生对这一主题的文本进行了强化的阅读，加深了对这一类主题文本的意义的理解，丰富了互文本主题体系带来的意义世界。其次，主题阅读教学具有较强的开放性和容纳性，其互文本的选择十分开放，可以以教材中的文本为基础引出系列互文本，也可以根据课程需求组建教材之外的互文本。主题阅读教学有益于教师基于具体情境形成丰富的课程资源，是一种基于课程资源的建构主义的阅读形式。由于是开放的、容纳的，因此主题阅读可以激活学生的阅读兴趣，关注学生阅读的体验，形成合适的主题互文本。主题阅读的设计和实施具有较强的灵活性，可以有多种设计，常见的有名著主题阅读、以文带文式主题阅读、教材重组式主题阅读、读写结合式主题阅读，等等。

名著阅读可以说是语文教学的"根本阅读"，经典名著是经过时间淘洗之后的文化精品，具有丰富的文化营养，是语文课程最重要最丰富的源头活水，但是在现实语文教学中由于时间的限制、应试教育的束缚、教师引导意识的淡薄等原因，往往很难将名著阅读烙印在学生的语文学习生活中，更不要谈影响学生的阅读生命，成为学生成长中重要的精神导引。在这样的情况下基于名著的主题阅读教学不失为一种较有效的名著推广形式，将名著以一种互文性的形式呈现在学生的阅读活动中。比较常见的是以课内外联动的形式组织起名著的主题阅读教学，并以任务式进行课堂的展示，激活学生的阅读生活。比如小学教材中的经典课文《卖火柴的小女孩》，这一文本引发的互文效应就是对《安徒生童话》的名著主题阅读，江苏省常州市武进区横林实验小学的蔡小玉老师就做了这样的尝试，这个尝试既是以文带文也是名著主题阅读。

活动目标

通过引导学生阅读《安徒生童话精选》，让学生懂得阅读童话作品的一般方法，并能让学生从安徒生童话中获得生活的启示。

活动安排

两次活动——阅读推荐活动与阅读交流活动

活动对象

五年级学生

活动一：让阅读从课内走向课外

阅读材料《卖火柴的小女孩》

阅读目标

1. 了解故事的情节，感悟小女孩痛苦的生活，懂得珍惜自我幸福的生活。

2. 初步了解安徒生童话的特点及阅读单篇童话的方法。激起阅读《安徒生童话精选》的欲望。

……

活动二：让阅读从文本回归生活

阅读材料《安徒生童话精选》

活动目标

1. 懂得如何阅读整本书籍。

2. 进一步了解安徒生的人生。

3. 能从安徒生童话中获得生活启示。[1]

蔡小玉老师以《卖火柴的小女孩》的课内阅读为基础，抓住作为学生“根本阅读”的相关名著《安徒生童话精选》，由此形成互文体系的主题阅读，甚至还触及了第三种整本作品的阅读。这样的名著主题阅读如果能扎实开展，对于学生的语文素养的提升、精神生活的丰富都有极大

[1] 蔡小玉.《安徒生童话精选》主题阅读活动设计[J]. 语文教学通讯，2007（36）：52-55.

的促进作用。另一种名著的主题阅读活动则是以课外阅读的深挖为主，脱开教材的课文文本，由教师或学生自主构建主题名著的互文本。典型的案例如深圳宝安区的语文特级教师吴泓的专题式学习，“纵观诺贝尔文学奖得主的作品，无不紧密感应着时代风云，无畏直言自己的思考，充盈着深刻理性的批判精神，洋溢着真挚热烈的个人情感，真可谓底蕴深广，大气非凡。由此，我认为高中阶段的学生有了较高的精神水准和较广的知识视野之后，‘专题研究性学习’的选材，仍应以师选为主，生选为辅，师生共同协作，内容应是大气的、境界高远的经典作品：文学、历史、哲学、科学、宗教、艺术……按学生精神成长阶段的特征和需要，让学生在学习中关注时代大潮，思考历史趋向，探索人生奥秘，回应社会问题，大处着眼，小处着手，一书一文，大智大情，风云际会”[1]。吴泓以诺贝尔文学奖得主的作品作为专题阅读的课程资源组建主题阅读，引领学生广泛阅读。可以说，名著主题阅读是学生精神生活的重要活动，是把语文阅读教学引向高级的精神生活的一个重要手段。

教材重组式的主题阅读也是一个常见的形式，这种形式充分体现了教师对课程的二次开发。在单元教学中有些教材编者也会采用单元主题来呈现，但是有的教材则并不一定采用主题来组建单元。教师为了实现主题阅读会对教材的单元进行重组，形成重组式的单元主题阅读。通过增减、关联、统整、聚合等多种方式对单元进行重组，使教材中的文本具有多重的互文性关系，促使学生的阅读学习多样化，形成开放动态的教学主题，为主题服务。这种教学主题可以是多维交互的，比如可以以思想主题来重组，可以以知识任务主题来重组，也可以结合学生的生活世界来重组。如人教版语文选修教材《中国古代诗歌散文欣赏》，这本教材是以学习方法为线索来组建单元的，第一单元“以意逆志、知人论世”，第二单元“置身诗境、缘景明情”，第三单元“因声求气、吟咏诗韵”，第四单元“创造形象、诗人有别”，第五单元“散而不乱、气脉中贯”，第六单元“文无定格、贵在鲜活”。这套教材的单元组建方式与传统的主题、文体组建有所不同，其单元组建贯穿着中国古代诗歌散文的学习赏

[1] 吴泓. 高中阶段怎样开展语文“专题研究性学习”[J]. 语文教学通讯，2002（18）：44.

析的基本方法，具有一定的创新性。这套教材属于选修模块，选修本身具有一定的选择性、专题性特征，所以教师可以在此基础上进行二次开发，将其中的互文关系进行拆解和重组。除了按照编者组建的方法线索单元，为了提升选修学习的研究性，还可以组建另一组互文本关系，如可以组建李白作品、杜甫作品、屈原作品等主题性学习，还可以组建《阿房宫赋》和《六国论》的主题比较阅读，这些都可以更进一步深化互文本中的单个文本的阅读学习，使单元组建的互文关系形成多维交互的视角，激活单个文本的多维价值。

主题阅读如果走向泛化也会带来一些问题，比如过于强调互文本的主题性，可能遮蔽文本的其他功能和价值，如个性化的审美功能，特殊的文体和语体价值，等等。因此我们需要在多维的互文性关系中合理运用这种主题阅读，才能实现其最大的价值，促使学生的阅读活动成为一种精神创造活动。

三、群文阅读教学

从广义上说，上文所论述的单元阅读教学和主题阅读教学都可以算作是群文阅读教学，只不过其在群文阅读中有着特殊性，所以我们单独进行论述。蒋军晶指出："群文阅读是语文阅读的一种形式，和'单元整体教学''主题教学'等有联系，但又有着很大的区别，它不是只把文章按人文内涵组合在一起，而是更深入文本内部，关注文章的表达形式、内部结构、核心观点、承载信息，在文章之间形成结构化的'互文关系'，让学生在探索群文时，发展学生阅读技能和发现能力。"[1]西南大学于泽元教授等学者指出："群文阅读是群文阅读教学实践的一个简称，是最近两年在我国悄然兴起的一种具有突破性的阅读教学实践，其最大的外在特征就是由单一文本的阅读教学走向多文本的阅读教学。""只有赵镜中提出了一个描述性的概念：'学生的阅读量开始增加，虽然教师还是习惯于单篇课文的教学，但随着统整课程的概念推广，教师也开始尝试群文的阅读教学活动，结合教材及课外读物，针对相同的议题，进行多文本

[1] 蒋军晶. 群文阅读：阅读教学的跨越式变革[J]. 语文教学通讯，2014（9）：41-42.

的阅读教学。'"[1]蒋军晶等人主要在实践操作层面上探索群文阅读教学。

按照我们的思考，群文阅读应该以"互文性"为其理论归旨。我们再一次从朱丽娅·克里斯蒂娃对"互文性"的界定来思考群文阅读的问题："任何作品的本文都像许多行文的镶嵌品那样构成的，任何本文都是其他本文的吸收和转化。"在群文阅读中，互文本之间每一个文本都是其他文本的镜子，每一文本都是对其他文本的吸收与转化，它们相互参照，彼此牵连，形成一个潜在的无限的开放网络，以此构成文本过去、现在、将来的巨大开放体系和文学符号学的演变过程，群文正是一个交织的互文性网络，这个交织的节点正是群文阅读的重要意义所在。赵镜中、蒋军晶等人均认为群文阅读的交织节点应该是"同一个议题"，但是如果仅仅停留在同一议题上面，群文阅读就又会回到"主题阅读"的老路上去了，这个节点的立足点是不完整的，这与蒋军晶所提出的"表达形式、内部结构、核心观点、承载信息，在文章之间形成结构化的'互文关系'"是相左的，因此我们认为群文阅读的互文性节点应该是多维多向的，可以是传统的同一议题（实际上就是主题阅读），也可以是异质对比；可以是形式的对比，可以是内部结构的参照，也可以是手法的参读，这才能成为真正的群文，彰显其互文的价值。主题阅读更多的追求同一性，而群文阅读则应当更加强调互文本之中的个体性特征，追求异质化特征，或者说群文阅读正是通过阅读发现互文本之间那种"和而不同"的互文性特征。

2010年10月到11月期间，我反复给孩子们上教材里的一篇神话《开天辟地》，改变提问，调整环节，变换策略，教学方案换了好几个，最终的教学效果也不错：生字认识了，词语理解了，故事会讲了，盘古的精神也了解了……总而言之，教材规定的教学目标，都达成了。可是我总是觉得不过瘾，总觉得留有遗憾：神话固有的神奇与隐秘，孩子们似乎并没有真正感受到，他们对神话的好奇感并非发自内心。我一时感觉挺失败的。

后来，我大刀阔斧地改变了上法——50分钟内，我让孩子们一共读

[1] 于泽元，王雁玲，黄利梅. 群文阅读：从形式变化到理念变革[J]. 中国教育学刊，2013（6）：62-66.

了7篇创世神话。课上完了，有的字虽然还不会读，有的词也可能还不理解，情节也还不太熟悉。但是，我教得很兴奋，学生学得也愉快，在轻松而又充满挑战的课堂氛围里，孩子们有了许多惊人的“发现”。

第一次发现：通过比较阅读，孩子们发现每个神话都是不同的，都有民族元素。蒙古神话把原始世界描绘成一个大草原，日本神话把原始世界描绘成一个岛……

第二次发现：再次比较阅读后，孩子发现很多民族的神话有相似之处。例如，都喜欢把混沌的宇宙比作“卵”，或是鸟蛋，或是石蛋，或是金蛋；都有一个英雄来拯救世界，帮助人类；都是神或动物的身体器官化成日月、山河、风云，幻化为万事万物。实际上，在阅读中，孩子们自己发现了神话的三个母题：“宇宙卵”母题，“英雄创世”母题，“垂死生化”母题。

第三次发现：远隔千山万水的人们，为什么会有这么多“如出一辙”的创世神话？围绕着这个自发的集体性疑问，孩子们展开了积极热烈的讨论。有的说，蛋孕育生命的场景给原始人强烈的刺激，所以他们不约而同地想象原初的世界像一个蛋；有的说那是因为原始人看到日月星辰这些“重要”的事物都是圆的；有的说那是因为最开始大陆本身就是连接在一起的，后来由于地壳运动才分裂成不同板块，原始人生活在一起当然想法具有一致性；还有的说，说不定这个世界上具有某种史前智慧，这种智慧通过某种方式“传递”到分居各地的原始人……真让人惊叹孩子们想象力、洞察力以及勾连知识的能力。[1]

蒋军晶老师的这个课例已经鲜明地显示出了从主题教学到群文教学的重要变化，他选择了7个创世神话的文本，这是一组同一议题的互文本，但是在阅读过程中，师生共同发现了互文本之间的关联性，既有同也有异，并经由这种同异点使得阅读的思维深度加深，共同去探求根源性的问题。与主题教学不同，主题教学更多的追求主题的同一，以主题来作为阅读的核心，但是群文阅读应该要强调的是“群相”，也就是在同一议题之下，互文本之间的特殊性，也就是我们上面所说的“和而不同”，只有这样才

[1] 蒋军晶. 群文阅读：阅读教学的跨越式变革[J]. 语文教学通讯，2014（9）：41-42.

能彰显群文阅读的互文性节点多维多向的特性。这种同一议题仅仅是一个互文性的联系点，并不是互文参读的唯一的比较维度，常常也不是最重要的比较维度。群文阅读的设计应该以教学性作为选择标准，也就是说我们的教学要实现什么样的教学目标和价值，这才是决定群文阅读的互文本的选择的标准。比如说以主题认知为主要的教学目标，那么群文阅读就主要以主题阅读的形式呈现；如果以文体差异的学习为目标，就可以选择一组同一议题但不同文体的互文本呈现；如果以写作手法的习得为教学目标，可以选择一组写作手法不同的互文本呈现等，这种互文本的组织可以说完全由阅读教学的需要来决定。甚至还可以打破同一议题的束缚，形成多维的互文性节点，比如说以同一写作手法为基础，选择不同的议题来形成互文本，当然这种选择也并不是随意的，重要的选择标准正是语文教学考虑互文本比较参读的教学价值。

以古诗词中虚实结合的手法的体认为例，教师可以组建一组互文本，让学生在这一组互文本之间从不同的角度来体认虚实结合的手法，实现这种互文参读的教学价值。诗歌中的“实”指的就是真实之境，眼前的实景、实事等，“虚”指的是虚无之景，多指想象、联想、回忆等。在诗歌中“虚”与“实”形成了诗歌的一对范畴，虚实相生、虚实结合能够创造出特有的诗歌境界，但是在诗歌鉴赏中学生常常难以理解这一对范畴，难以体认这一艺术手法。因此为了实现这个教学目标，教师可以组建一组互文本,形成群文的阅读。如选择人教版教材中《梦游天姥吟留别》《念奴娇·赤壁怀古》《虞美人》《雨霖铃》形成互文本，引领学生通过一定量的互文本来探求某个教学目标的实现。这一组互文本中“虚”的呈现就有不同。李白《梦游天姥吟留别》“霓为衣兮风为马，云之君兮纷纷而来下。虎鼓瑟兮鸾回车，仙之人兮列如麻。忽魂悸以魄动，恍惊起而长嗟。惟觉时之枕席，失向来之烟霞”。这里的“虚”就是诗歌中描绘的仙境，是诗人浪漫主义的丰富想象。苏轼的《念奴娇·赤壁怀古》“谈笑间，樯橹灰飞烟灭”，火烧赤壁的情景也是诗人的一种构造，形成虚境虚象。李煜《虞美人》“雕栏玉砌应犹在，只是朱颜改”，这是已经逝去的景象和回忆，物是人非。柳永《雨霖铃》“今宵酒醒何处，杨柳岸晓风残月”，这是设想的离别后的景象，想象酒醒之后的情景。通过这样的互文本的阅读探析，可以将虚景归纳为梦境（仙境）、回忆之景、未来之景等，在这种互文本中学生可以较为深刻地掌握其中的手法运用，进而研读虚与实是如何相生的，诗歌境界是如何由虚实相生的手法衍生出来的，等等。在教学实践中教师还可以设置多个比较点来进一步赏析古典诗词，比如朱小玲老师使用多个角度的比较形成多维的互文来达成《雨霖铃》的教学目标。

一、比较古诗意象表达，释义古诗意境之妙

理解古诗意境，品味作者情感是对古诗进行品鉴阅读的重要途径，《雨霖铃》亦是如此。在词中，诗人巧妙借助蝉、长亭、雨、兰舟、烟波、云气等多个意象，渲染了凄清、依依不舍的离别氛围。在具体教学中，教师可以借助比较阅读法，充实教学内容，借助意象的比较，释义古诗意境之妙。

北宋周邦彦著有《蝶恋花》，其中“执手霜风吹鬓影”与《雨铃霖》的“执手相看泪眼”具有异曲同工之妙。在课堂教学中，教师可以引导学生将课外古诗《蝶恋花》与《雨霖铃》进行比较阅读，强化学生对“离愁别绪”古诗意境的理解。如，在《蝶恋花》中作者借助哪些具体的意象表达了自己的“离愁别绪”，这些意象有什么特点？与《雨霖铃》相比，两者有什么异同？在引导学生对两者进行初步比较阅读之后，教师还可以借助多媒体教学设备对两首词的离别场景进行意境再现，从而深化学生对古诗的理解。

此外，在教学中，教师还可以借助同一意象的不同意境进行比较阅读，以此来锻炼学生的语文思维品质。如，在《雨霖铃》中，诗人借助“晓风残月”烘托了离别的愁绪与不舍，抒发的是相恋之人的离别之苦；而在《秦月楼》中，诗人借助“晓风残月”表露了深深的故国之思。在教学中，教师可以将《秦月楼》进行补充阅读，引导学生在理解《雨霖铃》意境的基础上，进行比较阅读，从而巩固学生的语文知识、锻炼学生的语文思维，实现高中生语文古诗品鉴能力的有效发展。

二、比较古诗语言风格，释义古诗意蕴之美

语言风格的了解与体会是学生进行古诗文品鉴的基础，也是教师课堂教学的重要内容。在《雨霖铃》教学中，为了深化学生对以柳永为代表的婉约派语言风格的理解与感悟，教师可以搜集相同语言风格的作品进行比较阅读，同中求精，锻炼学生的古诗分析能力。

如，宋代秦观的《满庭芳·山抹微云》。秦观深受柳永影响，在写作手法、语言风格上与其大同小异，借助秦观的作品进行比较阅读，有助于加深学生对柳永词作品语言风格的理解，从而有效实现《雨霖铃》的课堂教学目标。此外，秦观在《满庭芳·山抹微云》中，也表达了自己对友人别去的依依不舍。在课堂教学中，教师可以将比较阅读的重点定在对两首古诗语言风格、感情基调的分析。如，《满庭芳·山抹微云》中哪些具体的用词可以体现作者的语言风格？在《雨霖铃》中有没有相似的表达？

在相同语言风格的比较阅读中，有助于学生借助已学的《雨霖铃》语言风格对《满庭芳》进行分析，从而逐渐形成对某一类作品的规律性认识，有助于精化学生的古诗知识，提升高中生的古诗文学素养。

三、比较古诗写作手法，释义古诗叙事之巧

在《雨霖铃》中，作者以叙事的口吻将离别的情绪逐层展开，借助离别前的“寒蝉凄切、骤雨初歇”，铺设离别中的“执手相看泪眼”，进而为离别后寒秋意境的感情烘托打下基础。这种巧妙的铺设手法将作者的凄楚怅惘表现得淋漓尽致，此外，诗人还借助“今宵”“此去经年”“便纵有”将自己的感情层层推进，实现感情的宣泄。可见，作者主要是按照时序的先后进行离别场面和情景的铺设，体现铺叙中“叙”的特点。

在教材中《声声慢》也是借助了铺设的手法进行了谋篇布局，但是作者并没有向我们具体讲述愁苦的原因及事情经过，而是反复描写“愁”的表现。在教学中，教师可以借助《声声慢》进行比较阅读，引导学生在写作手法上进行古诗的品鉴，体会《雨霖铃》的“纵向伸展、层次递进”与《声声慢》的“横向移动、并列铺叙”。[1]

朱小玲老师的这一教学案例以《雨霖铃》的意象、语言、手法三个学习目标为基点，选取了与之相关的多首词进行比较，形成了多维的互

[1] 朱小玲. 用“比较”释义古诗之美[J]. 语文教学与研究，2018（7）：131.

文阅读，而且有意识地指向《雨霖铃》的教学目标，形成从意象到语言风格，再到艺术手法等方面的互文比较，这种互文参读比同质化比较、单一主题的比类更深入文本建构的内核，这样的比较鉴赏真正实现了互文性的教学价值。

第三节　文本与相关资料产生的互文

按照克里斯蒂娃所说的文本的“镶嵌”特征，所有的文本都不是孤立存在的，都有其历史解释的互文参照特性，每一个文本都不是自足的，都与另一些文本产生互文关系。克里斯蒂娃指出互文的三个重要关系主体：写作主体、接受者（包含研究者）和外来文本。那么这种互文关系就可以分为纵横两个方面，横向关系就是写作主体与接受者（研究者）的关系，纵向关系则表现为文本与过去的相关背景的关系。只有在这种纵横的互文关系的思考中，我们才能更加深刻地去解读文本，读出文本的历史互文关系。因此，我们必然需要在解读中关注不同研究、历史背景等产生的互文关系。

一、不同研究产生的互文

接受美学告诉我们文本解读是读者的审美经验创造作品的过程，它可以对文本进行再创造。文本并不是永恒不变的，具有被不同历史时期、不同社会、不同读者不断接受的历史性。经典作品也只有当其被接受时才存在，读者的接受活动受自身历史条件的限制。不同时期、不同研究对文本的解读在阅读教学中成为“再创作”机制中的互文本，这种互文本首先成为语文教师教学的重要参考资源（这正是我们所说的要将专家的解读转化为教学解读的重要环节），另一方面语文教师可以根据具体的教学目标、学生情况等选择适当的材料作为课堂教学的资源，这种互文本的运用可以促成深度阅读的达成。

深度阅读基于文本解读的多元知识图谱，整合了多方面的解读资源，扩展了阅读的纵深，增强了意义网络之间的关联性，从这个意义上说深度阅读本身就必然走向互文性，在互文本之间才能实现阅读的纵深发展。以朱自清的散文为例，朱自清的散文从民国时期至今多次进入中小学语文教材，但是在不同的时期却有着不同的解读。20 世纪 50 年代在强势的政治话语解读面前，《背影》等文章被认为是小资产阶级情调的产物，甚至被从教材中剔除，直到20世纪80年代才被重新选入教材，人们对《背影》的解读才复归，将其理解为一种父子之间的亲情表现。随着文艺理论思潮的不断跌宕更新，对朱自清的《背影》等经典散文的解读也逐渐走向多元化，各种新的解读研究成果呈现在语文教学面前，新课程标准鼓励学生进行多角度的理解，促使教学解读也走向多元化。除了传统的父子情深的解读，以韩军等为代表的教师则将《背影》解读为通过父与子的情感感喟生与死。

再以《荷塘月色》为例，就有这样几种解读：一是忧愤彷徨并向往美好生活说——认为该文表现了“四一二”政变之后，作者对黑暗现实的不满和对美好生活的向往；二是逃避现实说——认为文章表现出的思想是矛盾的，暂时超脱现实，但是又未能超脱，不满现实，又有逃避现实的消极的一面；三是闲适情趣说——文章表现的是1927年时作者对社会现实的不满，但又独守个人小天地，喜欢那得来的片刻逍遥的淡淡情趣或者说是欣赏月下荷塘自然之美的情趣；四是品质高洁说——受启示于周敦颐的《爱莲说》，认为作品的主题在于表现朱自清高洁的品质。[1]这种研究史、解读史形成的互文现象首先可以成为语文教师丰富的备教资源，语文教师可以进行自我的教学重构和选择，另一方面语文教师也可以将其引入课堂教学给学生形成互文参读的阅读范式。我们以朱自清的《荷塘月色》的课例来说明这两种互文参读在阅读教学的表现。

朱自清的《荷塘月色》是语文教学的“必修篇目”，分别入选于人教版高中语文教材必修二第一单元、苏教版高中语文必修二“慢慢走，欣赏啊”专题。教学时，教学目标应该如何取舍，才能抓住这篇文章的“神”和写景散文的文体特征？

一、教学目标的选择排列

散文写法灵活，表达方式多样，教师如果能从散文的文体特征入手，抓住散文的特点，根据“线索”“文眼”等散文的基本构成要素来设计教学目标，就能让学生从整体上把握课文的行文思路和情感脉络，避免散文教学的琐碎和低效。在《荷塘月色》这篇文章里，线索有两条：一是

[1] 李杏宝，顾黄初. 中国现代语文教育史[M]. 成都：四川教育出版社，2000：386.

游踪，二是情感。游踪是情感变化的触发点。因此，我设计的第一个教学目标是“把握作者的行文线索”。从游踪来看，学生能够很容易发现作者是按照“家—小煤屑—荷塘—荷塘四周—家”这样一个圆形结构的游踪顺序来写的；游踪的变化附着情感的变化，由“颇不宁静”到“暂得宁静”再到“不宁静”的情感线索也比较明显。

这篇散文的线索是比较清晰的，不论是游踪的变化还是作者情感的变化都是比较明显的，难点在于如何理解朱自清所营造的“淡淡的喜悦”与“淡淡的哀愁”交织的荷塘月色的意境之美。

相比于人教版“欣赏景物描写”“把握文章思想感情”“品味精美语言”三个教学切入点，苏教版给出的教学建议是这样的：“我们对《荷塘月色》和《听听那冷雨（节选）》的鉴赏主要从‘意境之美’的角度切入，而‘意境’就是不折不扣的传统文学批评术语。”课后的“活动体验”编者也设计了这样的问题：“意境是作家主观思想感情和客观景物环境交融互渗而形成的艺术境界，有着描述如画、意蕴丰富的特点。阅读《荷塘月色》《听听那冷雨（节选）》，涵泳品味，求同探异，鉴赏两篇作品情景交融的意境美，并和同学交流感受。”因此，我设计的第二和第三个教学目标分别是：“领略荷塘月色的意境之美”“把握意境背后所暗示的情感变化，体会作者‘淡淡的喜悦’和‘淡淡的哀愁’的复杂情感”。第三个目标是建立在第二个目标之上的，只有领会了“意境之美”，才能进一步领会景物和情感的变化。[1]

方兵老师教学目标的选择与设计正是研究、解读的互文性选择的结果，考量了不同研究者的相关研究。过去的阅读教学过多地将文本进行政治化的解读，或者过多地在解读过程中附会相关的背景，教师就试图回避这些纠结，更多地从审美的层面把《荷塘月色》当作培养学生审美能力的范本，在人教版与苏教版的教学参考意见上也做了一些辨析，最终选择了以“意境之美”作为教学的目标取向。这些互文资源实际上属于专家解读，是课文解读的丰富的源泉，作为课文解读的其中一个重要主体的语文教师，需要汲取这种互文资源，由教师作为中介将这些专家

[1] 方兵. 关注意境之美——《荷塘月色》教学目标的选择与设计[J]. 教育研究与评论（课堂观察），2016（3）：26-28.

解读转化为适于课堂教学所用的课文解读。进行这种备教层面的互文参考的选择，教师首先要关注教学内容的确定原则，在这个案例中教师重点关注的是文本的审美价值，确定了教学内容，教师就确定从领会文本的意境之美出发，教师这种互文性的选择对教学的价值取向就已经做了一定的引导。另一种情况则是直接将研究性的文本引入课堂教学，研究性文本成为课文的互文本，成为课堂教学的资源，教师可以引导学生进行深度的思考和研讨，进行辨析和选择。比如关于《荷塘月色》中作者“不宁静”的思考，教师引入三种不同的说法，提供给学生形成互文本，引导学生进行思考讨论。

“不宁静”的三种说法：

1. 时代说：1927 年，大革命失败，蒋介石叛变革命，白色恐怖笼罩中国大地，朱自清作为有社会责任感的中国知识分子，对白色恐怖不满，表现出孤独的苦闷彷徨，寻求在一个清冷幽静的环境中解脱而又不能。

2. 家庭说：长时间与父亲不和，家庭的重担全部压在自己的身上，妻子儿子生活困苦等一系列生活的琐事让作者苦闷。

3. 何必说：认为若文章必须追究写作背景和意图，文学鉴赏就会变成做数学题似的求证求解，毫无美感可言，主张不了解写作意图。

总结：对于朱自清为什么心里不宁静，历来众说纷纭，仁者见仁，智者见智。不论是哪种写作缘由，从文中我们都可以看出作者是在逃避，但再深层地想想，有时候逃避未必就是坏事，不论逃避之后我们有没有解决实际问题，但我们此时从烦恼中解脱，精神得到舒缓，说不定就是这一刻的轻松使得我们在后来的现实中能够更好地解决眼前的烦恼。从后来朱自清的人生道路来看，他不再迷茫，做出了正确的选择。每一位读者会因年龄、阅历、所处时代等因素而读出属于自己的一片荷塘月色的。通过学习这篇课文，希望同学们也能找到属于自己的荷塘月色。[1]

基于这种互文的参读，可以引导学生进行不断的讨论、辩论、重建。教师利用不同研究的互文本为学生的阅读活动创设良好的环境，通过研究互文本形成深度阅读的有利条件，通过互文参读激活学生阅读的主动

[1] 李宝毓. 中小学语文朱自清散文文本的多元解读及其实践策略[D]. 赣州：赣南师范学院，2014.

性。教师进一步引导学生评鉴这些互文本，并建构自己的认识和观点，鼓励学生批判质疑，发表不同意见。教师进行必要的点拨，充分用好研究互文本的价值。将文本的解读活动在课堂上演绎成一个不断修正和完善的过程。在引导学生对文本的研究互文本进行理解的过程中，积极创设互文本的碰撞特性，让学生在对话、探讨和争论中形成自己的观点。

二、相关背景材料产生的互文

相关背景资料产生的互文，实际上与我国古代文学批评所说的“知人论世”大致相当。孟子谓万章曰：“一乡之善士，斯友一乡之善士。一国之善士，斯友一国之善士。天下之善士，斯友天下之善士。以友天下之善士为未足，又尚论古之人。颂其诗，读其书，不知其人，可乎？是以论其世也，是尚友也。”（《孟子·万章下》）孟子认为，作品和作者本人的生活历程、生活史相关，与作者生活的时代背景也有着密切的联系，因此只有充分了解作者及其所处的社会环境，才能与作者神交，才能掌握作品的思想情感。清朝章学诚在《文史通义·文德》中说：“不知古人之世，不可妄论古人之辞也。知其世矣，不知古人之身处，亦不可以遽论其文也。”自孟子提出知人论世的思想，这一观点似乎成了中国文学批评的一个铁律，直至今日我们的文学批评都仍然受到这个铁律的影响。在语文课堂教学中更是形成了“作家介绍—背景介绍—中心思想”的教学解读习惯，多年以来语文教学在一定程度上仍然是生硬的“知人论世”和“庸俗的社会分析”的混合。事实上知人论世本身是一种较好的文学批评方法，但是由于长期以来的简单化和误用导致了在文本解读上知人论世的错位。

知人论世的错位主要有两种表现：一是不经由文本的品读、跳过学生的阅读初感而生硬套用背景，形成贴标签式的解读；二是生硬攀附，对相关背景材料不加选择，使用的材料对于文本解读毫无价值。以《荷塘月色》的主题探析为例，对文章“不宁静”的解读，大多数教师仍然直接运用“白色恐怖”的背景来进行解读。这种生硬的知人论世导致了文本审美功能的弱化，肢解了文本原本丰富的情感世界。基于这样一些问题和弊端，甚至有研究者提出“语文教学还是少谈点‘知人论世’”[1]，这显然有矫枉过正的嫌疑。如果我们从互文性的角度来思考知人论世的学理性和运用原则可能会有不同的发现，从互文性的角度而言，作者的背景历程、作者所处的社会文化环境，均是文本构成的重要互文要素，这些要素经过种种镶嵌融汇在文本当中。因此，从互文性的角度来看，知人论世的优化运用关键在于这些形成互文关系的背景材料的互文连接点，牢牢抓住这个互文的连接点能更好地从中找到这种互文本的意义生发点，能形成有价值、有意义的知人论世。

从作者介绍这种互文关系而言，过去的的语文教学主要是一种简单的介绍，比如“鲁迅是著名的文学家、思想家、革命家”，这种所谓的“知人论世”根本不能形成有效的互文性的意义连接。这样无意义的互文本不仅不能产生参读的效应，反而使得我们对鲁迅越来越疏离，越来越陌生。“文学家、思想家、革命家”这种名头称号，呈现的是鲁迅的镜像，那个有血有肉的对于文本有意义的鲁迅却被解构了。因此，简单的情况介绍并不能成为真正的知人论世，它没有找到互文关系的连接点。从互文性的角度而言，真正的有意义的知人论世应该是走近作者的意义世界，并与文本形成互文的关联。比如在教学《风筝》一文时，构成互文关系的不应该是作为“思想家、革命家”的鲁迅，《风筝》本来就是用双重视角来看世界，既是从成人的视角来看儿童天性的世界，又是从天真的儿童的视角来看成人的世界、反思成人的世界。“风筝”原本是自由的，却负载了沉重的思想，语文教师去讲授它时都太过成人化、社会化，那个孩童的天性的视角，那双天真的眼睛已经被蒙蔽起来了。在《从百草园到三味书屋》中，我们需要走近的是一个作为天真的孩童的鲁迅，“我有一时，曾经屡次忆起儿时在故乡所吃的蔬果：菱角、罗汉豆、茭白、香瓜。凡这些，都是极其鲜美可口的；都曾是使我思乡的蛊惑。后来，我在久别之后尝到了，也不过如此；惟独在记忆上，还有旧来的意味存留。他们也许要哄骗我一生，使我时时反顾”[2]。在这个文本中，鲁迅的生活世界开始于

[1] 黄本荣. 语文教学还是少谈点“知人论世”[J]. 中学语文教学参考，2016（10）：13-15.
[2] 鲁迅. 朝花夕拾[M]. 成都：四川人民出版社，2017：4.

对儿时的反顾，此时作为一个天真孩童的鲁迅才能与文本形成互文性的关联。

传统的作者简介式的知人论世大多把作者名号化、符号化，往往把作者的生活世界的意义消解掉了，很难让学生真正走近作者，并将作者的生活世界与文本形成互文的连接。既然我们难以从文本外部找到互文的连接点，那不妨从文本内部去窥探作者在文本的“镶嵌”，形成创造性的互文。比如在《虞美人》的教学中，有教师引导学生在阅读文本的基础上去感知文本背后的作者，从而找到这种知人论世在文本中的互文的镶嵌，形成一种新的互文本关联。

学生甲：我眼中的李煜身形消瘦，形容枯槁。风吹乱了他的头发，更乱的该是他的内心。他的泪已流干，目光绝望，月色冷清，抚慰不了他绝望的心。他的黄袍不再，身上不过是一袭白衣。

学生乙：我眼中的李煜登上小楼，眉头紧锁，眺望远方，迎风落泪，对月叹息。对着明月他喃喃自语，还在么，那些美好的往事？还在么，曾经的雕栏玉砌？他是孤独的，一个人仰望苍天，问天，问地，问自己，却没有人能够给他一个回答，我听到李煜的一声叹息……

学生丙：花好月圆，东风和暖，一位曾经的君王，面色苍白，登上小楼，想起了太多的往事。远眺南方却再也看不到他的“三千里地山河”。两年零七个月的囚徒生活已经把他的泪洒干，面对越来越遥远的故国、越来越屈辱的现在和越来越飘渺的未来，他的眼神中只剩下了绝望和悲凉。[1]

事实上基于本文直读之后，再去寻找文本背后的作者也是一种较好的互文参读形式。

另一方面知人论世作为一种互文形式，需要在解读活动中注意互文产生的时间点，在语文教学中就是要抓住作者、背景等互文要素的最佳介入时机。比如在执教《锦瑟》时，要让学生理解这首朦胧难解的诗歌，必然要让学生了解作者的生活历程，但是生硬的植入也很难形成有意义的理解。那么要形成这个互文本就必须注意有效的介入时机，在解读过程中等学生具有一定的感知和理解之后再介入这种互文本，互文参读的

[1] 江宏，张缨. 从“介绍作者”到“走近作者”——基于“知人论世”理论运用的语文阅读教学尝试[J]. 教学月刊（中学版下），2012（8）：59-61.

效应才能达到最佳效果。让学生做好材料的准备，先进行本文直读，通过把握意象、典故等，学生就会形成初步的朦胧意义，此时就是“知人论世”介入的最佳时机。

知人论世，解谜诗歌（与诗人的情感产生共鸣，领悟诗人的情感历程）

师：请同学们根据情景故事的感悟，适当结合李商隐的人生经历，尝试探究这首诗歌的思想内容。

生：李商隐中年丧妻，又因写诗抒怀，遭人贬斥，此诗约作于诗人晚年，有可能是悼念追怀亡妻之作。

生：李商隐天资聪颖，文思锐敏，二十出头考中进士，举鸿科大考遭人嫉妒未中，从此怀才不遇。在“牛李党争”中左右为难，两方猜疑，屡遭排斥，大志难伸。也有可能是感慨自我身世。

生：我们发现李商隐是一个“情圣”，这首诗歌极有可能就像我们所编写的故事一样，是一首爱情诗，而且似乎是一种晦涩难言的爱情。

生：对《锦瑟》一诗的创作意旨历来众说纷纭，莫衷一是。我们认为其情感可能不一定是单一的。

……

师：同学们的探究十分到位，能够把诗歌史上对这首诗的研究都展现出来。

（投影）

李商隐生平

幼年失怙

怀才不遇

妻子早亡

卷入党争

仕途灰暗

——“华年”的多样性和“惘然”之情的立体感

师：事实上刚才有同学已经点出了解谜这首诗歌的关键，其情感不是单一的，而极有可能是多样的和立体的！这首七律，凝缩着诗人匆匆一生里的，跌宕流离的命运，失落沮丧的际遇，讳莫如深的情感，梦幻绮丽的爱恋……这一切，又如同他名姓中的那个“隐”字一样，影影绰绰，朦朦胧胧，依稀仿佛，似有似无，感觉得到，捉摸不住，可以意会，不可言传，那美学境界吸引着千百年的中国读者。[1]

在执教《锦瑟》这首诗歌时，虽然没有丰富的背景材料就难以进一步解读其意蕴，但是如果先入为主地进行符号化的灌输，那么对于文本的解读也是毫无帮助的。这时候只有让学生读出意象背后的情感线索，读出“此情可待成追忆，只是当时已惘然”背后的情感表征，然后再从文本需要的角度去寻找“镶嵌”在其中的作者背景，与文本形成有效的互文本，学生才能更好地理解文本的情感线索和情感表征，进而可以进一步结合相关资料深究研讨历史上各种说法的合理性。事实上不仅教学阅读应该遵循这种互文介入的时机，在普通阅读情况下，也应该以“裸读”为开端，之后再联系相关的作者、背景。比如在阅读毛泽东的《沁园春·雪》时，要读出开阔、阔达的意象，读出“唐宗宋祖，稍逊风骚。一代天骄，成吉思汗，只识弯弓射大雕。俱往矣，数风流人物，还看今朝”的气魄，这样会促使读者不断去追问词人何以能选用如此阔达的意象，词人当时的心境是怎样的，这就是从本文直读中读出文本背后潜在的“镶嵌”的互文本，接下来再去考证、索引，互文本之间的意义连接就生成了。

三、新媒体的引入形成的互文

当下已经进入了一个“互联网 +”的时代，“互联网 + 教育”也已经成为趋势，在这个大潮流中阅读教学也必然需要进行这方面的思考和研究，从互文性的理论来看，新媒体的各种资源的引入也可形成一种当代特有的互文本现象。过去十年我们还处在初级的多媒体资源的运用阶段，如计算机辅助、PPT 展示、图片视频的运用等，如今信息技术的发展十分迅猛，新媒体资源不断涌现，教育部在《教育信息化十年发展规划（2011—2020 年）》中更是明确提出，要推进信息技术与教育的深度融合。

屏幕介质、图像化思维和互联网思维已经成为当代社会的重要特征。信息技术在迅速地发展，各种移动终端也在不断更新，技术的变化给人

[1] 梅培军，马国军.《锦瑟》课例赏鉴[J]. 语文教学通讯，2015（Z1）：32-34.

们的生产生活带来了深刻的变化，特别是文本的阅读载体和人们的阅读习惯等都发生了变化。这些屏幕介质具有移动性、互动性、虚拟性、链接性、碎片化等特点，过去的纸媒阅读习惯已经开始式微，基于屏幕介质的阅读活动越来越普遍，如何在纸媒阅读和屏幕介质阅读中找到合理的互文连接也是值得我们深入思考的问题。与此同时，随着新媒体的广泛介入，屏幕介质的广泛应用，图像将成为人们文本接受的重要思维元素。我们可以发现，通过各种移动终端的屏幕介质，人们更便于使用形象直观的图片式资源，图像化思维在学习过程中产生重要的影响。互联网思维是由于网络的资源、互动、个性化、分享、大数据分析等带来的新的思维模式。借助多种网络搜索引擎，人们可以便捷地通过网络来实现资源的获取，实现知识的学习，形成思考和判断。互联网还具有超越时空的特点，借助互联网人们可以随时随地通过各种方式进行超级链接。因此，有专家指出移动终端、个性化、交互性、图像化等将会成为未来课堂的重要特征。

根据教育信息化专家的相关研究，过去我们基本上处于信息技术与教学的整合阶段，所谓整合就是促成一个系统内各要素的整体协调、相互渗透，使系统各要素发挥最大效益。简单地说就是要协调各要素，在教学中将相关新媒体资源使用得恰如其分。而现在所提出的深度融合的思想则进一步要求各系统要素实现动态平衡，不是简单地辅助或使用，而是各要素之间有机融汇，水乳交融，浑然一体，形成一个新的整体的教学系统。在阅读教学中思考深度融合问题，自然而然引发“互文性”的时代意义的更新，事实上新媒体的“超级链接”与互文思想“互文镶嵌”具有极大的相似性，而在阅读教学中教师的教学实施往往难以离开这种“超级链接”“互文镶嵌”的思想和行为。

多媒体是一种将数据、文本、音像（录音、录像）等媒体有机组合，并建立在现代互联网技术之上形成多向交互的媒体体系。在阅读教学中运用多媒体辅助教学可以为学生提供鲜活的直观材料，使抽象的文本可以具象可感。这些多媒体无疑与文本形成了互文本关系。语文教学的发展不能脱离这样的潮流，这就需要我们去寻求优化这种独特的互文的方法，精选优用这些新媒体资源以构建有效促读的互文本形式，基于新媒体的技术特点甚至可以构建多形式的互文本群。一方面，新媒体资源所形成的互文本具有形象可感性，能将文字文本形象化。例如，在执教《桂林山水》《苏州园林》《黄山奇松》等课文时，通过文字文本的解读是难以形成学生的审美图式的，而通过图片、视频等新媒体互文本，就可以促使学生的审美感知生成，使学生如身临其境般地理解感受文字文本，丰富的具象化互文本可以促使学生进行想象和联想，从而易于理解课文，进一步归纳文字文本的写作技法。当然这种互文本的运用也可能会产生一定的弊病，通过新媒体的互文本进行具体感知之后，学生对语言文字文本的深层次理解很有可能会被削弱。这是这种互文参读的一种悖论，需要我们在具体的教学实践中拿捏好互文关系的尺度，不宜滥用，不宜削弱学生对文本的语言文字的理解和领悟。另一方面，基于网络的新媒体超链接功能可以方便快捷地形成上文提到的各种互文参读形式，形成海量的互文本群。以浙教版《大明湖》的教学案例为例。

本人搜集了大量的有关大明湖、济南以及与《大明湖》内容有关的资料，如文字介绍、图片画面、电影录像等。这样在制作课件时就可以做到需要什么材料，马上就能调出应用。这些资料也能对《大明湖》教学设计提供新的思路，激发老师产生新的教学设计，对学生也是一个很好的启发，从而优化教学过程。

对文中对联的学习分析，如“四面荷花三面柳，一城山色半城湖”“一盏寒泉荐秋菊，三更画舫穿藕花”等，笔者在多媒体与语文教学相结合中设计了一些这方面的问题，还设计了一些有关杭州景点的对联、题词等。笔者把所拍的照片及搜集的图片、录像做进课件中，如中山公园亭对联“水水山山处处明明秀秀，晴晴雨雨时时好好奇奇”；九溪十八涧对联“重重叠叠山曲曲环环路，高高下下树叮叮咚咚泉”，起到了很好的效果。笔者把这些对联的含义与风景点的实际联系起来给学生讲解，既扩大了学生的知识面，又增强了学生对杭州、对家乡的热爱。

……

3. 激发兴趣，调动主体

……

设计《大明湖》教学过程，多媒体与语文教学相结合只是辅助教学，是教学过程中的一个手段，要把它用在最关键处，而不能让老师的授课跟着多媒体与语文教学相结合走，这样会本末倒置，重点不突出。多媒体与语文教学相结合的制作也应根据课堂教学的需要设计，决不能为了追求多媒体与语文教学相结合而打乱课堂教学设计。因此好的课堂教学设计，是多媒体与语文教学相结合的关键。本文的教学过程，笔者首先激发学生的学习兴趣，让学生尽快进入课堂学习状态，然后理顺《大明湖》中的词句，欣赏《大明湖》优美的语句，激发想象大明湖的美丽景色，再就是对《大明湖》内容的分析学习，指导学生研读精彩段落、句子，最后联系全文写作顺序让学生理解什么叫顺叙。

4. 视讲结合，强化互动

课堂教学过程中，运用色彩鲜艳、引人注目、生动直观、具体感人的多媒体与语文教学相结合画面，能给学生提供丰富的感性资料，激发学生的学习兴趣。有些学生不善于把注意力集中在教材的主要本质方面，对课堂的重点、难点往往不求甚解，因此，在运用多媒体与语文教学相结合的教学中，要做到视讲结合，吸引学生注意，唤起学生的心理活动，并指出课堂的重点和难点。

……

对《大明湖》重点语段的研读，笔者设计了一些问题供学生思考学习，然后学生回答，再由课件给出分数并给予鼓励。课堂最后是老残游湖示意图，按照老残的游踪画出游湖示意图：自鹊华桥乘船向北，到历下亭；再乘船向西，到铁公祠，步行向东，到古水仙祠；再乘船绕过历下亭，回到鹊华桥。对这一教学内容笔者采用多媒体与语文教学相结合演示的方法，逐步按照方向显示出老残的游湖示意图。这样给学生一种方位清楚、条理分明的感觉，有利于加深学生的印象，也有助于学生对记叙顺叙的理解。[1]

通过这个多媒体阅读教学设计案例，可以看到新媒体的介入使得互文本具有了技术媒体的基础。如果没有多媒体，很难在教学中实现“大量的有关大明湖、济南以及与《大明湖》内容有关的资料，如文字介绍、

[1] 钟娜. 以《大明湖》为例谈多媒体与语文教学[J]. 中华活页文选（教师版），2016（1）：73-75.

图片画面、电影录像”等资源的呈现，并且与西湖文化形成互文。在课例中教师注意了文本的基础性和根本性，引导学生对关键性的语文元素进行学习，如语言的把握、叙述的技巧等，但是仍然让人感觉到资源过于繁杂，互文的连接关系不鲜明，西湖文化的引入效果不佳。尽管新媒体的互文介入给阅读教学带来了生机和活力，但并不意味着媒体越先进、使用越多，越能提高阅读教学的有效性。相反，有些新媒体的互文甚至还会妨碍对文本的深入理解。所以在教学实践中，需要慎重地选择新媒体形成互文本，选择的原则仍是上文所提到的对于原文本的互文关联点，也就是说无论是什么类型的互文本，都需要形成对原文本的有效解读，才能最终实现其互文镶嵌特性，合理有效的新媒体互文本应力求遵循教学目标，组合灵活多样，时机把握恰当。

第四节 文本改写产生的互文

改写是一种常见的文学创作方式。在中国文学史上，并不排斥改写，甚至把改写当作写作的一个必要过程，因此中国文学常常有经典的化用、仿用而成创作，如中国古诗词中常见的“用词”，正是对历史文本的一种改写。西方文学理论自结构主义、后结构主义开始对文本的改写也有较浓厚的研究兴趣，事实上克里斯蒂娃的互文性概念本身就是一种改写理论，任何一个文本都是对之前的文本的一种改写和重构。应该说改写本身就具有强烈的互文性特征，那么在阅读教学中改写本身就是一种深度阅读手段，通过改写实现“镶嵌”和“互文”的重构，在阅读教学中教师和学生对文本的改写都可以成为阅读的互文本。

一、文体的改写形成的互文

写作者、研究者或读者把现有文本改写成为另一种文体的文本，以文体改写来实现跨体的互证、互文。“跨体写作”实现的是陌生化效果，成为文学写作的一种潮流；“跨体阅读”也同样实现了阅读的陌生效应，使阅读者以一种全新的猎奇之心进入文本，有利于进一步提升阅读的兴趣。这种跨体阅读的互文对于学生的语言感知能力有较大的培养作用，跨体的改写使文本形成一个多维语言的棱镜，促成多角度的阅读体验。

例如上文引用的程少堂老师执教《荷花淀》的课例，他将原小说文本经过结构化的重组形成诗歌体式，这种结构化的改写，将原文本与改写文本形成互文本，以文本的文体转化来实现跨体的阅读，这使得孙犁“诗体小说”的特征得以凸显，学生也可以从一个全新的语言体式来感受这一文本的情感表达，产生新的阅读体验。教师对文本的重组和改写给学生提供了一种新的阅读视角和阅读体验，而更能加深阅读体验的改写是引导学生的改写，学生的改写是一种读写联动式的全新阅读方式，这种互文是一种自我的镜像镶嵌，是一种更为主动的阅读方式，因此可以收到较好的阅读效果，比如将古诗词改写为散文。一般而言古诗词意蕴深远、言简义丰、象外有境，以逻辑的分析是难以获得诗词的境界之美的，因此通过学生个体的阅读体验，形成共情阅读的同时，也可以引导学生生成基于自身阅读体验之上的文体改写互文，这种形式可以将学生的阅读体验镶嵌入原文本中，形成新的境界。散文既跟诗词有相通之处，两者都具有审美特征，都追求艺术境界，又可以对诗词进行一定的延展，所以这种改写不失为一种具有独特互文个性的好方法。在改写的过程中，学生可以刻绘意象，拓展意境，展开丰富的想象和联想，还原画面。这种改写互文要求学生展开合理的想象，用散文化的生动形象的语言来描述诗的意境。它不仅可以培养学生对古诗词的理解力，培养其语言表达能力，而且还可以培养学生对诗歌意境的感知感悟能力。

以王维的《山居秋暝》为例，苏轼称王维的诗“诗中有画，画中有诗”，当读到这首诗歌时，你的头脑中浮现了什么样的画面？这实际上就是一个诗歌心理学的问题。你能将它的画面描绘出来吗？过去我们常以应试的方式阅读，“这首诗描绘了哪些物象，描绘的是一幅怎样的图景？体现了诗人怎样的思想情趣”，这样一来诗歌的审美完型就被破坏了，情感和理解被人为地从审美心理结构中剥离出来，于是学生对古典诗词就难以感知和感悟，在长期的诗词鉴赏的解题技巧的训练中就形成了一种定势的思维模式。以文体转化形成互文可以保留诗歌的境界余韵：“一场新雨过后，青山特别清朗，秋天的傍晚，天气格外的凉爽。明月透过松林撒落斑驳的静影，清泉轻轻地在大石上叮咚流淌。竹林传出归家洗衣女的谈笑声，莲蓬移动了，渔舟正下水撒网。任凭春天的芳菲随时令消逝吧，游子在秋色中，自可留连徜徉。”[1]这是一幅多么美丽的图景，如果经由训练就变成了一张张几何图形。我们不妨从审美感知、想象的层面出发，让学生对这一幅宜人的景象进行想象性的描述，用诗意的语言来表述诗意的景象，学生的想象就会展开翅膀自由地飞翔，视觉、听觉的感观一直贯穿心理结构的各个层面，这种贯通性就会使得意识活跃起来，多种心理因素发生自由的相互作用，这样形成的互文本使学生的审美感知、体验镶嵌其中。

[1] 梅培军. 从文化知识到文化感悟——诗歌鉴赏题型变革刍议[J]. 基础教育研究，2007（7）：24-26.

一线教师在教学实践中就常常使用跨体改写来培养学生古诗鉴赏的能力。黄晓明老师认为：“所谓用不同文体去改写古诗，就是将原作按照某种文体需要或要求加以改动，使之成为新作品。”[1]他对此提出三个要求：不能改变原作的主旨；原作的主要内容和情节不能随意改变；可有必要的增删，以尽量发挥自己的想象力和创造力。[2]黄晓明老师探索了以诗解诗、以文解诗、以剧解诗三种改写方法，比如尝试让学生将《兵车行》的结尾改写成剧本。

请将杜甫《兵车行》的结尾改写成一个电影剧本片断。

［原作］

君不见青海头，古来白骨无人收，新鬼烦冤旧鬼哭，天阴雨湿声啾啾。

［学生习作］

（音乐声低沉，由近旁至渺远）

（推远景）广袤的青海湖一派肃杀气氛，硝烟尚未散尽，远处茫然，依稀可见一队身披铠甲的唐兵远去的身影。

（镜头切换，音乐突起且激越）唐兵与吐蕃兵激烈交战的画面。

（渐渐切回近景）朔漠平沙上，横着一具又一具士兵的尸体，残刀断戟散落在被血淌过的平沙上。[3]

这种互文本不仅具有理解性，而且具有创造性。

二、内容的改写形成的互文

教师根据文本内容的需要，为了欣赏文本的某个突出点，选用或设计某一部分内容的改动来与原文本形成互文。这种互文用改写的形式引起学生对原文本突出点和特异点的关注，是为了赏鉴文本内容的突出点和特异点，常见的形式有文本的改编，例如一些经典文学作品在影视作品中都会有所改编，这种内容的改写可以成为阅读教学的一种互文本资源，引发学生的研讨。例如蒲松龄的《促织》一文，原文本的结局是成名献促织，宫中试斗进一步展示了小虫非凡的才能，成名因得厚赏而巨富。

［1］［2］［3］黄晓明．运用不同文体改写古代诗歌［J］．语文教学之友，2010（7）：24-25．

成子复苏之后“自言身化促织”的交代点明了神异促织的来历。而有一部同名动画片将其结局改为促织引发皇宫大火，柱倒屋塌，砸死了皇上，成名父子团圆，但新的皇帝又派人来征促织，成名听后晕倒在地。在这两个结局之间就可以形成一个较好的互文本，教师可以在此处组织学生进行进一步的研讨、辩论，得出对原文本的更深刻的认识，进一步深化对作者写作意图的思考。

再如《尊生》一文讲尧让天下于子州支父，舜让天下于子州支伯、善卷，他们均不受，三人分别以“不以天下害生”“不以天下易生”“逍遥天地间，何以天下为”作为原因拒绝了尧、舜的禅让。庄子在文章中将世人都看重的“天下”与“生命”对比，认为天下虽然重要，却不能以此害生，彰显了庄子重视生命的思想，张扬了生命的价值。在执教这篇课文时，我们设置了这样的假设“倘若尧将天下禅让给孔子、孟子，假设你是孔子、孟子，你会怎么回答？就你对庄子思想及其性格的了解，你认为庄子会怎么回答呢”，形成互文本。这样的互文设置，使得学生进一步思考儒家、道家在这个问题上的不同态度，进一步强化其对内容的理解，更进一步引申出孔子提出“杀身以成仁”、孟子提出“舍生而取义”、庄子则提出“尊生”这三种不同观点背后的思想基础。

再如江苏省特级教师刘祥在执教《荷塘月色》时，为了引领学生感受荷塘月色的意境之美，设置了白日里的荷塘与月色下的荷塘的互文，使得“荷塘月色”的审美完型更加鲜明。

师：朱自清先生说，“这几天心里颇不宁静。今晚在院子里坐着乘凉，忽然想起日日走过的荷塘，在这满月的光里，总该另有一番样子吧”。（此处教师重读“总该”二字）。他所强调的“总该另有一番样子吧”（板书），当然是说月夜的荷塘。和白日里的荷塘相比，景色会有很大的差异。这荷塘在白日里会是一种什么样的景象呢？咱们把第4段再读一读，想一想，哪些景色、哪些词，白天也能够出现？又有哪些只能夜晚才有？同座位可以交流交流。

（学生诵读、交流。教师巡视，小声和学生交流）

生：我觉得，田田的叶子，在白天看起来，也会像是亭亭的舞女的裙。零星的白花，在白天也是袅娜地开着，羞涩地打着朵儿。这些都是白天可以看见的。但因为缺少了月光，它们就不会具有那种温润、宁静、柔美的色泽。碧天里的星星，当然是夜晚才特有的。至于刚出浴的美人，在月光下会有一种朦胧的感觉，白天里是表现不出来的。“微风过处，送来缕缕清香，仿佛远处高楼上渺茫的歌声似的”，体现的是一种特别静谧的感觉，白日里无法感受得到。后面几个句子写的景色，我觉得是白天也可以拥有的。

师：刚才这位同学找了一些句子，认为有些景象是白天里可以有的，有些景象到了白天就消逝了。而这些能消逝的，恰恰是让咱们感受到宁静的那些景象。现在，咱们再回到开头，朱自清先生为什么会认为白天里日日走过的荷塘，“在这满月的光里，总该另有一番样子”呢？他认为这荷塘在月色下，会增添了一些什么？

生：（齐）宁静。

师：有了这宁静，所以他才要到荷塘边上走一走。因为他自己是——

生：（齐）不宁静。

师：作者内心深处不宁静，所以才要找寻一种宁静。他觉得这荷塘“总该另有一番样子”。在刚才的诵读中，我们发现，是不是真的“另有一番样子”？

生：（齐）是。

师：是的，果真另有一番样子（板书）。

师：第 5 个段落，还是在写月下的荷塘，角度有没有变化？

生：（齐）有变化。

师：什么变化？

生：写月光。

师：是呀，由写荷塘，转而写月光了。咱们再请一位同学，为大家朗读一下这个段落。谁愿意来？（一位学生诵读第 5 段）

师：这一段文字美不美？

生：（齐）美！

师：“峭楞楞如鬼一般”，美不美？

生：美。

师：你说说，怎么个美法？

生：我觉得很形象地写出了月光下的荷塘景象，有一种很独特的审美感觉。[1]

刘祥老师抓住“总该另有一番样子吧”这个潜在的意脉，引导学生关注白日里荷塘的样子，学生抓住文本的这一缝隙，展开了有意味的想象，在白日里田田的叶子，也会像亭亭的舞女的裙；零星的白花，也依然袅娜地开着，羞涩地打着朵儿。这就形成了互文本，但是关键在于两者的差异性，那就是在月色下才会有那种静美；碧天里的星星，刚出浴的美人，也只有月色下才有，也只有在月色下才能鲜明。通过这种差异性的想象而形成的互文本，更加凸显出“月下”的关键性，使“荷塘月色”成为一个审美完型。

三、仿拟产生的互文

仿拟式的互文是文本阅读之后直接走向写作的一种必然通道，事实上从克里斯蒂娃的互文性思想的本质上来看，互文是一种文本解读思想，更是一种写作思想，写作文本必然受到文本的历史形态前文本的影响，写作也正是对历史的前文本、其他共时文本等的镶嵌的结果。因此，仿拟、引用、模仿等成为互文性写作的重要形式，在语文教学中仿拟式互文也就成了从阅读走向写作的一种形式。

在写作教学中，教师常常以人生情感、社会热点等话题作为中学生作文训练的题材。这些话题无疑是较好的题材和了解学生的窗口，然而由于中小学生缺乏足够的生活经历和体验，对这一类话题，写出来的内容往往达不到作文写作思维的训练要求，存在着价值取向与写作思维训练之间的矛盾。在互文性的视野下，我们不妨以一组单元的互文本作为基础，设置仿拟式的互文写作，这个仿拟式的互文写作比较符合学生的写作心理，能使其产生写作的兴趣，激发其想象力，同时，学生的写作有可资借鉴的素材和互文方法。

仿拟互文在中国古代诗词写作中也有大量的体现，充分说明了互文

[1] 刘祥. 语文课的“另一番样子”——《荷塘月色》教学谈[J]. 教育研究与评论（课堂观察），2014（11）：53-59.

性理论在写作上的价值和意义。在我国古代这种互文仿拟被称为“化用”，诗人进行诗词文章写作时根据写作的情境需要，常常对前人的文本进行借用镶嵌，融汇成为自己的文本。化用虽然体现互文镶嵌特性，语言形式上与原文本极其相似，但是意境可能高于原文本。化用在中国古代有用事、用词两种，用事即常见的典故的使用，如辛弃疾的词就使用了大量的典故，以《永遇乐·京口北固亭怀古》为例，词中使用了孙权、刘裕、刘义隆、廉颇等典故，这些人物的事迹都是一种互文镶嵌，从这些互文本中，找到词人的影子，抒发词人壮志未酬的情感。另一种形式就是用词，直接化用前人的词句，比如曹操的《短歌行》化用了《诗经》中的句子，毛泽东的诗词常常化用李贺的诗句等。这种仿拟性互文也是中国古代一种重要的写作方式，黄庭坚曾说：“取古人之陈言入于翰墨，如灵丹一粒，点铁成金也。”仿拟性互文也往往能推陈出新，营造新境界。

第五节　互文参读的阅读方法

互文参读将阅读推向广、深两个方面，既可以推进多篇阅读的群文效应，也可以促使单篇阅读的深化。合理构建互文参读的范式，可以推进深度阅读、多元解读等在阅读教学中的实现，对提升学生的阅读素养有极强的现实意义。应对互文参读的阅读方法有速读、浏览、回读、比读、精读、链读等。

一、速读与浏览

所谓速读，顾名思义就是快速阅读。速读是在较强的目的性之下以高度的阅读注意力快速获取文本相关信息的一种阅读方式，是多篇阅读和整本阅读的一种必然要求。速读的物质基础是科学用脑、用眼，不是逐字逐句的理解性阅读，而是基于信息提取的一种阅读方式。这是我们提升阅读量和阅读能力的一个重要方面。比如在群文阅读中，一组互文本在特定的时间内是无法实现精细化阅读的，那就需要关注群文的互文关联性节点，这个关联性节点就是我们速读的目的性。如果群文是以主题为关联的，我们速读的目标就确定在主题的比较上；如果是以手法为关联的，我们的目标和注意力就集中在手法的比较上。

也就是说速读的目的性更明确，需要学生注意力更集中，基于生理学和心理学的基础提高阅读的效率。速读时需要尽可能多地获取文句甚至文段的整体信息和意义。传统的语文阅读教学更多地关注单篇课文的咬文嚼字的阅读，导致学生的阅读量和整本阅读的能力下降，这与速读培养的缺失不无关系。传统的阅读强调有声化的阅读，比如之前提出的审美性朗读等，主要停留在字词单位上，而速读则需要排除有声化的倾向，是一种意义的整体进入。速读既是互文参读应有的一种阅读方法，也是现代阅读必不可少的一种阅读方式。

浏览法是指对不需要细致、深入地阅读的文本，所采取的从总体上大概掌握文本的大意的一种阅读方法。这种阅读方法主要关注文本的重要部分，以便获取大体的信息，比如文本的结构，在结构之上关注主要的信息和内容，进而把握整体的大意，一般包含了文题、各段落的中心句等，它可以在单位时间内获得文本的更多的信息和意义，是在互文参读中常见的一种形式，也是博览群书的一种重要阅读方法。

浏览法更具体的还包括了扫读法、跳读法。扫读法是指对文本内容快速扫描的阅读方法。跳读法是指跳过文本不重要的内容信息，而抓住关键性的重要信息的阅读方法。浏览阅读是对快速阅读的进一步提升，快速阅读强调快速地抓住大意，而浏览阅读则强调对关键的信息的关注和提炼，因此浏览阅读在互文参读中也是最重要的阅读形式之一，比如在多个文本的比较参照阅读中，浏览阅读的最重要意义就在于找出这些互文本的关键差异性。

二、回读与比读

所谓回读就是在速读、浏览之后，根据需要进行回复性的补读，这种补读是带有问题的一种寻找阅读。回读在互文参读中也颇为常见，因为基于速读、浏览等形式的阅读是一种粗略的大意阅读，在阅读过程中往往会产生问题，这时就需要对文本进行进一步的回读。比如在阅读《小狗包弟》时，初次感知浏览后，我们会感受到巴金先生对小狗的情感之深，当我们以当时的社会背景作为互文时，就必须对文本进行重证，此时需要进行回读，带着背景性的互文镶嵌的眼光和问题去重新补读文本，实现新的意义的生成。

比读更是互文参读的核心阅读方法，是一种基于比较的阅读方法，在群文阅读中广泛运用。比读就是从文本的主题内容、结构手法、语言风格等多种不同的角度，引领学生对多个文本的异同进行专题性的比较，从而加深学生对相关语文知识的认知和应用。比较阅读是一种较高级的阅读形式，是对单篇阅读的拓展和补充，学生在多篇文章的比较阅读过程中可有多元的意义创生。比读并非只是指导学生简单地找出不同文本的异同点，而是通过对互文本的分析提炼出互文比较点，进而深度地比较参读。比较阅读不仅加大了学生的阅读量，而且让学生在比较阅读中形成比较归纳、分析综合、深入思考等参读思维模式，高效率的比读能提高学生整合概括能力和文学鉴赏能力，又能达到读一篇知多篇的教学效果。

三、精读与链读

如果说速读、浏览等体现的是互文参读的“广”的维度，那么精读体现的就是互文参读的“深”的维度。精读是在前几种阅读的基础上，选择文本互文性节点的重要内容进行反复精细化阅读，这也是互文参读的另一个必然路径。读之愈精，思之愈深，传统的单个文本的阅读教学大都采用精读的阅读方式，但是互文性参读下的精读，则更多了一层含义，那就是在互文比较和参照之中发掘更深层次的意蕴，以关系型阅读的思维模式去重新进行精深阅读。比如以研究资料作为互文关系的精读，以比较为基础的群文主题性精读等，这些形式都需要精研文本，并需要以多种互文的比较和参照作为切入点进行比阅读孤立文本更精细化的阅读。

互文参读不仅是一种阅读教学方法，也是一种阅读能力，甚至是一种良好的阅读习惯。互文参读不只限于单篇阅读，它要求读者能够以某篇阅读为入口进入丰富多样的文本阅读，具体到读法上，就是“链读”。链读与连读意思相近，但有所不同。连读要求连续地读，完整地读，而链读不仅有连续完整之意，还有链接之意，即阅读要能从一个文本带出并进入另一个或另一类文本，把在阅读中所关注的问题、所生发的议题带到另一文本中去重证、求解、拓展、丰富、省视、深化，进而收到纵横捭阖、触类旁通之效。现代传媒技术为互文链读、超文本链读提供了条件，可资利用，也大有可为。

第六节 互文参读所蕴含和追求的教育价值

互文性阅读是一种关联型、关系型的阅读，在阅读过程中形成相互参照、彼此牵连的开放网络，为文本解读提供了一个新的关系视角。互文性的解读思维突破了线性阅读的局限性，使我们可以在阅读教学中把文本置于一个有效的参照网络中，诸如文本与文本作者的修改产生的互文、文本与同类文本的比较参照产生的互文、文本与文本形式的改写产生的互文、文本与有关背景资料产生的互文等互文参读类型，这些阅读形式使得文本建构产生了多种可能性。多种可能的文本建构对文本意旨指向的变化产生影响，群文阅读对阅读速度的训练有较高的价值，互文参读对关键信息的提取、问题的提炼都有一定价值和意义。

一、文本的多种可能性

互文性思想告诉我们，文本的多种可能性不只来源于文本的接受过程，当文本被放置在互文关系中时也能产生一种客观上的多种可能性。当互文关系发生变化，互文本中的独立文本的意旨指向也可能随之发生变化。如果能在阅读中洞察这种可能性，对学生的深度解读和多元解读都具有较高的价值。

互文参读首先是一种深度解读文本的方式，构建互文参读的阅读模式可以促使文本在相关资料、相关对比中展现出文本的特有意义，引导学生找到文本背后隐藏的意义，获得更深的阅读体验。语文教材中的经典文本往往都蕴含着丰富的内涵，含蓄蕴藉，如果不经历互文性的比较和参照就很难找到背后的深意，因此互文参读的阅读模式比孤立文本的阅读更能挖掘文本的深度。

互文参读也是一种多层次、多维关系的阅读方式。在互文关系中文本结构具有开放关联性、多元可能性的特点，因而多元解读普遍存在于互文参读的阅读过程中。从互文性理论的初始意义上来看，阅读者本身也是互文性的组成部分，而更重要的是在互文参读过程中一旦将文本放置于不同的互文参照系中，文本的意义就产生了多种可能性。可见，多元解读不仅来源于读者本身的个性解读，更有可能来源于互文本中的开放关联性、多元可能性。因此可以说，互文参读更能构建真正的多元解读，这种多元解读完全区别于那种个别化、个体化的多元解读。

二、阅读量的提升和速度的训练

互文参读从根本上说都需要提升阅读的量，无论是多个文本的互文，还是大量的参考资料等，这就需要培养学生以基础文本为基点，进行广泛的阅读，从单个文本走向多个文本的群文阅读。群文阅读也是现代阅读素养所包含的一种重要阅读方式，最终走向博览群书。

阅读量的提升就必然需要阅读的高效，互文参读模式更需要培养学生的阅读速度，正如上文提到的多种阅读方法都归结到快速阅读的训练上，快速阅读是现代社会一项重要的阅读技能，而且是可以通过相关的阅读训练培养起来的。互文参读就为这种阅读量的提升和阅读速度的训练提供了可能性。

三、信息的提取和问题的提炼

互文参读中我们更强调速读、浏览等阅读方法，这些阅读方法的价值首先体现在信息的提取和整合上。读者在互文参读中实现筛选信息的能力，根据一定的阅读目标和要求，经过辨别在互文本中把相关的信息提取出来，并把信息按照一定需求进行整合和处理。提取信息、整合信息，最终实现意义的呈现，把文本中或互文本之间零碎的信息加以条理化、系统化，这样方可对文本有更深一层的理解，获得有价值的内容和意义。

问题的提炼是阅读教学中最可贵的教育价值，互文参读为培养学生的问题意识提供了基础和可能性。互文参读在互文本的关联中更有多种可能性，更易于触发学生的问题意识，在互文参读过程中，在学生自主阅读、感悟文本的前提下以问导读。

四、比较鉴别以择善而从

文本的优劣正是在比较中鉴别出来的，对于文本特有的优长之处，需要在互文中比较参读择善而从。比较鉴别以择善而从，这实际上就是我们所说的文本评鉴层，通过比较参读可以提高学生分析和评鉴的能力。对文本各方面、各要素进行优劣的判断评鉴，比较参读从本质上来说是一种较高级较复杂的思维模式。在比较参读中，学生通过相关、相近或相反、相对的比较层面进行归纳综合、分析判定，逐渐形成较高的文本评鉴能力，能够找到优秀文本的优秀之处，找到写作的机枢和奥秘，择善而从之，进而把知识转化成能力。

第四章 审辨研读与阅读教学

文本的阅读经过释义、解码，还需进入评鉴层，评鉴层主要可以用来培养学生批评、评价、甄别、鉴赏、借鉴的能力。这既是阅读能力的高级阶段，也是理性思维特别是批判性思维的突出表现。到了这一层，主要是通过文艺批评、价值评判、审美鉴别、比较审查、批判反思来培养学生的理性思维能力。

理性思辨最重要的是要有批判性思维，“批判”一词并不单单指反对质疑，而主要指对问题进行梳理和对事物有清晰的辨别认识，因此批判性思维正是指审慎地运用逻辑理性去断定、辨析事物。批判性阅读是一种重要的阅读类型，是指阅读过程中在充分理解掌握文本的含义的基础上，经过主动的思考参与，对文本以及与文本相关的一些话题做出自己的判断，形成有理有据、有深度的思考和研究。就此而言，批判性阅读首先是以读者的主动建构为核心的阅读方式，批判性阅读以文本为基础，但是却往往超越文本，跳出文本的窠臼；其次，批判性阅读具有一定的研究性，阅读过程中不但要经历感知、理解，还要经过价值判断、深度反思、提出创见等过程，阅读过程是理解、分析、综合、推论、辨析等多种思维方式综合运用的思维模式。除了有思维学、逻辑学的理论渊源，以哈贝马斯、霍克海默、阿多诺等人为代表的法兰克福学派提出的批判美学在批判性思维培养方面也给我们以一定的启示。批判美学提出在审美的实践中通过主体性介入社会实践，并在自我认识、自我反思中进行社会批判，建立合法性的生活形式，实现美学的批判性。一方面批判性来源于逻辑思维的世界，另一方面通过文本及审美的主体性也可以走向社会的批判，形成人的主体性的建构，在阅读教学中就是个人独立精神的觉醒。

卜海师范大学附属中学特级教师余党绪等人近年来致力于在中小学语文教学中推广批判性阅读。余党绪指出："语文教学引入批判性思维是革除语文教育痼疾的良方。批判性思维是一种追求合理、公正和创新的现代思维方式，不仅具有价值性的一面，还有工具性的一面，有助于培养学生尊重、理解、包容与创新的现代人格，以及追求事实、逻辑和情理相统一的思维技能。"[1]当然余党绪老师也极力纠正那种穿凿附会的伪批判思维，那种不顾及文本的历史境遇，以不在同一层面上的逻辑进行哗众取宠的批判。"比如，因武松打了如今的珍稀动物老虎就去否定《水浒传》的文本价值，因父亲违反了交通规则而质疑《背影》的经典地位……"[2]余党绪老师指出这是在文本解读上学术意识与理性精神欠缺的表现，"基于批判性思维的文本分析，追求文本事实、历史背景、文化逻辑和人性情理的统一，在考虑各种要素的意义上强调'大胆假设，小心求证'，追求一种综合意义上的'合理性'解释"[3]。即使这样强调，一线教师的实际操作过程中仍然有大量伪批判性阅读。

由于"批判性阅读"这一概念易被扭曲，因此我们提出包容性更强的"审辨研读"这一概念。从术语翻译的角度考察，英文"critical thinking"有翻译为"批判性思维"的，也有翻译为"审辨式思维"的，其还可推溯到杜威提出的"反思性思维"。"审辨研读"更加强调了在质疑、评判之前的审慎的态度和精神，强调质疑、评判的理性合理性，强调质疑、评判研究性。"审辨研读"的实现更能接近批判性思维的本质，更能培养

[1] 余党绪. 批判性思维：革除语文教育痼疾的良方[J]. 中学语文教学参考，2015（34）：4-7.

[2][3] 余党绪. 阅读教学呼唤批判性思维——《愚公移山》的课例批判及启示[J]. 语文学习，2016（1）：58-64.

理性思辨的精神，更能在学生心中埋下“独立之精神，自由之思想”的种子。教育的终极目的是实现人的发展，使人生活得更好更有意义，而这个意义正体现在自由思想上。人要成为有自由思想的人，就必须成为“理性人”，因此审辨研读从美学形态上来说是一种高级的理性美形态。正如亚里士多德所提出的理智德性，理智德性正契合我们所说的理性美，它是一种思考、求知的德性。理性美的追寻也可以说具有较高的价值追求，是融汇形式美、情感美、智慧美的高级形态，无论是从教育还是美学角度而言，理性美的追寻是人类生存的一个重要的主题。理性美的彰显是人类实现从不自觉的“个别性”到理性自觉的精神存在的过程，理性之美、理性之光辉是高级的精神境界，这种理性之美已经达成真、善、美的统一，形式美、情感美、智慧美的交融。

第一节 文本的表层义与潜在义

审辨式思维的养成基础是充分的理解，只有充分地理解文本，进入文本的深处，甚至进入文本的缝隙，找到文本的张力，挖掘出文本的潜在义，才可能有审慎的辨别力，才可能进行真正的批判建构主见。要想充分地理解文本，就必须循文本的逻辑义理经表层义进入文本潜在义。

一、析语词进入潜在义

在本文直读中我们思考了释义层的教育价值，释义层可用来提高学生的认知水平，开阔学生的认知视野，发展学生的认知思维能力。我们在阅读中通过语言文字符号来认知世界，可让学生站在语言文化的角度和高度来认知世界，由此可以很好地发展学生的认知思维能力。审辨式阅读也需要经过释义层，经由语词进入潜在义，通过语词进入文本的意义逻辑深处。但是于审辨式阅读而言，分析语词并不像本文直读的释义层那么具体，而是只分析文本中最能体现思辨力的核心语词，而且这些语词的重要逻辑意义常常被忽略和遗忘。

语词一旦进入具体的文本，就产生具体而特定的逻辑语境，就具有了文本此时此刻的逻辑密码，文本中的语词除表层义之外又产生具体的潜在意义。以柳宗元的《江雪》为例，诗歌中可以找出“千”“万”“孤”“独”等若干核心语词，如果仅从表层义上去理解，我们无非可以看到一位在雪中的小舟上孤独垂钓的老翁，感受到其孤独清冷。但是如果经由这些核心语词进入文本的逻辑缝隙，就可以找到文本更深的潜在义。事实上“千山”和“万径”正好与“孤舟”和“独钓”形成意义的张力，甚至形成潜在的矛盾，孤独的背景越是广阔就越衬托出孤独的沉重，“孤”“独”二字本来平淡无奇，却以“千”“万”为背景，诗歌描绘的画面就具有更强的感染力。在广阔的天地之间，千山中鸟飞已绝，万径中人迹全无，风雪之中，万籁俱寂，仿佛这个世界只有渔翁一人而已，这是怎样的遗世独立、孤高清风，如此解读诗歌可以体悟出一种崇高之美学意味。再如王羲之的《兰亭集序》，“信可乐也”“岂不痛哉”，“乐”与“痛”的矛盾反差正是寻找文本潜在义的缝隙，经由这些语词去探寻文本潜在义，可以找到文本的逻辑密码。永和九年（353年）三月三日，王羲之与友人谢安、孙绰等四十一人会聚兰亭，赋诗饮酒。文章首先交代了聚会的时间地点缘由，接着描绘兰亭一带的自然美景，从崇山峻岭到清流激湍，描写景物的视角自然流转，顺势描写聚会之场景情态。由眼前之景色自然地过渡到阔大的宇宙和盛大的大千万物，满足感官需求，产生“信可乐也”的感触。如果文本仅仅停留在宴集的愉悦，就不可能产生千古的共鸣，正因为作者“兴尽悲来”，触及生死的终极意义的思考，人类面对人生虽有不同的趣味和态度，但是终须面对生死，人生苦短“死生亦大矣”，随之产生“岂不痛哉”的彻悟，使得文本形成强大的哲学张力。至此文本在表层义之上形成了一个巨大的缝隙，需要我们深入潜在义去探寻。“固知一死生为虚诞，齐彭殇为妄作。后之视今，亦犹今之视昔。悲夫！故列叙时人，录其所述，虽世殊事异，所以兴怀，其致一也。后之览者，亦将有感于斯文。”王羲之在感慨人生苦短的同时也明确地反对“一死生”“齐彭殇”这种虚妄的生死观，这就表明了他对生命价值的渴望和肯定，而终以一种超越时空的沉思来收束全文，“后之览者，亦将有感于斯文”，全凭后人思索。

我们在本文直读中以释义层解读了《囚绿记》从指称到构造的过程，在审辨式阅读中同样需要经由语词进入文本的潜在义，如对“囚绿”这一核心语词进行解读就能找到文本的行文逻辑，“绿”被作者“囚禁”了，但是它的那种向往自由的精神时时表现出来，永远不屈服。最后作者将“绿”释放了，在“囚”与“释”之间就是文本的逻辑缝隙，形成逻辑悖反，通过这样的审辨探究就很容易找到“绿”的象征意义，能够解释“囚”与“释”的行为意义。再以《愚公移山》一文为例，文本在行为的逻辑上很明显是对愚公的精神的赞颂，对智叟的贬斥，但是文本却将被赞颂的人命名为“愚公”，将被贬斥的人命名为“智叟”，在语词上表现出张力，这实际上正是文本最关键、最核心的逻辑密码，如果不能抓住这个核心的语词进入文本背后的逻辑密码，就可能产生诸多误解。这个语词的张力不能简单地以“大智若愚”来理解，而应该深入文本的缝隙，解读这两个核心语词表现出来的文本的逻辑意义，最终才能进入文本的潜在义。晋代的张湛在注释中这样解释："俗谓之愚者，未必非智也。""俗谓之智者，未必非愚也。"[1]张湛的解释可以说已经道出了文本的逻辑密码，文本所弘扬的精神、所表现的逻辑，并不是一般"俗世"的观点和逻辑，这两个语词实际上已将文本的情感倾向表现出来了。孙绍振教授指出此处实际上使用了双重的反讽，一层是"愚"与"智"的反讽命名，另一层是以"公"尊"愚"与以"叟"贬"智"形成反讽。孙绍振进一步指出这种赞颂与反讽的统一是千年来的盲点，使得《愚公移山》文本的审美价值不能得到真正的彰显。读者如果不能通过核心语词进入文本的潜在义，就很难真正进入文本的自身逻辑，也就谈不上真正的批判思维，因此很多人从一般的逻辑上对文本进行"批判质疑"，也就很难达到审辨的境界了。

余党绪老师在《阅读教学呼唤批判性思维——〈愚公移山〉的课例批判及启示》一文中列举了钱梦龙、郭初阳两位老师的课例进行比较探讨，郭初阳老师试图以新思维标新立异，对《愚公移山》进行批判质疑。

1. 钱老师认为愚公"确知移山之利"，但郭老师则认为，愚公解决了自己"惩山北之塞，出入之迂也"的麻烦，但"山阻碍人的出路"并未从根本上解决。换句话说，原来阻挡自己的山，如今阻挡别人去了，愚公只是"利"了自己。

2. 钱老师认为愚公"深明可移之理"，郭老师则认为，要做到"子子孙孙，无穷匮也"，要有"双重的要求"：第一，血缘的不断；第二，思想的不变。显然，愚公无法保证。再者，根据现代科学的研究，发现山并非"不加增"。

3. 钱老师认为愚公造福后代，郭老师则认为他贻害子孙，因为愚公"把个人的意志，强加给了他子孙，剥夺了他子孙生活的自由"，导致后人"不能去实现自己的想法"，因此断言愚公是"害群之马"。

4. 从根本上质疑愚公移山的动机。虽然名曰借张远山的观点，但看郭老师如此刻意地引用及渲染，显然心有共鸣：愚公移山不过是上演给

[1] 杨伯峻. 列子集释[M]. 北京：中华书局，1979：159-160.

天神看的一出“苦肉计”，甚至也不排除他与天神还有“更多更多的不可告人的东西”，借此“帮助建立帝的秩序”。由此得出愚公狡猾、毒辣、可怕，是阴谋家等评断。[1]

通过这个案例我们可以看出郭初阳老师的解读很明显具有接受美学的意义，跳出文本之外产生很多有智慧的火花，但是对于文本的“批判”很明显没有基于文本的自身逻辑展开。没有充分的理解就没有真正有价值和意义的批判，这种批判可以说是一种伪批判，在教学中倡导这种批判思维，会将学生引入一种怀疑一切的虚无主义的危险境地，由此得出“愚公狡猾、毒辣、可怕，是阴谋家”等评断，是多么可怕的思维方式。只有充分的理解，我们才能认识到《愚公移山》的寓言性。《愚公移山》不仅仅是赞颂了愚公不畏艰难、坚持不懈的精神，而且也表现了在当时生产力极不发达的条件下，人们渴望征服自然但难以达成，最终借助想象的神力来实现征服自然的愿望，因此文本的潜在义包含了文本自身行文的逻辑，也包含了历史语境的逻辑。如果要对这一文本进行审辨式的思考考量，则必须进行历史情境迁移的考察，我们或许可以提出对现代的“愚公精神”进行探讨，这样的教学价值则更为彰显。

二、循逻辑义理进入潜在义

除经由语词去解读文本的逻辑密码之外，仍需要从整体上找到文本的逻辑义理，循逻辑义理进入文本的潜在义。这种逻辑义理主要表现为文本背后作者的行文逻辑，最见文本的理性精神，即使是在抒情性较强的文学文本中，也可看到逻辑理性的结晶，这正是情感与理智的交融。我们在共情赏读中也提出，文本的赏读不能完全停留在情感的层面，也应该入乎情出于理，所以我们需要去探寻辨析文本的逻辑义理，把情感层面所得到的朦胧感知上升为理性的逻辑义理，这是审辨式阅读的关键。

以小学教材中所选的童话故事《青蛙看海》为例，大部分教师的教学和教学参考书中都设定了以下教学目标：“懂得只要脚踏实地、一步一

[1] 余党绪．阅读教学呼唤批判性思维——《愚公移山》的课例批判及启示[J]．语文学习，2016（1）：58-64.

个脚印、坚持不懈地刻苦努力，就能达到理想的顶点。”这个是内容上的理解目标，但是文本并不是以观点性的表述来呈现这个道理的，因此在内容的理解之上还有一个这个内容是如何呈现的问题，这才是文本至关重要的逻辑密码，如果基础教育阶段的语文教学仅局限于对思想内容的理解，而忽视思维的展开，那么这样的语文教育是远远不够的。因此，《青蛙看海》这个文本最值得教、最需要教的恐怕还是这个道理是如何讲述的。文本中有三个主体角色和一个目标对象，这个目标对象是大海，青蛙作为主要角色想要实现看海的目标理想，但它实现目标理想的动力和方法都不足，因此借助其他两个角色的帮助是文本展开的逻辑关键：一是苍鹰，苍鹰是指路人的角色，给青蛙以目标指引；另一个是松鼠，松鼠是带路人的角色，给青蛙以方法，示给青蛙以可能。这就是该文本通过童话故事说理的逻辑。通过这样的逻辑审辨，学生不仅理解了“只要脚踏实地、一步一个脚印、坚持不懈地刻苦努力，就能达到理想的顶点”的内容目标，而且还进一步认识到要实现这个理想目标既要有方向还需要有方法，还进一步理清了文本的行文逻辑，打下了思维训练的基础。

再以小学一年级课文《蚂蚁和蝈蝈》为例，这个文本虽然是低年级的课文，比较简单，但是要真正地进行教学解读，探求在教学中培养学生的思维也并不是容易的事情。一般的教学参考都指出文本要说明只有通过辛勤的劳作才能获得幸福的生活，该文本通过童话叙事来进行道理的阐明，这其中就蕴含着逻辑思维，找到这里的逻辑密码就能找到文本的潜在义。这个童话有蚂蚁和蝈蝈两个角色，这两个角色的行为逻辑就是文本的行文逻辑。该文本体现的正是一种对比思维，形成反讽和矛盾，让读者从中体悟其中的道理。夏天蚂蚁和蝈蝈的行为形成对比，“一群蚂蚁在搬粮食。他们有的背，有的拉，个个满头大汗”，“几只蝈蝈看到了，都笑蚂蚁是傻瓜。他们躲到大树下乘凉，有的唱歌，有的睡觉，个个自由自在”；冬天蚂蚁和蝈蝈的结果也形成对比，“蚂蚁藏在装满粮食的洞里过冬了。蝈蝈又冷又饿，再也神气不起来了”。在《蚂蚁和蝈蝈》说课稿中，教师对教学内容和教学方法的选择比较明确，“第一课时，主要以学习生字词为主，通读课文，整体初步感知课文内容”。解决阅读的基础问题，这是低年级学段的教学所必需的。第二课时在此基础上，教师试图通过合作、对话、亲历体验的学习方式引导学生对文本进行精读，但是教师在教学关键性的内容的把握上出现了偏差，教师将第二课时的教学重点放在“巩固生字、词的理解和精读课文上”，很显然教师对于关键性的教学内容是不自觉的、模糊的。从之后的教学过程的说课可以看出教师实际上把教学重点放在了情感的体验和思想内容的理解上面，教师通过角色的体验实现情感的体证，进一步深化对内容的理解，应该说还是符合低年级学段学生的实际情况的，也能较好地实现教学目标。但是在整体上还是欠缺了一点思维的力度，在教学上对思维的牵引还是不够。虽然说低年级的学生在逻辑思维上难以达到一个高度，但是儿童同样有自己的一套逻辑思维体系，事实上越是低年级学生越需要思维的引领，以形成一种自然的理性思维（当然我们同样反对将这种逻辑思维训练成人化）。就《蚂蚁和蝈蝈》这个文本而言，其核心的逻辑是对比，如果在角色体验中强化这种对比思维，那么就能在一定程度上实现思维的牵引。

小学高年级学段、初高中的文本阅读更是需要抓住文本的逻辑义理。以初高中的文言散文文本的阅读为例，古代散文大多具有较强的行文章法，这种章法正是文本背后的逻辑义理。而在古代散文文本的教学过程中，我们往往注重落实字词而将语言和背后的逻辑义理割离。当前文言文教学的现实是有些教师和学生只关注字词的含义用法，对手法的赏析也只是蜻蜓点水，而忽略整个文本的意义和逻辑，更谈不上对古代散文行文逻辑的把握，对潜在意蕴的进一步赏鉴和审辨。以《岳阳楼记》为例，大家一般还是将教学目标定位在文言字词的落实和思想内容的理解上。

2. 教学目标

根据对教材的分析，本课的教学目标我设计了以下两个：

（1）知识与能力目标：了解作者范仲淹及写作背景，能借助工具书，注释、疏通文义。

（2）情感态度和价值观目标：理解作者的旷达胸襟和政治抱负，激发学生形成正确的人生观和价值观。

3. 教学重、难点

本文是一篇散文，以“记”为名，寓情于景，情景交融，多种表达方式综合运用的写作特色应是本文学习的重点，另一个重点是疏通文义。

本文语言内涵深刻，对于八年级的学生来说，在理解上有一定的难度，因此，领会文章中名言警句的深刻内涵以及作者的志趣应是本文学习的难点。[1]

在文言文教学中一些教师仍然跳不出字词落实、内容理解的窠臼，这两项固然是基础，然而事实上干瘪的字字落实、语法讲解的串讲模式很难达成思维的训练，也很难培养相关的语文素养。《岳阳楼记》这个文本的逻辑义理可从“悲”“喜”“忧”“乐”这几个字上去寻找，正是这样的行文逻辑凸显出作者的思想境界。文本开篇开门见山，介绍写作的缘由，点明滕子京“谪守”，设下伏笔。“政通人和，百废具兴”点明滕子京的政绩，引出重修岳阳楼，开篇庄重自然。第二自然段写景，“气象万千”，写出洞庭景象的壮观，继而由景入情，“览物之情，得无异乎”，一个“异”字引出全文逻辑的关键点。第三、第四自然段是两个情感对比段，一悲一喜，相互交错，反映出两种不同的人生境界。第五自然段是全篇的逻辑收束，以“嗟夫”开启，由情入理，引出“不以物喜，不以己悲”的超然境界。“进亦忧，退亦忧”，借助古代的仁人的精神，问答之间表达自己“先天下之忧而忧，后天下之乐而乐”的坚贞志向，至此并不是志向表达的结束，以“噫！微斯人，吾谁与归”的发问作结，更悲慨动人。下面节选欧阳代娜老师的经典课例，看看教学中如何实现这种文本的行文逻辑义理与课堂教学结构的融合。

师：很好。大家注意这句话中有一个词，十分关键，可以说是全篇文章的文眼（也叫题眼），全文由此而思路顿开，文思如涌，一气呵成地完成这篇宏伟著作。大家找一找是哪个字？

［课堂活跃，大家争论］

生：“异”字。

师：十分正确。请把这个词加上着重号，整句话下面画上波浪线。这一个“异”字，引出了下面的叙述，导出新的思路，最后抒发出伟大的抱负，十分重要。以后大家看书，要学会把握这些关键的字词句。现

[1] 白真真.《岳阳楼记》说课稿[J]. 语文教学与研究（教师版），2009（16）：48-49.

在大家来研究下面的文章，作者接着写什么？请看下面第三、第四两自然段是写什么内容？

生：这两段写洞庭湖的风光。

师：那么作者写出来“异”样的内容了吗？

[生有争议]

师：大家讨论一下，哦，同意“没有”的是少数，不过，我也觉得他没有写出新异的东西来，这是为什么呢？现在我们先翻译出这两段的意思来。大家先默读第三段。

……

师：很好，大家注意“去”“国”字的用法。请大家在这段后加上批注：“览物之情——（　　）”是什么感触？用课文中的一个字来概括。

生：“悲”字。

师：很对，请大家填上。这样的触景生情，有没有新意？“异”字写出来没有？

生：没有。因为看到这种情景，大家都会有这种感受的。

师：很好，我们再往下看，看看作者还写什么？通过什么方法引出“新”和“异”来？

……

师：找得很对，还有“心旷神怡”“宠辱偕忘”。大家给第四自然段做个批注：“览物之情——（　　）”。从课文中选出一个字来概括。

生：“喜”字。

师：很对，以上是第二部分，段意是“览物之情”。现在在第一课时结束前，布置一个作业，请大家思考一下，作者的“异”在哪里呢？作者花费这么多的笔墨写出洞庭四时不同风光，其作用是什么？

第二课时

师：我们在上一节课已阅读并口译了第一、第二部分，但作者的“异”还没有看到。难道这篇文章也只是一般地描写洞庭湖风光吗？作者定有他的深刻思想安排在巧妙的构思之中。请大家注意作者的观点体现在哪个句子中。我们一齐来朗读第五自然段。

生：[齐读后]体现在“予尝求古仁人之心，或异二者之为，何哉”

一句中。

师：找得很对。这句话中哪个词对前面的文章做了照应，使文章顺利地从第二部分过渡到第三部分？

生："异"字。

师：很正确。"予尝求古仁人之心"一句把话题引过来，为下文的写作铺平道路。"求"字当"研究探求"讲，古代的贤者圣人，唐尧虞舜这些高尚的人物的心境，一定会有不同于"二者"的想法，这"二者"指谁？大家讨论一下。

生：[小组讨论]是指以上的览物之情的两种人之常情的心境："悲""喜"。

师：很对。大家研究一下，范仲淹同意不同意这两种心境呢？是不是认为应有第三种心境呢？

生：[活跃]不同意这两种。

师：既然不同意，那为什么还要写出它们来？

生：为了做对比衬托。

师：正确。先做铺垫，引出第三种心境与主张。大家在第二部分后面加上评点："铺垫"。"过渡自然，结论引出，水到渠成"。第三种心境是由哪个句子表达出来的？

生："不以物喜，不以己悲。"

……

师："忧其君"一句理解得好。作者作为一个封建社会的士大夫，有忠君思想这是不足为奇的，这当然是封建落后的东西。这位同学翻译时做了些改动，说明他注意到这点，是很好的。可不可以这样译：就要时刻关心君主的活动（也就是关心国家大事，关心朝廷的政策）。

生："进"，指做官；"退"，指在野。与前面的"喜"和"悲"相呼应。

师：很好，请大家批注在书上。那么，作者认为到底怎样做？他的伟大抱负在哪里？

生：[齐答]"先天下之忧而忧，后天下之乐而乐。"

……

师：……文章到此，是否可以结束了？"微斯人"一句是不是多余的？

生：不是多余的。

师：为什么？它有什么作用？大家再回到文章的第一段，看与哪句话有关？

生：[研究片刻]与前面“属予作文以记之”有关。

师：基本上是对的。但与“谪守巴陵郡”一句更密切。因为朋友被贬，心情不舒畅，范仲淹作此文来劝慰勉励滕子京不必“以己悲”，应振作起来，为国为民奋斗。并表示只有这样的人，才是我志同道合的好朋友。因此这句话，不但不多余，而且是十分重要的一句。其作用是“全文扣题”句（请大家批注）。这样一来，本文作者的思路，就非常清晰地呈现在眼前了。

……

师：现在我们来总结课文：1. 整理出作者的思路脉络；2. 归纳文章的中心思想。大家一齐朗读全文，边读边思考以上两个问题。

生：[齐读全文并讨论][教师指导总结]

1. 整理文章思路脉络：

谪守巴陵郡→属予作文→前人之述备矣→得无异乎→或异二者之为→不以物喜，不以己悲→先天下之忧，后天下之乐→吾谁与归。

师：归纳中心思想不必全班同学在文字表述上完全一样，把中心思想的主要观点概括出来即可，具体文字，自己去整理。

2. 本文中心思想应包括以下基本观点：

第一，通过对岳阳楼不同景色与游客登楼览物后不同心情的描述，抒发了作者忧国忧民的思想感情；第二，进而引发出“先天下忧，后天下乐”的伟大抱负。[1]

欧阳代娜的课例的经典性就在于充分将文本本身的逻辑义理与课堂教学的结构有机结合起来。王荣生认为欧阳代娜的语文教学的艺术性体现在恰当的教学内容的选择上，“欧阳老师所说的‘语文教学艺术’，其‘美’‘巧’‘活’‘实’等，最后均落在教学内容上。‘语文教学艺术’的问题，实际上是语文教学内容的问题；‘语文教学艺术’的实质，是合宜

[1] 聂进.欧阳代娜：呼唤“整体改革”[M]. 武汉：湖北教育出版社，2001：88-98.

的教学内容有效地实现”[1]。王荣生的观点在某种程度上是合理客观的，但是尚不完全，语文教学艺术还充分体现在将文本逻辑义理恰如其分地在教学中进行牵引，课堂的教学艺术还体现在思维的穿透力上。

三、在历史语境中还原潜在义

孙绍振认为所谓历史语境不是通常意义上的时代背景，而是指文本的独一无二的语境，是不在文本之外的，是通过文本内具体的意象、话语表现出来的。照我们看来所谓历史语境，正是文本最深层的潜在义的历史逻辑密码，只有解读这种历史逻辑密码才能真正经思维路径走近作者，尽力还原文本的原初真义，更真切地理解文本，做到真正的理解并评价文本的历史价值，最终做到真正的审辨研读。

这种历史语境的还原首先就是作者的精神史和思维轨迹在具体文本中的表征的还原，从某种意义上说文本是作者精神世界和思维的符号化。如果不能在文本中发现这个精神世界，找到这种思维轨迹，那么就很难还原文本的潜在义，文本的潜在义就仍然在冰山之下。当前的语文教学实践大多只重视思想内容的把握，缺乏逻辑理性精神。以《背影》的教学为例，语文教师大多引导学生感受父子之爱，进行情感的熏陶教育，实际上《背影》作为现代散文的经典，自有其精妙的逻辑密码，而多数人难以解码。我们在上文中曾从语言的释义、语言的拆解等角度对《背影》文本进行过解读，如果从历史语境的还原来解读，就可以更深刻地理解文本的感人至深的逻辑原因。父子之情本是常情，但是能将常情抒发至生命的最深处，就必然有其历史语境，包孕着作者的精神史。一般情感性的教学思路多关注几次眼泪、父亲背影的细节描写等，但是如果要发现背后的历史逻辑密码就要关注文本中表现出来的特有的历史语境，以及特有的作者自我。

“那年冬天，祖母死了，父亲的差使也交卸了，正是祸不单行的日子。我从北京到徐州，打算跟着父亲奔丧回家。到徐州见着父亲，看见满院

[1] 王荣生. 教学艺术的落脚点是教学内容——欧阳代娜老师《岳阳楼记》研习[J]. 课程·教材·教法，2007（5）：35-39.

狼藉的东西，又想起祖母，不禁簌簌地流下眼泪。”（祖母去世，父亲失业，祸不单行）

“回家变卖典质，父亲还了亏空；又借钱办了丧事。这些日子，家中光景很是惨淡，一半为了丧事，一半为了父亲赋闲。丧事完毕，父亲要到南京谋事，我也要回北京念书，我们便同行。”（变卖家当，借钱办丧，光景惨淡）

“我望着他走出去。他走了几步，回过头看见我，说：‘进去吧，里边没人。’等他的背影混入来来往往的人里，再找不着了，我便进来坐下，我的眼泪又来了。”（湮没人海，情难自禁）

“近几年来，父亲和我都是东奔西走，家中光景是一日不如一日。他少年出外谋生，独力支持，做了许多大事。哪知老境却如此颓唐！”（独立支撑，老境颓唐）

这些语段既是动情点，也是文本的逻辑密码点，通过这些逻辑密码点的连接就可以还原作者的精神史，还原文本的历史语境。特级教师韩军的《生之背，死之影：不能承受的生命之轻》看到了文本背后的生命意识，文本的历史逻辑密码、独特的历史语境正在这个生存状况、生命意识之上。首先韩军找到了《背影》中被人忽略的“生命链”，“祖母、朱父、朱自清、朱子，四个人物，串起一根完整的链条，这根链条名叫‘生命’。这条‘生命链’，血脉流通，既坚韧，又脆弱！”[1]有人将这个文本比较简单地解读为父子情深，这固然是正确的，但却是不完整的。这种解读只理解到文本的表层，人之常情常理在特定的历史语境中会产生厚重的生命感。

课堂设计：

1. 文章中有几个孙辈？几个儿子？几个父亲？几个祖辈？

2. 四条生命特征概括如下：

奶奶的背景——已逝的，

父亲的背影——将逝的，

作者的人生——壮年的，

[1] 韩军. 生之背，死之影：不能承受的生命之轻（上）——《背影》新解码[J]. 语文教学通讯，2012（2）：41-44.

儿子的生命——未来的。

……

课堂设计：

让学生通过四次洒泪，把朱自清对生命脆弱的感受，概括如下：

第一次洒泪——祖母死了，

第二次洒泪——父亲老了，

第三次洒泪——父亲别了，

第四次洒泪——父将大去。[1]

韩军以上两个部分的课堂设计应该说很好地抓住了文本的历史语境，将文本中的人之常情常理背后的生命意识、作家的精神史都解码出来了，顺着这样的思路可以将文本的动情点和理智点结合起来，给学生以情感的熏染，也给学生以理性的思辨，教学活动情理交融。韩军试图在课堂的结尾将文本的理解推上一个更深更高的境界，将学生引向朱自清的生命哲学的探讨。历史的语境揭示之后可自然地深入而浅出，促使学生形成对文本情感的体会和历史逻辑的思辨。

再以朱自清的《荷塘月色》为例，这个文本同样有其特有的历史逻辑密码，有其自身的历史语境，只有还原这个历史语境才能潜入文本的深层义。文本中潜藏着一个现实自我和理想自我的矛盾，作者在这个矛盾中挣扎，试图找到自己的精神家园和归宿。一般情况下大家还是习惯于以社会分析的方法来理解这个矛盾，认为朱自清的苦闷主要来源于社会环境，“四一二”大屠杀给作者带来了苦闷和彷徨，他作为知识分子面对白色恐怖感到强烈不满却无能为力，只有在作品中寻求暂时的宁静。这固然是一种解读的方法和路径，正是上文所说的知人论世的互文参读。这种知人论世有时难免会有穿凿附会之嫌，那么能不能从文本本身的逻辑出发去还原历史语境，还原作者的精神轨迹呢，事实上只要透过表层破解文本的历史逻辑密码，就可以实现这种还原。

这几天心里颇不宁静。今晚在院子里坐着乘凉，忽然想起日日走过的荷塘，在这满月的夜里，总该另有一番样子吧。月亮渐渐地升高了，

[1] 韩军. 生之背，死之影：不能承受的生命之轻（上）——《背影》新解码[J]. 语文教学通讯，2012（2）：41-44.

墙外马路上孩子们的欢笑，已经听不见了；妻在屋里拍着闰儿，迷迷糊糊地哼着眠歌。我悄悄地披了大衫，带上门出去。

“颇不宁静”历来被看作全文的文眼，其实这不仅是文眼，也是文本的历史语境的一个表征，“不宁静”的原因可以从社会背景、作者的生活历程中寻找，但如果从纯粹的文本的逻辑轨迹去审辨文本，也可以暂时悬置这个问题。从“颇不宁静”这个逻辑起点，看到的是一个日常生活的“我”，乘凉，听到马路上的孩子们的欢笑，看到妻子哄闰儿，正是这些场景日常生活中的“我”感到“颇不宁静”，作者才希望满月下的荷塘“该另有一番样子吧”，这个“另一番样子”就是作者想要追求的自由境界的“我”。钱理群认为《荷塘月色》的宁静的境界正是作者的“精神的避难所”。文本的逻辑密码就在于这个日常生活的“我”和自由境界的“我”之间的深深的矛盾甚至冲突。

这一片天地好像是我的；我也像超出了平常的自己，到了另一世界里。我爱热闹，也爱冷静；爱群居，也爱独处。……我且受用这无边的荷香月色好了。

但热闹是它们的，我什么也没有。

这真是有趣的事，可惜我们现在早已无福消受了。

这样想着，猛一抬头，不觉已是自己的门前；轻轻地推门进去，什么声息也没有，妻已睡熟好久了。

以上这些文段可以称作文本逻辑解密点，我们可以从这些文段找到文本中日常生活的“我”和自由境界的“我”之间的纠葛矛盾。虽然作者仿佛在“月下荷塘”经由审美的纯化进入了自由境界，“到了另一世界里”，但是另一个日常生活的“我”时时来纠缠，这个纠缠矛盾就是文本的深层逻辑密码。一些语文教师停留在表层的字词句上面，或者在社会背景外围打转，不能进入文本的深层的意义，原因就在于未能发现文本的深层逻辑密码。

发掘出这种历史语境，找到文本深层的逻辑密码才能真正经思维路径走近作者，尽力还原文本的原初真义，才可能真正进入文本的潜在义，这是对文本审辨和研读的一个基础。

第二节 重证文本

审辨研读的基础是充分理解，理解之后需要提出主见。根据文本的义理和思路形成自己的观点和看法并形成公正的判断，这便是重证文本。重证文本既可以是对文本情感、义理逻辑的进一步深化理解，也可以发现文本的悖反、背离、乖谬之处，做出自己的判断，判断是审辨式思维的起点。审辨式思维就是要通过阅读形成相关的认识和判断，审慎地检视其中的思维过程，使我们的理解力和判断力得到提高，并且能够借审视他人的思维来反观自己的思维过程，也就是说审辨式思维是一种能动性十分强的思维，这也是重证文本的核心内容。

一、诗思合一：重证文本的情感过程

对于情感性的文本而言，成功的语文教学实践常常可以通过文本张扬审美的价值。即便如此，大多时候我们只不过关注了文本的诗性价值，我们的教学往往是停留在情感的感受体会上，而忽略了思维的价值，当前的语文教育从来不缺少情感的教育，但是缺乏对思维的关注。因此，在抒情性文本的阅读教学中，除了触动学生情感的共鸣，张扬审美价值，对文本的情感过程进行重证也是很有必要的，这个重证就是诗思合一的境界。

阅读教学在用情感浸润学生心灵的过程中，也需要带领学生在思考中飞扬，和道德与法治课不同的是，诗思合一的语文课，不是简单的说教，也不是简单的情感的感性领悟，而是应在诗心背后去感受文本情感的波澜，透过思维去体察作者的思想和匠心。以课文《水乡歌》为例，教学参考书对这个文本的解读为："本文是一首诗歌，歌颂了水乡的秀丽风光和幸福生活，抒发了热爱大自然、热爱生活的思想情感。"教学指导也将阅读教学目标确定为："让学生感受水乡秀丽的风光和水乡人民的美好生活，激发他们热爱大自然、热爱生活的思想情感。"这种解读和教学定位，均是从思想情感上着手，优秀的教学设计可能实现情感的熏陶和浸润，

但是一旦错位就容易演变成思想情感的灌输，空洞乏味。虽然是小学低年级的教学，但是仍需要更高明的思维渗透，达成文本情感过程的重证。水乡情是如何抒发的，这才是文本最需要教之处，也是教学诗思合一境界的最高追求。

实际上这个文本的抒情机制也就是诗歌的重要核心概念“意象”的抒写，但是小学阶段的语文教学不宜直接引入“意象”这个概念进行解析（实际上高年级阶段进行直接概念的解析也是不完全合适的），因此这里就需要精妙的教学设计和教师的教学智慧来引导学生经由文本潜移默化地进入“意象”的理解思维。诗歌文本抒发的是水乡情，但是情感的表达并不是直抒胸臆，不是苍白无力的空洞的口号式表达，而是通过景象（意象）来传递的，这个情感的过程就需要引导学生进行重证。水乡最显著的特色就是“水”，诗歌通过“水乡什么多”的发问，引发情思，引出一组水的延伸和与水相关的重要的“意象”，“水”延伸形成“渠”“河”“池塘”“湖”等，构成水乡的背景画面，仅有“水”的延伸意象还不够，与“水”相关的“船”则构成灵动的画面，“歌”则为画面添加了人情之美、生活之美，自然就形成了水乡之立体美。情感美的背后有思维的美，诗思合一，达成情感过程的思维重证。

再以课文《生命　生命》为例，这一文本被编入以热爱生命为主题的第五组单元，单元提示中提出：“让我们随着课文的学习去感受生命的美好，体会课文中含义较深的词句。如果有条件可以搜集、了解更多热爱生命的故事。”编者的意图很明显，一是“感受生命的美好”，落在情感教育上，二是“体会课文中含义较深的词句”，落在语文知识的落实上。如果仅仅从理解“生命的美好”这个思想上说，整个文本只需理解最后一段就足够了，但是这不是真正的语文教育，真正的语文教育需从文本出发，达到情智的融合，自然生发出情感来，并在理智上有清醒的认识，这才是真正的语文教育的“感受”。因此从这文本上看，热爱生命的情感需从对文本的一步步解读进入，这里的情感过程需要我们引导学生进行重证，这个重证就是去理解作者重要的价值判断的理路，经过情智的结合、诗思合一来实现真正的“感受”。有的语文教师认为“感受”不过是看几个感人的生命教育的影片，读几遍课文而已，事实上除了情感的调动唤醒，我们更需要理性的唤醒。这个文本生命的感悟是如何生发出来的，循着这义理进入文本更有价值，这就需要我们抓住三个重要的情境：飞蛾的求生、香瓜子的不屈生长、静听自己的心跳。只有从这三个情境入手，通过情感的调动进而进行情感过程的重证，方可更深地进入文本。下面看看特级教师武凤霞的教学案例。

1. 走进飞蛾

生："只要我的手指稍一用力，它就不能动弹了，但它挣扎着，极力鼓动双翅。"飞蛾在我的手中坚强不屈，只要有一口气也要和敌人抗争到底的精神让我没有想到。

师：你没有想到这么脆弱的生命却有这么顽强的生命力！

生："飞蛾那种求生的欲望让我震惊，我忍不住放了它。"作者竟然放了这只飞蛾让我没有想到，因为前文说："一只飞蛾不停地在我头顶上飞来飞去，骚扰着我。"正是因为这只飞蛾很令人讨厌，所以"我一伸手捉住了它"，但没想到最后又把它放了。

师：是什么原因让作者完成了由讨厌到释放的转变？

生：（还是上面的这位同学）这里连续用了三个感叹号，可见，是飞蛾强烈的求生欲望让作者非常敬佩，飞蛾落到比它强大无数倍的人手中，虽然它知道自己求生的希望几乎是零，但是依然在奋力挣扎，这种精神让作者敬佩，所以放了它。

生："只要我的手指稍一用力"这个"稍"字，说明飞蛾的生命非常脆弱，只要轻轻一捏，它就会死，但它临死不放弃生命，令作者震惊，使作者不得不放了它。

师：他们几个的发言，同学们听明白了么？第一个没想到的是飞蛾的生命竟然如此的脆弱，——

师生（齐）：只要我的手指稍一用力，它就不能动弹了。

师：第二个没想到的是——

生：它的生命力又是非常顽强！（一学生大声接出来这句话）

师：（老师赞许地看着她，轻轻点头）对！所以，我们第三个没有想到，杏林子竟然——

生（齐）：忍不住放了它。

师：既然这个飞蛾有这么多让我们想不到的地方，我们不妨来研究研究它。同学们再读读这几句话，看看哪一个词是最能够引领我们读懂飞蛾的词语。

（生读，读得声音很低，看得出他们在边读边思考。然后，几只手举了起来）

生：震惊值得我们研究。

生：忍不住值得研究。

生：欲望值得研究。

师：很多的词语都值得研究，但时间不允许，我们只能选择其中一个。（随意指了一位同学）我发现了，刚才他没有发表意见，我们就让他做主从中挑选出一个词吧。

生：我认为应该研究“欲望”。

……

师：它会对作者说什么呢？

生：你也有生命，我也有生命，你不能够因为自己的强大就随意伤害一个小生命。

生：求求你放了吧，我家中还有孩子没有长大呢。（众笑）

生：放开你的手，给我一条活路，我不会再来打扰你，我给你一个安静的环境！

……

师：是啊，飞蛾想尽一切办法想求生，那强烈的求生欲望让杏林子感到捏在自己手中的不是一只小小的飞蛾，而是一个不屈的——

生（齐）：生命！

师：是的，一个不屈的，一个顽强的生命！杏林子真切地感受到了——原来生命是飞蛾挣扎的身影，生命是飞蛾极力——

生（齐）：鼓动的翅膀。

师：生命还是飞蛾——

生（齐）：强烈的求生欲望！

师：是啊，作者震惊了！谁来读读这句话，让我感受到你的震惊！

……

2. 走进香瓜子

师：大家真了不起！除了飞蛾，还有哪里是你没有想到的？

（一学生站起来读第三自然段）

生：这个小小的香瓜子能长成一截小瓜苗是我没有想到的。因为，植物如果没有阳光、泥土等必要的因素就无法生长，但小瓜苗却顽强地生长起来，虽然只是仅仅几天，但它依然不放弃，真的没有想到。

生：不仅我们没有想到，作者也没有想到。

师：（惊讶的）你怎么知道？

生：他连续用了两个相似的词语"竟然""竟"。

（板书：竟然）

师：什么意思？

生：没有想到的。

生：出乎意料。

生：不可思议的奇迹。

生：这是不可能发生的事情。

师：见过香瓜子么？它最大的特点是什么？

生：（边比划边说）很小。

生：摸一摸硬硬的。

师：像葵花籽一样饱满么？

生：（很多人若有所思，但不少学生马上反对）不是，很瘪很瘪，薄薄的。

生：摸着它就不知道里面还有瓜子仁。

师：就是这个小小的、瘪瘪的香瓜子，在没有阳光、没有泥土的砖缝里竟然发芽了，而且还长出了一截小小的瓜苗，真是一件——

生（齐）：不可思议的事情。

师：读这段话，让我感受到你们的不可思议。

（学生读）

师：听了你们的朗读，我的眼前出现了这样一幅画面，在一个小小阴暗潮湿的墙角，一小截瓜苗在迎风舞动，杏林子就坐在墙角，注视着这株小小的瓜苗，她在感叹，你听，她说：生命就是墙角——

生（齐）：砖缝中的小瓜苗。

师：生命就是香瓜子冲破坚硬外壳的勇气。生命就是在没有——

生（齐）：阳光，没有泥土的砖缝中不屈向上，茁壮生长……

师：（学生不知说什么好了，老师在等待）决心。（有同学小声说：力量。老师对他点头）生命还是虽然仅仅只活几天——

生（齐）：也要顽强地活着的精神（勇气、力量）。

师：是啊，这个时候的杏林子还仅仅只感到不可思议吗？

生：敬佩；震撼；感动。

师：让我们感受到你惊讶中的震撼！（学生齐读）

我相信这粒香瓜子也一样写在了大家的心中。

3.走进杏林子

师：除了香瓜子和飞蛾以外，还有你没有想到的吗？

（学生沉默）

师：同学们，有的想不到就在文字中，一眼就可以看到，有的想不到却是藏在文字后面的，或者说藏在文章的后面，需要我们去走进，才能发现。下面我们就来走进杏林子。

师：有一天，她用医生的听诊器静听自己的心跳——

（学生齐读第四自然段）

师：是的，一切全由自己决定，我必须对自己负责，在这么短短的几句话里，蕴含着很多的意思，我读一读请同学们听一听，看看你能听到什么。

生：我想到了生命是自己的，只有自己想活下去才能活下去，只有活下去，才能做出有意义的事情。

生：我给他补充一下，这句话我联想到了我们以前学过的《匆匆》一课，那一课说我们在有生之年做一些有意义的事情，不能白白地浪费它。

生：生命是属于我们个人的，除了我们没有人可以控制它，我们可以好好地利用它，在世界上成就一番事业，而相反，我们也可以不拿它当回事，白白糟蹋它，就像朱自清先生在《匆匆》中说的那样，这两种选择是由我们自己决定的，而这个作者最后说，我必须对自己负责，就可以看出来作者是想好好地利用这个生命。

师：刚才他说到了一个词：白白糟蹋生命。糟蹋你懂吗？

生：浪费。

师：怎么做是糟蹋生命呀？

生：在有限的时间里什么也不做让时间白白浪费掉。

生：把那些没有意义的事情浪费在时间上。

生：天天无所事事的。

生：虚度光阴来浪费自己的生命。

师：是的，不能够白白地糟蹋生命。杏林子在这段话中所没有说出来的话在文章的第五段都说出来了，我们一块来读一下。

师：其实，我觉得杏林子是最有理由放弃自己生命的人。（学生瞪大了眼睛看老师）下面，我们就来了解了解杏林子。（出示上课开始的那张照片）

师：同学们，看着这张照片，你觉得杏林子是一个怎么样的人？[1]

武凤霞老师为了引领学生感受生命，通过三个“走进”（走进飞蛾、走进香瓜子、走进杏林子）的设计，抽丝剥茧，将文本的情感过程进行了重证，追寻表达生命情感过程背后的理性之光。“走进飞蛾”这个环节，教师通过引领学生进行生命的脆弱与生命的顽强这样一个对比，凸显飞蛾生命力的顽强，进而探析是什么原因让作者完成了由讨厌到释放的转变。武凤霞老师以“哪一个词是最能够引领我们读懂飞蛾的”引导学生自主探究，自主提出对文本的情感重证，通过学生自己提出“震惊”“忍不住”“欲望”等词语值得研究，进一步感受体证作者的情感，这个设计催生学生的体验与作者的情感产生共鸣，并通过语词进入作者的逻辑思维去体察。在走进香瓜子这个环节，教师同样运用对比思维，引导学生体会香瓜子生长环境的恶劣与最终出乎意料的生长形成的反衬。最后一个环节走进杏林子，如果单单从文本的角度看似乎很简单，就是作者通过聆听自己的心跳来感受生命，感受自己的心跳给自己的极大震撼，感悟自己生命属于自己，表达自己对生命的态度。这个情感、态度和价值观的表述应该说是比较直接明白的，但是教师却充分调动相关资源对这

[1] 武凤霞. 武凤霞讲语文[M]. 北京：语文出版社，2008：161-172.

个价值判断进行重证，这十分可贵。如果停留在思想情感的理解，那么不可能有更深的感触和体验，因此武凤霞老师采用互文参读的方法，引入作者的历程，进一步重证这种情感的过程。武凤霞老师并没有在课前介绍作者的历程，而是通过文本让学生感受作者对生命的赞美和热爱，再介绍杏林子的经历。作为一个饱受病痛折磨的人，杏林子的遭遇与情感产生反差，教师适时抛出“我觉得杏林子是最有理由放弃自己生命的人”，激发起学生探究杏林子生活历程的欲望，之后再对杏林子进行介绍形成互文参读，让学生切身感受杏林子的不幸，感受她的顽强和成就，加深对文本的情感的重证。这样的课堂情智融合、诗思合一，成为生命发展的课堂。

二、思思和鸣：重证文本的义理

文本不仅传情达意，而且更深层的意义里面还包蕴着思维的轨迹，而思维的培养在中小学阅读教学中较为薄弱，因此审辨研读着力促进阅读教学中思维的培育。思辨性强的文本，其思维的历程、力度非常值得读者去探究，在探究中读者能强化自己思维的历程，与文本的思维历程形成思思和鸣，重证文本的义理。

哲学家叔本华说：“记录在纸上的思想就如同某人留在沙上的脚印，我们也许能看到他走过的路径，但若想知道他在路上看见了什么东西，就必须用我们自己的眼睛。”用我们的眼睛去发现作者“在路上看到的东西”，正是对文本的思维的重证。按照思维学的相关研究，独立而能动的思考正是审辨式思维的重要要素。在阅读教学中，教师应引导学生主动参与到文本的思维路径中进行探究性阅读，并进行独立能动的，多角度、多层面的分析和思考以探求文本的重证，这个重证的关键正是通常所说的研究性、探究性学习的阅读模式。探究式学习是我国新课程改革倡导的学习方式，但是在实际的教学实践一线，这种学习方式常没有得到很好的贯彻。有的教师仅仅将它作为一种表层程序，而没有深入这种学习方式的思维内核，特别在阅读教学中，并没有很好地解决“探究什么”“怎么样探究”这两个问题。探究式学习在阅读教学中，即是学生根据文本及相关材料，积极主动地进行问题的提出、分析和解决等探究，依据建构主义的理念自主建构意义的过程。其实要回答“探究什么”“怎么样探究”这两个问题，最核心的就是直击思维。阅读教学探究的无非是文本背后的思维深度，探究的方法是真正触动学生思维的和鸣参与。

以韩愈的《师说》为例，大多数中学老师在教学文言文本时，多是停留在文言字词知识的落实上，进行串译串讲，再归纳一下主要观点。但是作为“说”的议论性文本，作者如何论证，这个较重要的思维问题却往往被忽视了。论证过程、方法正是论述文体的重要、核心的思维显现。以往语文教学之所以“少慢差费”，原因就在于语文教学没有找到自己的独当之任，没有找到文本最有教学价值的地方，教学不精准、不专业。文言文阅读教学的问题尤为严重，在文言知识的层面消耗了学生学习的兴趣，也稀释了中国传统文化的精华，使得文言文本的学习如同嚼蜡。《师说》的观点十分清晰，“古之学者必有师。师者，所以传道受业解惑也”。文章对此观点的论述十分透彻，有极强的说理艺术。文章开篇以历史事实作为基础，奠定文章的事实基础，进一步提出老师“传道受业解惑”的功能，“人非生而知之者，孰能无惑”论述了从师学习的必要性，“无贵无贱，无长无少，道之所存，师之所存也”确定了择师的原则和标准。接着从古今、父与子、士大夫与巫医乐师百工三个方面进行对比论证。这些论证的思维轨迹值得教师引导学生参与其中，事实上，好的阅读教学必然经由思维的路径走向写作的教学，也就是说重证文本的思维轨迹、逻辑义理，其必然结果正是走向读写结合。江苏教育学院附中的邱兼顾老师在教学《师说》时认识到了这一点——文言文本的字词固然需要疏通，但是仅仅停留于此则是对这些经典文本的教学浪费，也并没有直击文本最值得教的地方，最重要的教学价值没有得到彰显。于是邱兼顾老师在教学中，有意识地进行读写结合教学，引导学生关注文本的思维路径，形成思思和鸣、重证文本的义理逻辑的教学境界，以促进写作思维。邱兼顾老师将文本进行了结构的重组，以“2134”和“1234”的段落排列来实现学生作文思维的参与。

师：请分组讨论——你赞成“2134”排序式段落组合，还是韩愈的“1234”排序式段落组合？请说明理由。

生：我赞成“2134”组合。我认为应从两个角度考虑排序。第一个角度——这是一篇议论文，文章的展开是一个分析、解决问题的过程。对于任何一个问题，我们都习惯于发现问题，再分析问题，最后解决问题，这符合一般的认知规律。“今之众人耻学于师”是今天存在的问题。古代的教师观与孔子的求师之道是作者认为的正确方法，属于分析解决问题的范畴，所以排序为“2134”。第二个角度——议论文强调思维的连贯性和宏大的气势，更要具有说服力。“今之众人”为反面，古代的教师观与孔子的求师之道为正面，若将正面文字分开，不仅没有思维连贯性，而且从气势上也逊色许多，行文结构也变得混乱，成了“正面—反面—正面”。议论文的结构应该为“发现问题—设法解决问题”。若第1段和第3段相连，气势更宏大，结构更完整，层次更清晰。

生：应该按原文顺序组合。作为一篇议论文，鲜明的观点是重中之重，将观点置于文章开头，使文章中心明确，十分必要。而第1段正是提出了观点，应该放在最前面。第2段是列举“师道之不传”的现实，与第1段作者的看法形成正反对比论证。同时，圣人与愚人、父与子（也就是大与小）、贵与贱三组对比，论证了作者的观点。第3段特别列举圣人的言行，是对第2段内容进行补充，进而得出新的对师生关系的认识，是对全文观点的进一步补充。第4段交代写作的直接原因，通常置于文末。我之所以不赞成把第2段提前，是因为第2段不仅是反映现实，也同样通过对比，对作者“从师问道”的观点进行论证，放在第1段，则作为论据的效果不够明显。另外，第2段放于文首，也是韩愈对自己愿望的一种表达，将自己的观点作开头，既是对弟子的教育，更是对世俗观念的挑战，对世人的劝告。

生：我认为“1234”和“2134”结构各有长处。它们之间的不同，关键在于写作思路的区别，“1234”是树状思路，第1段提出观点，第2、第3段作为两个并列的论据论证。“2134”是线状思路，以逻辑关系连接各段，先指出现今状况进行批判，再道出正确观点，并举例论证。树状思路脉络清晰，观点突出；线状思路较为连贯，更有气势。

生：我赞成韩愈的写法。韩愈写这篇议论文的目的是告诉人们及李氏子蟠从师问道的重要性，而不仅仅是作者对“师道之不传也久矣”这一现象的批判。当我们明确了作者要写从师问道的重要性这一观点时，根据以往我们的议论文写作特点可知，首先便是要明确并摆出观点，并加以论证。还有，第 1 段与第 2 段的联系非常紧密，构成正反对比，由“无贵无贱”到“巫医乐师百工之人”和“士大夫之族”等，并且第 2 段、第 3 段关系也很紧密，是从属关系，第 3 段把第 2 段的圣人之从师问道提出来并加以分析。

生：不同意“2134”。如果把第 2 段放在最前面，就是把其中的内容作为一个现象，而从篇幅上来看，如果作者以这么多的笔墨写一个现象来引出观点，明显是一种本末倒置。而如果把第 1 段放在开头引出观点，第 2 段的内容则与它形成对比，作为一个议论段，同时也说明了当时的社会现象，则成为一个有说服力、结构明确的议论段。[1]

邱兼顾老师通过文本章法重组的研讨，将学生的思维引领参与到文本创作的思维中去，思考原文行文章法，激活了学生的写作思维，重证了文本的义理逻辑，从而促使学生对文本的行文义理有更深刻的体认，同时以思维的重证为路径实现了读写结合。

三、思思碰撞：重证文本的乖悖

重证文本的高级境界就是透彻理解文本的机枢之后，发现文本中的悖反、背离、乖谬之处。重证文本的乖悖不是对文本的无端质疑，无理言说，而是在深入理解文本的基础之上，重证文本的逻辑乖悖问题。这是审辨式思维中批判性精神的发端，这种批判精神形成一种自主理性的表现，是一种自我理智形成的思维标志，审辨研读最重要的意义就是要培养这种思维习惯，形成这样的独立的理性精神。

我们在充分理解文本的基础之上，可以从文本本身的逻辑义理的轨迹进行审视检查，重证文本中的存疑之处，可以是文本中的悖反、背离、乖谬等。以《小稻秧脱险记》为例，这个文本以童话的形式形象地说明喷洒除草剂对保护稻秧的重要作用，但是文本的行文产生了一些逻辑上乖悖之处。首先，在第二自然段，小稻秧面对抢夺生长营养物质的杂草

[1] 邱兼顾.《师说》教学方案的“演变”[J]. 教育研究与评论（中学教育教学版），2013（10）：75-79.

说："我刚搬到大田来，正需要营养，怎么可以交给你们呢？"从这句话可以推断出，小稻秧是刚刚栽种的，刚刚来到这片田地。当喷雾器携带着除草剂对杂草说："平时你们欺负小稻秧，现在轮到你们倒霉了。"此时"刚搬到"与"平时"就产生了逻辑悖谬,这显然是文本写作时的漏洞。其次，标题与文本的对应也值得我们审思。从行文的逻辑上看，这个文本的逻辑重点是除草剂的功效，除草剂的形象应该成为这个故事的核心形象，前文描述小稻秧如何与杂草说理不通，如何受到伤害，危在旦夕，就是为了突出除草剂的功效，使除草剂在童话中的英雄形象也得以塑造，而这一核心形象在课文标题中却未充分体现，假使将标题换成"小稻秧获救记"，学生读完标题就会很自然地产生悬念：小稻秧遇到了什么事？它被谁救？这样就能更自然地联想到除草剂的英雄形象。

再比如《青蛙看海》一文，这个童话故事描述的是没有见过大海的青蛙，很想看看大海，在苍鹰的目标引领下，在松鼠的具体指点下一个台阶一个台阶地登上高山看到大海，说明了一步一个脚印、脚踏实地就会达到目标的道理。文本看似很圆满，形象也很丰满，但是在一些细节上仍存在值得推敲的逻辑问题。文本试图渲染青蛙看海的艰难，于是进行了一些具体而微的细节描写，比如心理上，青蛙认为登上高山太难，于是失望了，再比如登山的过程"一级一级地往上跳，累了在草丛中歇一会儿，渴了喝点山泉水"，这些都表明过程的艰难。但是文本紧接着却使用了"不知不觉，它们已经跳完了石阶，到达了山顶"，"不知不觉"似乎又让人感觉登山是容易的，前面所构建的青蛙登山的艰巨被它一笔抹杀了，这样就与前面的行文产生逻辑上的乖悖，这样的小细节的逻辑细密之处值得我们去重证。通过重证可以帮助学生培养审辨文本的能力。

第三节 重建文本

对文本已经有充分的了解共情，并且能够找到文本的乖悖之处，重证文本之后，进一步就是形成一个看法和见解，对文本进行重构，针对文本提出完善的可能性、建设性的批评建议，或直接对文本某些地方进行重构。重建文本的过程，就是通过文本的思维路径从阅读走向写作的过程。好的阅读教学最终定然走向写作思维，写作思维的产生反过来会深化阅读，这种螺旋式上升的思维养成正是重要的、核心的语文素养。这种对文本的重建可以分为延伸性重建、改造性重建和逆向性重建。

一、延伸性重建

所谓延伸性重建就是沿着文本的方向，对文本进行进一步的逻辑延伸，如补白、仿照性的写作等形式。写作能力是一种综合性的语文能力和素养，会写作必然通阅读，阅读读得通透，必然提升写作的能力。写作和阅读可以说是语文学习的一体两面，因此延伸性重建不是单纯以写为目的，而是“以写促读”，通过写作定向提高学生的阅读能力，提升其素养。

以苏教版小学语文教材六年级上册中的《负荆请罪》的阅读教学为例，《负荆请罪》是一个精练的历史话剧，用现代戏剧的形式再现了历史上“将相和”的情景。阅读这个文本应充分关注其文体特点，对话剧的对白语言进行品味，对其中的人物形象进行体证。但是这样的常规教学往往难以深化阅读感悟，难以激活学生学习的主动性。因此，教学中不妨根据文本的行文空白对其进行补白。

阅读教学可以从《负荆请罪》第一幕剧本中找出多处空白点，并对其进行补白。比如文本表述廉颇的思想行为的转变时有这样的对白：“蔺大人，最初我还以为您怕我哩，后来经人提醒，才明白您这样做完全是为我们赵国着想。您真是一个深明大义、宽容大度的人啊！”“经人提醒”

便是一个文本的空白处，可以引导学生对此进行补白：这个人是如何提醒的，如果让你根据情境和人物性格特点来补写这个提醒你会怎么写。再比如韩勃说："大人，别怪我多事，廉将军一再挡我们的道，太欺负人了，我实在咽不下这口气！"这里潜藏着一个文本的空白处，可以指导学生根据戏剧文本的形式补写一幕来具体表现"廉将军一再挡我们的道"的情景。诸如此类对文本进行补白，沿着文本的思路进行补充，对文本进行延伸性重建，可以促使学生进一步深化对文本的阅读。

另一种拓展性文本重建是根据文本的相关特征，通过仿照式的写作达成对文本的深层的理解，实际上与我们在互文参读中提出的仿拟式的写作是一致的。通过对文本关键部分的仿拟性拓展写作，进一步了解文本的写作技法和匠心。仿照式的重建文本就是在深刻了解所阅读文本的立意、技法、表达、语言等方面的特色后，通过模仿实现对文本的进一步体证，这种方式是通过模仿式学习的形式来实现阅读能力的深化和迁移。要达到阅读素养的深化，就需要找准仿照式重建的规则和原理，这正是阅读文本中关键的机枢和法门所在，比如文本中的修辞手法、结构技巧等。《开天辟地》是一篇神话故事，讲述了盘古开天辟地、创造世界的过程，充满了神奇的想象。文本对盘古的生动形象的刻画以及文本的神奇想象，是阅读教学的关键。为了多方面培养学生对文本的这些关键技法的感悟和学习，品读语言，触动想象，可以引领学生进行仿照式写作重建文本。

盘古死后，他嘴里呼出的气，成了风和云；他遗留的声音，成了雷霆；他的左眼变成了太阳，右眼变成了月亮；他的头成为东岳泰山；他的脚趾成为西岳华山；他的肚子成为中岳嵩山；他的两个肩胛，一个成为南岳衡山，另一个成为北岳恒山；他的血液化为江河；他的头发和汗毛，全变成了树木花草，就连他的汗水和泪水，也化成了雨露甘霖。总之，盘古的一切，都献给了他亲手开辟的世界。

例如上面这段文字，可以通过对"盘古死后，他的……变成了……"这个句式的仿照重建，促成学生的深入阅读，"盘古死后，他的眼泪变成了潺潺的溪流"，"盘古死后，他的毛发变成了茂密的森林"，"盘古死后，他的牙齿变成了坚硬的岩石"，"盘古死后，他的嘴巴变成了幽深的山洞"，等等。让学生通过仿照式写作加深对文本写作机枢的体证，进一步体会文章的结构句式，也进一步感受其中的想象力，这就使学生读和写的思维相贯通了。

如教学《春天的小屋里》：

春天的小屋里，
装着暖暖的阳光；
春天的小屋里，
装着缤纷的花朵；
春天的小屋里，
装着绿色的希望；
春天的小屋里，
装着童年的欢乐。

简要的教学过程：

（1）这节课我们要去春天的小屋，看看里面藏着一个怎样的世界？学生自由读文。

（2）你觉得春天的小屋到底小不小？为什么？

（3）春天的小屋里还能装些什么呢？

（4）或许你推开春天的小屋，里面还有一场运动会、一场婚礼、一场音乐盛典呢！请你展开自己的想象，以“春天的小屋里”为题写一写你眼中、心中的春天。

这样举一反三的仿写，既降低了儿童诗写作的难度，又保护了学生写诗的兴趣和热情，可谓一举两得。[1]

在诗歌教学中这种仿照式写作更具有优越性，诗歌文本通过这样的重建更能体现诗歌教学的美学价值，比如阅读了一个诗歌文本，让学生仿照这个文本的句式结构、意象的使用、手法等进行诗歌文本的重建，就更加容易促使学生掌握诗歌的结构艺术、表现手法等。

[1] 邵娅娜.“读—赏—仿”小学儿童诗教学实践[J]. 语文教学通讯，2015（Z3）：133-135.

二、改造性重建

延伸性重建是沿着文本去重建的，是对文本的机枢之处进行进一步体证，改造性重建则是对文本值得改进的地方进行重证。改造性重建就是对文本进行批判性的思考之后提出的建设性重建，是对文本乖悖处、值得商榷处、可改进处提出修改建议。一味进行“破坏性”的批判不是真正的审辨性思维，只有在真正理解之上找出问题进行重建，提出建设性的意见，才是真正的审辨式思维的完整过程。这种指正、商榷、改进是砥砺思维较为有效的路径，因此在阅读教学中如果能培养学生的改造性重建思维习惯，就可以达到较为高级的研究性的深度阅读层次。

以上文所指的相关乖悖现象为例，能指出行文的乖悖之处就可以进行改造性重建。比如《小稻秧脱险记》，既然找到了前后逻辑上的乖悖之处——“刚搬到”与“平时”产生了逻辑悖谬，就可以将后文喷雾器携带着除草剂对杂草说的话“平时你们欺负小稻秧，现在轮到你们倒霉了”改为“自小稻秧搬到大田来，你们便欺负他们，现在轮到你们倒霉了”；文本的形象表现的逻辑重点是除草剂，但是从标题上却难以看出，逻辑重心不明确，建议将标题“小稻秧脱险记”改为“小稻秧获救记”，这样就能凸显文本的逻辑重心。比如《青蛙看海》，青蛙登山过程的艰难与文本使用的“不知不觉……到达了山顶”产生了乖悖，建议将“不知不觉……到达了山顶”改为“历经艰辛终于到达了山顶”。

以《日月潭》这篇课文为例，这个文本用优美的文字描述了我国台湾省日月潭的美丽风景。这是一篇写景散文，开头介绍了日月潭的具体位置、环境，整体状况，为下文的写作做了铺垫；接下来的三个自然段，作者的描写是从整体到局部。全文共四个层次，按“总起—具体描述—总结”的顺序写成。第一自然段交代日月潭是台湾省的一个大湖，在台中市附近的高山上，群山环绕，树木茂盛，这是对日月潭环境的描写；第二自然段是具体描写日月潭的景色，湖水碧绿，日月潭上还有一个美丽的小岛——光华岛；第三自然段主要描写了日月潭名称的由来；第四、第五两个自然段，分别描写了清晨、中午日月潭美丽的景色；最后一个自然段进行总结，体现日月潭的景色之美。前三个自然段作者是用空间视角进行写作，接下来的三个自然段，作者选用时间视角进行写作，选择时间点或者是时间段来写作，这种以时间点或时间段来描写日月潭美景的写作方式，更能体现出日月潭的风光秀丽。这个文本是根据吴壮达写的文章改编而来的，不同版本的小学语文教材都对吴壮达的原文进行了一些改动，通过编者的修改版本与吴壮达原文的比对（这也是上文提到的互文参读），可以引导学生提出一些改造性的重证建议。比如原文“日月潭是我国台湾省最大的湖”，改文是“日月潭是我国台湾省最大的湖泊”，第二自然段原文是“小岛把湖水分成两半”，改文是“这个小岛把湖水分成两半”。原文“清晨，湖面上飘着薄薄的雾。天边的晨星和山上的点点灯光，隐隐约约地倒映在湖水中”，改文“清晨，太阳刚刚升起，湖面上还飘着薄薄的雾”。

再以鲁迅的《拿来主义》为例，这篇杂文论述了对待文化遗产的“拿来主义”的态度，文本有破有立，将论述艺术化形象化，嬉笑怒骂挥洒自如。但是对文本的一些细节处进行仔细的逻辑审辨，也可以发现有值得进行改造性重建的地方。文章以大宅子比喻文化遗产，“因为祖上的阴功”而得的“一所大宅子”，鲁迅先生写道：“且不问他是骗来的，抢来的，或合法继承的，或是做了女婿换来的。那么，怎么办呢？我想，首先是不管三七二十一，‘拿来’！”这里就产生了前后的逻辑乖悖，既然宅子是“因为祖上的阴功”得来的，后文所说的“且不问他是骗来的，抢来的，或合法继承的，或是做了女婿换来的”就与之矛盾，难以自圆其说。如此便可以引导学生对此进行改造性重建，可以将其修改为“且不问这个宅子是中式的，西式的；豪华的，破败的；值钱的，不值钱的。那么，怎么办呢？我想，首先是不管三七二十一，‘拿来’！”诸如此类都可以引导学生进行改造性的重建思考。

以上是从细节处提出文本修改的建议，更进一步的改造性重建则是对整个文本的逻辑结构提出修改建议，逻辑结构、艺术技巧等的改造性重建是较高的思维层次，可以放到较高的年级、学段教授。以《桂林山水》为例，这个文本开篇开门见山赞赏桂林的山水，直奔主题。接下来的两个段落先写漓江的水再写桂林的山，都用了对比、比喻等手法，最后描写山与水的交融相应，文本很有美感。但是文本的结构逻辑似乎有重建的可能性。文本以“桂林山水”作为标题，标题本身就应该具有某种引领的作用，因此文本可以将第二自然段与第三自然段的顺序对调，这样一来整个文本的结构就与标题相互对应，从而达到和谐一致的艺术效果。

三、逆向性重建

逆向思维就是朝着事物的另一个方向去思考问题，在另一个方向上精思细研，提出有价值、有意义的创见。顺应常规、墨守成规难以培养创造性的思维品质，因此选择适当的文本、适当的问题切入点引导学生进行逆向性的文本重建，是审辨研读的一个重要途径。逆向性重建本身是一种辩证性、反思性的思维方式，也可以说逆向性的重建是一种中性、建设性的高级思维境界，本身也包含了解决问题的信念和行动。

在进行逆向性文本重建的过程中需要注意两个关键点，一是文本的选择，一般而言进行逆向性文本重建研读所选的文本应该是具有一定可探讨空间的观点性的文本，也就是说可以有进一步探讨和辩证的可能性；二是逆向性重建的信念特性，逆向性重建不是一味地唱反调和否定，而是审慎地讨论问题的另一个方面以加深对文本的两面的思考，最终形成两方面的综合性思考和审慎的中立的客观的结论。

其实有很多值得我们进行反思的经典文本，都可以从逆向的角度进行重建，思维的碰撞就是读者与作者的精神对话，思维的碰撞还能产生新的智慧效应。在教学陶渊明的《五柳先生传》时，有一位老师抛出对“不求甚解”的读书态度和读书方法的看法，引发了学生的争论，在辩论中学生的思维得到提升，精神得到洗礼，逆向性的文本重建深化了学生对问题的认识。

生1：我不赞成作者“不求甚解”的读书方法。古人读书讲究“三到”——心到、眼到、口到，讲究“推敲”和“品味”，反对囫囵吞枣。“不求甚解”的读书绝不会学有所成。

师：这是个很有趣的话题，有不同意见吗?

生2：我赞成陶渊明“不求甚解”的读书方法。“书读百遍，其义自见。”“不求甚解”是把握大义和主旨，并不是囫囵吞枣。

生3：我也赞成陶渊明“不求甚解”的读书方法。从文中得知，陶渊明“不慕荣利”，他读书不是为了升官发财，而是因为他本身就热爱文学，他把读书看作是一种乐趣，他是用心去体会，用心去感受文章的美妙。真正的好文章是可悟不可言的。比如一首好古诗，本来含意深刻，耐人寻味，而一经译成白话，就变了味。东晋时代，讲究门第等级观念，在文坛上追求华丽浮夸的文风。“不求甚解”的读书方法，恰恰体现了作者不与恶浊社会同流合污的思想。

生 4：试问，王安石的“春风又绿江南岸”的“绿”字和贾岛“僧敲月下门”中的“敲”字，如果不细细推敲、琢磨，怎么能体会作者的思想感情呢？纵观古今中外，哪位功成名就的文人不是勤奋读书的？五柳先生以消遣为读书目的，不能不说他缺乏勤奋、刻苦的精神。所以，我不赞成作者“不求甚解”的读书方法。

师：还有不同意见吗？

生 5：我们正处在知识剧增的时代，随着知识更新的节奏加快，只有提高速读能力，才能“读万卷书”，慢工不会出巧匠，咬文嚼字是不能适应时代发展的。

生 1：我们还是反对“不求甚解”的读书方法。明末张溥读书七烧七录，为后世所钦佩。我们虽不能像他那样，但也应老老实实地读书，认认真真地读书。

……

师：大家各抒己见，讨论得很好。应当指出的是，“不求甚解”作为一种读书态度和方法，历来褒贬不一，争论不休。叶圣陶先生曾指出“陶氏不求甚解，疏狂不可循”；宋代学者杨慎指出“陶渊明读书不求甚解，是不为两汉以来经书中的繁琐考证所左右，而是保持自己的独立见解”，等等。怎样看待这个问题呢？请同学们课下查阅有关材料，深入探究，找出一个合理的答案。学贵有疑，同学们质疑问难的精神非常可贵，希望大家继续发扬，做能思善疑、敢于创新的一代新人。

课下，两组学生分别查阅材料，经过进一步讨论，最后达成了以下四点共识：

1.“不求甚解”作为一种读书态度和方法，千古传诵，历来褒贬不一，争论不休。

2. 从本文看，“不求甚解”是在“好读书”“有会意”的前提下进入“欣然忘食”阅读情境时所使用的一种“整体会意”的读书法。这种用心灵感受文字作品的方式，虽然带点囫囵吞枣的意味，但丝毫没有随便马虎、粗疏轻狂的意思，陶渊明的读书是非常认真的。

3. 从历史背景来看，“不求甚解”实指不拘泥于章句考证，不囿限于作者原意，主张读书要以心相交，适己会意，自娱自乐。这种唤醒读者主体意识的读法，实际上是对两汉以来繁琐解经的训诂之风的反叛和纠弊，是对单一的精读方法的补充和发展，并不否定细读细品味的精读方法。“不求甚解”的读书方法表现了陶渊明“闲静少言，不慕荣利”的高尚品质。

4. 在多元化阅读的今天，随着信息量的增加和生活节奏的加快，促使人们要提高速读能力，因此，“不求甚解”的读书方法要常用常新，既要能速读、略读，达到“不求甚解”；又能精读、细读，达到“求甚解”，注重阅读的广度和速度，使阅读效度更全面，阅读能力更完整，这才是阅读的科学方法。[1]

根据恩尼斯批判性思维的“FRISCO”六要素模式，我们可以进一步分析这个案例是如何体现文本的逆向性重建的。请看下面的“FRISCO”六要素模式：

（1）识别重点：主要观点或主要问题（Focus）；

（2）识别并评估相关理由（Reasons）；

（3）判断推论（Inference）；

（4）注意情景：产生意义和规则的背景（Situation）；

（5）确立和保持语言的明确性（Clarity）；

（6）重新审视自己的探究、决定、知识及推论（Overview）。[2]

在这个课例中这种逆向性重建的路径是有效的，首先识别文本的重要观点和问题：关于读书的方法“不求甚解”。教师引导学生对这个核心问题进行进一步的逆向研讨——是不是“不求甚解”就是好的读书方式。

---

［1］出自《“不求甚解”之辩——〈五柳先生传〉探究性学习案例及反思》，该案例据山东省泰安市宁阳县教科研中心教研员许兴亮老师课堂观察整理而成。

［2］希契柯克. 批判性思维教育理念[J]. 张亦凡，周文慧，译. 高等教育研究，2012（11）：54-63.

在判断的过程中同时深入考量文本的历史语境，也就是恩尼斯所说的产生意义和规则的背景，这时候学生的辨析研讨就进入一个规则系统。首先以同情的态度了解陶渊明的观点，“从文中得知，陶渊明‘不慕荣利’，他读书不是为了升官发财，而是因为他本身就热爱文学，他把读书看作是一种乐趣，他是用心去体会，用心去感受文章的美妙。真正的好文章是可悟不可言的”。可以说这样的解读判断是贴近文本、贴近作者的。但是不应止步于此，而要在不同的方向上，在逆向的立场上，引导学生对文本进行重建，提出在另一些情境下需要“求甚解”的读书方法。教师最后的总结也十分精到，具有辩证性，让学生重新审视各自的探究和推论，最后形成一个有价值的共识。

在很多传统的智慧言论背后都有逆向性重建的可能，比如说“近朱者赤，近墨者黑”“班门弄斧”“不想当将军的士兵不是好士兵”等，在这些智慧言论的背后都有一条缝隙，值得我们发掘深思并进一步进行重建。沪教版语文教材五四制九年级上册有一篇课文《班门弄斧辩》，这个文本本身就是一个逆向性重建的典型范本，而教材这个单元的主题正是慎思明辨，通过这样的逆向性重建的思维介入，往往能够突破思维的定势，从人们不曾意想到的角度切入，从惯性思维的反面入手，往往会别有洞天。外部世界是复杂多样的，如果不从多个角度对问题进行思考和观察，得出的结论就可能是不客观、不全面的，通过正向、逆向两个方面的共同探究就有可能更全面、更准确。在阅读教学中培养学生敢于逆向思维，善于逆向思维，进行深刻的逆向思维，实现逆向性的文本重建是当前的语文教学应该加强之处。

第四节　文本的祛蔽

如果从历史性的角度来思考，不同的历史时期，由于受不同的内外部因素的影响，比如社会文化的变迁、语文教育本身的价值探求变化等，常常会导致文本本身的价值被遮蔽。这就需要以审辨的态度研读文本，更进一步发现、发掘文本背后的价值取向问题，进行多角度的审辨，澄清文本可能给我们的遮蔽和误导。

一、文本的价值澄清

语文教学的文本解读存在依附于政治教化的现象。虽然 20 世纪 90 年代之后提出语文教学的人文主义追求，但是语文教学中思想政治教化的思维惯性仍然存在，有的教师也习惯于使用社会分析的方法。或许可以在审辨研读中对文本祛蔽，对文本的价值进行澄清。

以苏教版六年级上册语文教材中雨果的《船长》一文为例，这篇文章结尾写船长在能逃生的情况下却选择了与船一同沉入海底，有许多文章对文本的合理性进行了论证和说明，如探寻哈尔威船长与船同在的思想、没有时间逃生等原因。文本这么写是为了表达对人物形象的赞颂，这是毋庸置疑的，但是这种与生活的基本常识相背离的地方是否值得我们反思？我们是选择对这一行为和这一文本的逻辑进行辩护，还是选择引导学生以独立的理智精神进行思考呢？人教版六年级下册语文教材中梁衡的《跨越百年的美丽》为了塑造居里夫人“坚定、刚毅、顽强，有远大、执着的追求”等精神，用生命、青春等的退却来衬托出这些精神，衬托出居里夫人形象的伟岸。从艺术手法上看是合理的，但是这种逻辑是否合理，是值得我们去重证的。“她美丽健康的容貌在悄悄地隐退，她逐渐变得眼花耳鸣，浑身乏力。”“居里夫人的美名从她发现镭那一刻起就流传于世，迄今已经百年。这是她用全部的青春、信念和生命换来的荣誉。”“她淡淡地生活，静静地思考，执着地进取，自由地驾驭规律。”这里赞颂了居里夫人的“永葆着一种理性的美丽”。教学中可以借助审辨研读对上述例子中的价值倾向进行探讨，能在阅读过程中逐渐培养学生独立的理智精神。

以上的文本可以从常情常理常识上进行价值的探讨，而有些文本表面上看是一种十分正能量的价值取向，但是如果极端推崇这种价值之后，恐怕也会走向反面，这种文本更容易受到遮蔽，甚至可以说遮蔽甚深而不自知，这些文本更需要进行审辨和澄清。以《小鹰学飞》为例：

小鹰学飞

一只小鹰跟着老鹰学飞。

小鹰飞到了大树的上方，它高兴地喊起来："我已经会飞啦！"

老鹰摇摇头说："飞得只比大树高，还不算会飞。"

小鹰又跟着老鹰向上飞。小鹰飞到了大山的上空，它又高兴地喊起来："我真的会飞啦！"

老鹰又摇摇头说："飞得只比大山高，还不算会飞。"

小鹰只好鼓起劲儿，跟着老鹰拼命向上飞。飞呀，飞呀，大树看不见了，大山也变得矮小了。小鹰急促地喘着气，对老鹰说："现在……我总算……会飞了吧？"

老鹰向头顶上指了指说："孩子，你往上看！"小鹰一抬头，只见白云上面，还有几只鹰在盘旋呢！

这个文本通过描写小鹰学飞过程中，老鹰对小鹰的不断高要求，试图表现追求的无止境，鼓励学生向更高的目标追求。这固然有其合理的一面，但是这种价值如果过于渲染，过于强调，就会走向极端，甚至可能产生价值过剩的负面影响。从文本中看小鹰在三次学飞的过程中得到的都不是正面的鼓励，而且小鹰的学习获得感也在不断的高要求高目标中被消磨掉了，小鹰飞到大树上方时，它的情绪是高涨的"高兴地喊起来"，飞上大山，"又高兴地喊起来"，但是没有得到的老鹰的肯定，而是得到老鹰摇摇头提出的新要求，最终小鹰鼓起劲拼命飞，飞越了大树和高山，小鹰"急促地喘着气""我总算……会飞了吧"，也没有得到肯定，老鹰又设立了一个更高的目标，此时小鹰的积极性可以说消磨殆尽。这个童话故事过于成人化，过于功利化，不断提出更高的要求，它所表达的价值取向与儿童的世界存在相悖之处，儿童是需要鼓励和肯定的，文本中体现的这种价值追求如果被过分放大和渲染，其教育价值是值得商榷的。

以安徒生童话《海的女儿》为例，教科版教材编排了《最后的时刻》和《颁奖词三则》两篇主体课文，在“快乐读书屋”中选编了《海的女儿》《丹柯的故事》，单元以“高山仰止”为主题，《最后的时刻》表现了江姐面对牺牲大义凛然、从容不迫的英雄气概，《颁奖词三则》则歌颂了平凡人物的伟大精神，《丹柯的故事》中的丹柯为了拯救族人，历尽艰辛，最后不惜献出生命。这些都是典型的英雄形象，将《海的女儿》放在这个单元很显然将其主题定位在“崇高的道德”上面，但是细读文本，这样的定位是否有一定的偏差？美人鱼的精神境界事实上并不指向世俗道德，而是一种精神追求。教参将《海的女儿》中心思想概括为“体会小人鱼的善良和对幸福生活执着的追求”，这个解读是否准确？在文本中小人鱼是海王的女儿，生活富足，而且她还有敬爱的祖母、美丽的姐姐们的疼爱，应该说她是生活得很幸福的。她变成人类后，离开大海反而历经苦难。在这里，“对‘幸福生活’的追求”是对课文主题的一种遮蔽和误读，那不是一种对“幸福”的追寻而是对“大爱”的执着。原文中小人鱼的爱，是一种大爱，带有着宽容与奉献；小人鱼的追求，是一种崇高的精神追求。这种追求有三重境界，不囿于生物性享乐，对高级生命形式的追求是第一重境界；历经苦难，保持对纯粹之爱的追求，达到爱本身的真谛，是第二重境界；当没有得到爱时，依然保持着善，保持崇高的精神追求，实现了生命的升华，是第三重境界。但从“高山仰止”的统归、“英雄”的标签、“幸福生活的追求”可以反观，一些教参与教学设计偏离了这重旨意。

二、在时代变迁中审辨

在中小学的语文教材中，有许多经典文本。事实上一个经典的文本在不同时代的阅读接受史中就是文本价值不断激活、不断出新的过程，这时文本就会面临当下价值与历史价值的交汇和碰撞，在时代变迁中去审辨文本的价值也尤为关键。

比如前文提到的《愚公移山》，随着时代的发展，愚公精神被赋予新的时代内涵，与此同时，也有一些质疑的声音。在一些人看来，这个故事所传达的精神显得过于偏执，需要进行时代的辩证。文本价值取向的这种历史性的变迁，是需要我们去进一步梳理和审辨的。再以《荷塘月色》为例，在考查这个文本的解读史、教学史的过程中，可以看到时代变迁中文本价值的演变和激荡。比如过去多采用社会分析说，将文本的主要意旨定位在白色恐怖氛围下的一种彷徨和苦闷。解读这一类文本，教师需要具有较高的解读能力和素养，尊重文本的原初意义，尊重文本的历史生成价值，同样需要在多重价值中有所审辨和选择，选择就当下而言利于提高学生语文素养和具有语文教学价值的核心意蕴来实施语文教学。

师：大家读得很美，使得荷塘美景已然浮现在我的眼前，把我带入了理想的、美的“另一世界”里。我也忍不住写了写心中的月下荷塘（投影展示本段改写），请同学们读一读并思考：改写后的文字与原文流露出的心情一样吗？为什么？

……

生：有点过了。景物没有羞答答的感觉了，没有朦胧的诗意美了。

生：景虽然是美的，但作者原本的情感并不是那种明艳的快乐，改写后的文字太明朗了。我觉得作者此时的情感和他展现的景致是一致的，都是缥缈、朦胧、淡淡的。

师：为什么是“淡淡的”？我们先解决一个问题，你们知道作者为什么要夜游荷塘么？请在第1至第3自然段中寻找原因。

生：“这几天心里颇不宁静”。

师：为什么“颇不宁静”？

生：联系写作时间1927年，我觉得可能是当时白色恐怖笼罩中国大地，作为一名知识分子，他在担忧国家的命运。

师：这位同学能知人论世，有所思考。但如果不牵涉背景，而是紧扣文本，你还能找出原因吗？

生：我觉得这句可以给我们提示，“这一片天地好像是我的；我也像超出了平常的自己，到了另一世界里”，说明作者平常过得不如意。

师：“超出了平常的自己”，找得不错。那么“平常的自己”又是怎样一种状态？为什么不如意？请再好好找找。

生：第3段有这几句，“像今晚上，一个人在这苍茫的月下，什么都可以想，什么都可以不想，便觉是个自由的人。白天里一定要做的事，一定要说的话，现在都可不理”。我们可以从中读出这就是作者“平常的自己”。说明作者在平常，在现实生活中，过得并不轻松。有太多东西要想，有太多不愿意做的事要做，太多身不由己，太不自由了。

师：这，实际也是我们每一个人都会有的心理感受，无关乎年龄和时代。我们从自由的感受理解他不自由的生活状态，就会读出他有太多的言不由衷、口是心非。而这种辛苦压抑的生活让他焦躁、烦闷。据此，我们可以说，作者“这几天心里颇不宁静”的实质就是“不自由”。

（板书：颇不宁静 / 不自由）

师：而作者去排遣时又说“且受用”，说明什么？哪个字很重要？

（板书：且受用）

生：说明作者从一开始就知道自己的排遣只是暂时的，是难以完全洒脱的。“且”很重要。

师：所以，到了荷塘，他真正暂得自由，心系于美景，怡然之情顿生。然而作者的情感是复杂的，于忧愁之中而向往喜悦，处喜悦之中又受忧愁的牵绊。作者的情感没有大起大落，喜悦有所掩抑，忧伤也有所掩抑，一切都是“淡淡的”。这种淡淡的哀愁与淡淡的喜悦相互交织，给优美的月下荷塘披上了朦胧的轻纱。

（板书：淡淡的喜悦　淡淡的哀愁）

那么，第 5、第 6 自然段有没有这种朦胧、缥缈之感，以及随之而产生的淡淡的喜悦，淡淡的忧愁？

生：有，感觉明显。

师：请大家读第 5、第 6 自然段。（师生齐读）

师：“但热闹是它们的，我什么也没有。”作者想借这种美景产生的喜悦之情来排除自己的“颇不宁静”，但这种努力最终还是——失败了。正因为如此，才“忽然想起采莲的事情来了”，文章就有了后边“所想”的内容。

（板书：江南采莲）

师：作者写自己回想起江南采莲旧俗、《西洲曲》诗句的用意何在？请大家讨论之后回答。

生：江南采莲的整个画面很美好，洋溢着自由、幸福的气息，这是作者理想的生活。

师：从哪里感觉出来的？

生："热闹"有活跃、热烈的感觉，"风流"是不拘礼法地表露自己的爱情，说明他们自由自在。

师：对，"热闹""风流"。说明那是一个心态开放、人格自由的时代。

生：他们自由嬉戏、自由传情，无拘无束地生活在自由的世界之中，这是作者向往的世界。

生：作者这样写是以江南采莲的热闹、风流、有趣，反衬现实生活的死寂、冷酷、无趣。

师：是呀，《采莲赋》写的是青年男女们嬉戏采莲、眉目传情的情态，他们的快乐是发自内心的。而作者所处的环境，显然是不具备这种自由的。所以，这是作者的"理想世界"。

（板书：理想世界）

生：《西洲曲》里的句子也是写男女爱情的，表达的是同样的理想——追求自由。

师：展现的也是自由洒脱、欢快明朗的情绪吗？

生：好像不是。《西洲曲》表达的是对情人思念的痛苦。

生：作者是想借此表达对这种理想生活可望而不可即的痛苦。

师：的确，朱自清先生引用诗句，是借用《西洲曲》里这个采莲少女的哀怨形象，委婉地表达了自己向往自由而不可得的哀愁。诗中的情人并不是一个具象，而是作者在现实世界中寻找不到的，属于自己的自由的世界。就像《雨巷》中——

生：丁香一样的姑娘！

师：是啊，就像雨巷中，"我希望逢着/一个丁香一样的/结着愁怨的姑娘"。戴望舒有所追寻，本文作者朱自清先生也有所追寻。追寻自由而不得，朱自清先生内心的痛苦是可想而知的。

（板书：自由）

师：这是作者情感的一种超越，作者在现实世界不自由，但他却能于荷月世界中暂寻得内心的宁静，继而心想江南采莲，眺望那理想世界，从而开脱生命中的一份负累。

（板书：现实世界　荷月世界　理想世界）[1]

从这个课例中可以看到教师对文本的价值取向的一种重新思考和选择，在尊重传统的解读观点的同时也试图对文本进行当下的价值追问和深思。当学生提出社会背景“白色恐怖说”来解释作者的不宁静时，教师给予肯定，但是并不将这个作为最终的答案，而是进一步引导学生紧扣文本进一步探析，进一步找出文本中表现出来的作者在现实世界的“不自由”，因此作者只能在荷塘月色这个审美的世界中寻找精神的家园和归宿。在时代变迁中审辨文本的价值取向演变，一方面表现在教师对文本的钻研上，教师应当形成自己对文本的独特解读，这种独特解读又应该是基于历史的解读和当下解读的一种分析和权衡，并找到最佳的教学价值；另一方面表现在学生的阅读实践中，在历史的多重价值唱和中，高学段的学生也需要形成独立的审辨和判断，从而形成切合当下的文本价值思考和选择。特别是课程改革进入深水区，学生的培养重心进入素养培养阶段，文本解读的多元性、时代变迁性，都需要培养价值的审辨能力。只有既通过对文本的本身进行价值还原，也进行历史的纵深研究，才能审辨哪些思想虽具有历史价值但已属陈旧，哪些见解还常新不衰，哪些内容可以在新的时代有所增益，鉴往知来，发掘文本的历史价值而不被陈旧的思想蒙蔽，拨开迷雾探寻文本的当下价值。

[1] 和森，任海林.《荷塘月色》课例赏鉴[J].语文教学通讯，2016（Z1）：105-110.

第五节 审辨研读的阅读方法

文本的解读进入评鉴层，就是阅读能力的高级阶段，也就是我们所说的审辨研读，这个阶段的重点是培养学生的理性思辨能力。审辨研读的基本过程可以归纳为充分理解—独立思考—理性研判—审辨重证—生成主见。审辨研读的核心特质正是批判性思维，但是真正的批判性思维并不是一个简单的质疑过程，而是一个体系性的思维结构。现在很多学生缺少批判性思维，或者高举批判思维的旗号，却是缺乏理性精神的质疑否定。提出审辨研读的阅读模式正是要改变这种现状，在阅读教学上消除一些观念的误区和障碍，能在阅读活动中深入思维培养层面。从“批判”到“审辨”不单单是术语上的考究和选择，而是对批判性思维更进一步的深化,更进一步澄清对批判性思维的误解。审辨不等于轻率地否定，而是审慎地反思和创造；审辨不等于简单的逻辑论证，而是认知的辩证上升；审辨不是简单的技巧的运用，而是理性品质的彰显。因此，在阅读教学实践中我们提出研读与深读、疑读与问读、整读与鉴读等审辨研读的阅读方法。

一、研读与深读

前文多次提到审辨研读的基础是充分理解，要充分理解文本则必须对文本进行研读。研读，顾名思义就是研究性阅读，通过阅读活动，促使学生以研究性、探究性的精神和态度参与到文本的教学解读当中。在基础教育阶段，研究性学习已经被公认为重要的学习方式，研究性阅读正是研究性学习的重要组成部分。《全日制义务教育语文课程标准（2011年版）》中提出：“逐步培养学生探究性阅读和创造性阅读的能力，提倡多角度的、有创意的阅读，利用阅读期待、阅读反思和批判等环节，拓展思维空间，提高阅读质量。”可见，研究性阅读已成为拓展思维的重要途径。

进行研究性阅读首先需要培养学生的阅读自信力。阅读自信力是学生具有阅读主体性的一个前提，只有有了这个前提才可能产生独立的思考，最终形成个性化的阅读。其次，需要确立具有研读价值的问题。目前研究性学习已经成为耳熟能详的学习方式，教师们在教学过程中也常常开展一些“研究性”“探究性”的活动，但是有些活动实则没有研究的价值和必要，真正有价值的研读，应该基于对文本的核心问题的解决，基于学生的学习情况而展开。研究性阅读并不是随意行为，而应通过师生共读文本，精选文本富有探究性的问题进行探究。再次，应以自主独立阅读形成独立的思考为基础。《全日制义务教育语文课程标准（2011年版）》提出：“阅读是学生的个性化行为……教师应加强对学生阅读的指导、引领和点拨，但不应以教师的分析来代替学生的阅读实践，不应以模式化的解读来代替学生的体验和思考；要善于通过合作学习解决阅读中的问题，但也要防止用集体讨论来代替个人阅读。”研究性决定了阅读主体的不可替代性，研读活动的组织形式以个人阅读活动为主。最后，是以合作来深化研读，个人阅读、独立思考是研读的基础，合作探究是研读的有效途径。

深读是研读的自然延伸，也可以说深读是具体定位的研读。当确定了研读有价值、有意义的研究性问题之后，就需要沿着这个问题线索进行深度的阅读。比如将文本的结构、主题、手法等某一方面确定为探究的问题切口，就需顺着这个口子深读下去。深读从姿态上说，就是让自己的思维参与到文本中，去辨析和审思，在阅读时更加审慎，更加深入地思考文本的思维轨迹，去寻找更深层、更源头的思维线索。深读的这种追求会对文本提出更多问题，阅读的思维会更加主动，会形成以文本为镜子的反思精神，这些都会促使阅读更深入，这就是杜威所说的“主动、持续和细致的理性思考”。这种深读是进行理性研判的一个过程，比如贾岛的《题李凝幽居》，“推”“敲”二字用哪一个字更好？这需要进行深读判断。深读之后就需要做出具有反思性的审慎的判断，这也可以说是审辨研读最关键的一个环节，也可能是一个分水岭。“批判性思维”“批判性阅读”常常被误读为一种单纯的否定性思维，但是真正的审辨研读却不必然包含否定。深读是自觉地在阅读中比较、评鉴、判断，经过多次的阅读判断和主动反思、深度参与完成文本的镜像性重证。

二、疑读与问读

审辨研读的高级阶段正是疑读，敢于质疑，学会质疑，疑思结合。审辨研读最终指向批判性思维，不仅鼓励质疑，而且更强调学会审慎地合理质疑。前文已经多次强调批判性思维不是一种盲目否定的怀疑论，疑读也是如此，疑读不是虚无的怀疑主义，疑读应该包含有质疑且审思之后的肯定，如果对文本进行审慎判断，但并没有找到推翻、突破前人的观点，这样的阅读也是需要肯定的，因为读者经过疑读更加强化了对前人观点的认同。

疑读的一个重要方面是批判性的重建，其过程是重证文本之后对文本进行重建。重证文本既可以是对文本的情感、义理的逻辑理路的进一步深化理解，亦可以是发现文本中的悖反、背离、乖谬之处，做出自己的判断。判断是审辨式思维的起点。对文本已经有充分的了解，并且也能够找到文本的乖悖之处，重证文本之后，更进一步就是形成一个看法和见解，对文本进行重构，针对文本提出完善的可能性、建设性的批评建议，或直接对文本某些地方进行重构。重建文本的过程，就是通过文本的思维路径从阅读走向写作的过程，好的阅读教学最终定然走向写作思维，写作思维的产生反过来会更加深化阅读的深入，这种螺旋上升的思维养成正是重要的、核心的语文素养。我们将这种文本重建分为延伸性重建、改造性重建、逆向性重建等方式，前文已经论及，此处不再赘述。

问读，即在阅读中叩问、追问、学会提问。在审辨研读中主要指追问，形成探究性阅读，打破沙锅问到底。问读包含了基于问题的阅读和读出问题两种形式，解决问题和发现问题都是问读的重要素养和能力。基于问题的问读强调从文本中提炼出有意义的结构问题，通过文本的问题框架来组织学生的阅读活动，学习隐含于问题背后的知识，培养解决问题的能力，形成解决问题的技能，并形成自主学习的能力。基于问题的问读是一种预设性的阅读活动，需要教师做好问题式教学设计，即教师将在文本的解读上形成的结构问题转化为教学设计。这个结构问题往往是解读文本的关键，问题设计的优劣直接影响到问读的效果。读出问题的问读具有较强的生成性，是在阅读的过程中学会提问，能够叩问、追问文本的关键处，形成更深层的思考。从某种意义上说读出问题的问读才是最真实和最有意义的，发现问题往往比解决问题更加有价值。如果没有生成性的问题的引出和探究，就不可能实现真正的问读，同时也说明学生的思维参与度不高，也就不可能在阅读活动中产生智慧的火花。比如在《五柳先生传》的教学中，学生提出“不求甚解”的读书方法探讨的问题，并产生了两种意见。能产生这样的问题，就进入了真正的问读，可以引导学生各抒己见，展开争鸣讨论，进一步形成自己的思考和判断。这个问读过程突出了学生的主体性，自主发现问题、探究问题、争辩问题、解决问题，是学生个人观点形成的开始。

三、整读与鉴读

这里的整读，有两层意思：一是完整整体地读，二是整合统整地读。

审辨研读是一种高阶阅读，是一种深刻的阅读，是一种有洞见的阅读。这种阅读不能是浅尝辄止、盲人摸象式的阅读，而是要完整地阅读。读完全篇，读完整本，甚至要阅读相关的前后文，在整体地、系统地了解、理解文本的基础上，再寻求深刻的、独特的理解。

审辨研读是一种研究性阅读，是一种严谨批判的阅读。这种阅读不仅要求读者能理解文本，而且能对文本提出问题并进行探讨；同时，在对相关资料进行梳理、辨识、甄别、统整的基础上进行逻辑的、有理有据的批判反思，进行并形成整合性价值判断。

所谓鉴读，也有两层意思：一是鉴赏、鉴别，二是借鉴、迁移。鉴赏、鉴别应该超越一般的玩赏和欣赏，更多的是理性的追问与求索。如阅读一篇课文，能够提出以下问题，大体就进入了“鉴读”层次。

1. 列出这篇文章的大纲，并阐述各“纲”之间的关系，进一步考查文章实际构成了怎样的关系。

2. 这篇文章的主要目标是什么？（尽可能准确地陈述作者的写作意图，作者要达到的目标）

3. 这篇文章的主要问题是什么？（找出作者写作想针对的问题）

4. 这篇文章的主要推论或结论是什么？（找出作者在文中推论的关

键之处和得出的最重要的结论）

5. 这篇文章最重要的信息是什么？这些信息的选择与处理体现了作者什么样的知识背景？用在文中的意图是什么？（找出作者为了支持自己的观点而在文中使用或假设的主要信息；寻找作者为了支持自己的结论而使用的事实、经历、数据、理论等）

6. 这篇文章有没有一个或一组基本概念？对这个（组）基本概念作者是怎么理解的？是隐含在文中还是明确阐释的？前后贯通一致吗？（找出概念，问问自己：要理解作者的推理思路，你必须理解什么观点，然后简要解释作者使用的这些概念的意思）

7. 作者的主要假设前提是什么？作者立场的基础是什么？（问问自己：有没有、有哪些是作者想当然却不一定正确的东西？假设前提中有些是作者认为在文章中无可争辩的总结概括，因此往往没有得到阐明，却是作者推理的起点，而这种假设又基于作者怎样的信念？）

8.（1）如果按照作者的思路，这篇文章体现的主要观点是什么？（这里主要回答的问题是：作者关注的焦点是什么？为什么这一观点很重要？如果要深入理解作者意旨，还需要补充哪些知识？）（2）如果不按照作者的思路，这篇文章实际主题是什么？（如果不遵循或忽略作者的思路，你会读出什么或者你能构想出什么？）

9. 文章中有没有表明作者情感、意愿的句子？这些语句是增强了表达效果，还是因为较强的主观情感而削弱了说理的客观公允性？为什么？[1]

所谓鉴读，就是在阅读过程中有意识地对文本进行评论与鉴别，换言之，就是怀着评论与鉴别的意向来进行阅读。面对文本我们可以提出下列一些问题进行鉴读思考。

1. 评鉴作者的写作目标或主要问题：要回答的主要问题是什么？对回答的问题阐述得清楚吗？合理吗？你的回答无论是肯定还是否定，理由是什么？

2. 评鉴作者陈述的问题：作者陈述的问题有没有其复杂性？这个问

[1] 黄伟. 略谈说理能力和理性精神的培养[J]. 语文建设，2016（22）：4-6，16.

题与其他哪些问题有密切关联？作者有没有预设并针对可能反对或异议的观点？你有反对或异议的观点吗？作者有没有意识到自己的观点会产生歧义及其产生的后果？

3. 评鉴作者举出的重要信息：作者引用的证据、经历和信息与问题直接相关吗？信息准确、可靠、切题吗？

4. 评鉴作者推理中的核心概念：作者有没有澄清核心概念？是否正确使用它们？

5. 评鉴作者的假设前提：是否使用了不可靠的假设前提，而忽略了其可能存在的异议？

6. 评鉴最重要的推论或结论：作者得出的推论或结论跟你所知的有关信息一致吗？当问题很复杂时，作者有没有考虑到其他结论？作者是否使用正确推理得到符合逻辑的结论，在推理中有无瑕疵？[1]

鉴读的另一含义是借鉴，即在阅读过程中关注那些可以迁移、转化的因素，通过阅读文本作为借镜，来烛照、引导自己的言语构建、文本创制以及思考与表达，实现读写结合。

[1] 黄伟. 略谈说理能力和理性精神的培养[J]. 语文建设，2016(22)：4-6，16.

第六节 审辨研读所蕴含和追求的教育价值

文本的解读如果能深入评鉴层，就是阅读素养的高级阶段，引导学生进入此阶段可以进一步培养学生批评、评价、甄别、鉴赏、借鉴的能力。这个层面的核心是培养理性思辨的能力和素养，在语文教育的实践中这种理性思辨精神的培养尤为缺乏。因此，我们提出审辨研读尝试在阅读教学实践中提供可资借鉴的教学解读路径，通过审辨研读的阅读模式来探索如何彰显理性精神，凸显其应有的教育价值。

一、学会思考方法，发展理性精神

“人是会思想的苇草。”教育从某种意义上说就是培养具有理智精神的人、有思想的人。通俗地说，审辨式思维所需要的理智就是面对事物时，面对文本及其所表达的观点、假说或思想，能够客观地评价它有没有道理，并且找到背后的理据，进行分析判断。学会沉思，学习思考方法，发展思维能力，发展理性精神，这种理智精神表现为思维水平的提升，也体现为理智和理性的养成。

审辨研读可通过文本的审辨和研究促进思维水平的提升，首先体现在思维深刻性的培养上，在参与阅读的过程中思维的抽象水平和逻辑理性程度，思维活动的深度和难度都得到较高的提升。一般的阅读教学往往停留在感觉、感知的感性层面，以情感的共鸣和唤起为目标。这固然是阅读教学的一个关键层面，但是只停留在这个层面也是不行的，这样很难找到文本真正的机枢所在，只有透过感性层面，由表及里进而抓住文本内在的思维联系，才能找到思想的安放之所。思维的深刻性的提升，培养学生较强的逻辑思辨能力，概括归纳、逻辑推演、本质思维、系统理解等思维能力及思维的敏捷性和灵活性都可以得到训练。

理智精神的形成除了内部的思维提升，还有思维的美德养成。凡西昂认为：“批判性思维的教学要想有效，就必须包括专门培养理智美德的做法，不能单纯依靠认知技巧的传授，它们应该同时进行。西方科学和哲学，是从提倡正确运用理性来解决问题的古希腊文化中产生的，这个理性文化，是知识和进步的土壤，需要不断地培育。”[1]这种思维的理智美德也是理智精神的重要组成部分。

二、涵养独立人格，点燃自由思想

《全日制义务教育语文课程标准（2011 年版）》特别强调阅读教学中学生的个人创见，不能以教师的见解和集体的观点代替学生的个体看法。这上升到教育的价值层面上正是学生独立人格的体现。教育要唤醒学生的自我意识，培育学生具有自我决断力的独立人格，激活其自由思想。

个人独立人格的养成正是从思维的独立开始，审辨研读中通过学生面对文本的审辨式研究性阅读，形成自己的思考和想法，也让学生看到别人独特的思考形成独特的见解，并相互尊重这种独立的见解。精神性的存在是人存在的一种形式，而这种精神性的存在应该是独特的、独立的。不具有独立的思想，就难以形成独特、独立的精神存在，就难以形成独立的人格，这样的人在思维领域只能被动地接受，为别人的思维和思想所局限。审辨研读正是要在阅读中培养独立思考的能力和习惯。独立思考是形成独立人格的基础性条件，审辨式的理智思考能让人摈除成见，不落俗套，不人云亦云，洞悉事物的本质，从而摆脱他人的精神拘限，而达到独立自主的思维世界，达到独立的精神存在，最终涵养独立人格，点燃自由思想。

三、培养重构能力，激发个性创造

重证文本、重建文本其实就是培养学生重构的能力，既有对文本内容的重构也有对形式的重构。通过对文本的内容或形式进行合理的重构，一方面可以突显文本的语用价值并进一步丰富阅读教学的课堂资源，另一方面可以在重构中培养学生的思辨能力和批判能力。如通过重证文本，发现文本中的悖反、背离、乖谬之处，就可以形成批判性的重构。审辨

[1] 希契柯克. 批判性思维教育理念[J]. 张亦凡，周文慧，译. 高等教育研究，2012（11）：54-63.

式思维就是要通过阅读形成相关的认识和判断，审慎地检视其中的思维过程，使我们的理解力和判断力得到提高，并且能够借审视他人的思维来反观自己的思维过程。审辨式思维是一种能动性十分强的思维，建设性的重构精神和能力是其核心，对文本进行重构，针对文本提出完善的可能性、建设性的批评建议，或直接对文本的内容或形式进行重构。审辨研读最能培养此种重构精神和能力。

尊重学生的个性化阅读，是新课改多次强调的精神，然而这种精神在教学实践中却难有收效。个性化不是单纯的个别化、个体化，而是独特的思维方式与创造性思维的有机结合。形成个性创造，这也是审辨研读的重要目标和终极追求。审辨研读在思维方式上必然包含有辩证性的内在逻辑，这个辩证性的思维认知过程也内在地含有创造性要求。在审辨研读中实现个性化阅读与创造性阅读的结合，注重个性化的阅读，是在文本阅读中调动自身的个性化体验，形成独特的个性化的观点。但是个性化更进一步的结合要求不仅是个性化的、独特的，而且是具有一定创造性的，在独特性之上开拓自己新的想象力、思维能力和批判能力，形成创造性、创新性的思考。审辨研读一方面追求审慎地质疑、开放地研判，这就为个性创造扫清了观念上的束缚和障碍；另一方面审辨研读也要通过文本的镜像来反思自身的思维路径，形成创造性思维。审辨研读可以拓展学生的精神疆域，让阅读过程具有探索和发现的意义和价值，而不是简单的理解吸收。这种发现的惊异，正是创造性的源动力。古希腊哲学家说哲学起源于人类对自然界和自己的“惊异”，而这种惊异正是在探索、研究的路途中实现的。审辨研读如果能真正实现，在情感上可以激发这种探索的好奇心，激发创造性的学习欲望，在思维方法上促使学生阅读吸纳之后追求新的创见，形成创造性思维和创新性意识。

结　语

本书所论述的四种解读方式，实际上在语文教学中常被使用，比如，语文教学中有“素读”“裸读”“细读”的观念，这些读法都相当接近于“本文直读”；再如，“带着感情读”“美读”等读法也非常接近“共情赏读”；又如，“主题阅读”“群文阅读”就是“互文参读”中的两种具体形态；还如，“批判性阅读”也正是“审辨研读”的核心议题。可以说，提出四种解读范式，似有创意，但“眼前分明外来客，心底却似旧时友”，这四种解读方式实际是对广大一线教师教学探索和经验的总结。当然，我们对此也努力做出理论梳理、内涵丰赡、概念提炼和学理推绎。总体上说，已有的探索和尝试，相对来说比较零碎、杂乱，缺乏理论的自觉、逻辑的归类和实践的清点，因此，运用起来时常跟着感觉走，或单一狭隘，以偏概全；或相互搅扰，混杂不清；或顾此失彼，主旨不明。有鉴于此，我们进行了一番理论阐释与梳理，为实践提供可资选择的路径和操作要领，并指明价值追求所在。这里需要说明的是，尽管每一种解读都有它独特的理论背景、实践路径、价值旨归，但它们并不是割裂的，而是可以联贯使用和整合运用。在具体运用时，可考虑如下几点：

一、应对文本，用其所长，各有侧重

解读面对的是具体的文本，文本是影响我们运用什么样的方式去阅读的首要因素。凡是正读和通读，就意味着，是什么样的文本就需要我们用什么样的方式去阅读。例如，文意不太深奥而文辞非常优美的文本，可以或应该用“本文直读法”阅读；情感丰富、与学生的人生经验容易契合的文本就可以或应该用“共情赏读法”阅读；而那些思想深刻、意蕴丰厚的文本则可以运用“审辨研读法”阅读；如果遇到新的课文与已学的课文相关或易于触类旁通的文本，则可以运用“互文参读法”阅读。总之，依据文本体式和特质运用相应的方法阅读可更好地发挥各种阅读方法的优势和教学价值。

二、综合运用，互补共效，殊途同归

文本是立体的，可以从不同的角度去解读，文本的教学价值也不是一维的，可以获得多重教育效用，因此，四种解读方式可以综合运用，以体现文本教学价值的丰富性和多向性。比如，本文直读可以与共情赏读综合运用，在本文直读的基础上再深入进行共情赏读；互文参读亦可以与审辨研读交叉运用，审辨研读可以运用互文参读来实现，互文参读亦可以逐步深入趋向审辨研读。实际上，四种解读方式中的每一种方法都可以与其他方法进行组合，以形成“阅读教学组合拳”。但是，综合运用不等于混合、拼合运用，而是在清醒地认识到每一种阅读方法的优势价值基础上的多种方法整合，以实现阅读教学功能增值。每一种方法都有它的独特性也有它的局限性，综合运用不仅可以起到优势互补之效，还有可能增生新的结构功能。

三、因应情境，适度变通，联接转化

四种解读方式的选用，不仅要依据文本特征，也要依照教学的具体情境，具体来说就是学生的已有经验及其差异、学习目标及学习需要。也就是说，用什么方法来解读课文最适宜，要看学生“已学”和“需学”；对某种方法的强化和细化以及对多种方法整合与取舍也要基于学生学习的考量。同时，也可因为学习需要而对阅读方法进行变通与改造。当然，方法不仅为了通向理解，也是为了通向迁移与转化，另外，阅读方法的熟练掌握也是阅读教学的目标之一。

四、学以致用，融会贯通，形成素养

教学解读与文学评论等解读方式最大的不同就是教学解读的目的不仅在于理解文本，还在于探索恰当、深入、个性地、批判地、创意地理解文本的方法，并由此内化文本。内化文本是指读者将文本的思想、情感、认知方式、言语智慧、表达技艺化为自身的知识内存，化入自身的素质结构。要达成“化”的境界，不仅涉及认知理解的问题、实践训练的问题，还涉及养育养成的问题，可以说，以解读为中心的阅读教学是这三个方面的有机整合和逐步融合。

参考文献

［1］海德格尔．存在与时间［M］．陈嘉映，王庆节，译．修订译本．北京：生活·读书·新知三联书店，2000.

［2］伽达默尔．真理与方法：哲学诠释学的基本特征（上、下册）［M］．洪汉鼎，译．上海：上海译文出版社，2004.

［3］姚斯，霍拉勃．接受美学与接受理论［M］．周宁，金元浦，译．沈阳：辽宁人民出版社，1987.

［4］王岳川．现象学与解释学文论［M］．济南：山东教育出版社，1999.

［5］海德格尔．诗·语言·思［M］．彭富春，译．北京：文化艺术出版社，1991.

［6］海德格尔．人，诗意地安居：海德格尔语要［M］．郜元宝，译．桂林：广西师范大学出版社，2000.

［7］卡西尔．人论［M］．甘阳，译．上海：上海译文出版社，1992.

［8］德里达．论文字学［M］．汪堂家，译．上海：上海译文出版社，2005.

［9］韦勒克，沃伦．文学理论［M］．刘象愚，邢培明，陈圣生，等，译．北京：生活·读书·新知三联书店，1984.

［10］王逢振，盛宁，李自修．最新西方文论选［M］．桂林：漓江出版社，1991.

［11］卡勒．当代学术入门：文学理论［M］．李平，译．沈阳：辽宁教育出版社，牛津大学出版社，1998.

［12］伊格尔顿．二十世纪西方文学理论［M］．伍晓明，译．西安：陕西师范大学出版社，1986.

［13］艾布拉姆斯．镜与灯：浪漫主义文论及批评传统［M］．郦稚牛，张照进，童庆生，译．北京：北京大学出版社，1989.

［14］赵毅衡．“新批评”文集［M］．天津：百花文艺出版社，2001.

［15］什克洛夫斯基,等．俄国形式主义文论选［M］．方珊,等译．北京：生活·读书·新知三联书店，1989.

［16］托多罗夫．俄苏形式主义文论选［M］．蔡鸿滨，译．北京：中国社会科学出版社，1989.

［17］巴赫金．文艺学中的形式主义方法［M］．李辉凡,张捷,译．桂林：漓江出版社，1989.

［18］马丁．当代叙事学［M］．伍晓明，译．北京:北京大学出版社，1990.

［19］巴尔特．符号学原理［M］．李幼燕，译．北京:生活·读书·新知三联书店，1988.

［20］卡勒．结构主义诗学［M］．盛宁，译．北京：中国社会科学出版社，1991.

［21］卡勒．论解构:结构主义之后的理论与批评［M］．陆扬,译．北京：中国社会科学出版社，1998.

［22］萨莫瓦约．互文性研究［M］．邵炜，译．天津：天津人民出版社，2003.

［23］克里斯蒂娃．符号学：符义分析探索集［M］．史忠义，译．上海：复旦大学出版社，2015.

［24］尧斯．审美经验论［M］．朱立元，译．北京：作家出版社，1992.

［25］耀斯．审美经验与文学解释学［M］．顾建光,顾静宇,张乐天,译．上海：上海译文出版社，1997.

［26］叶朗．中国美学史大纲［M］．上海：上海人民出版社，2006.

［27］张法．中国美学史［M］．上海：上海人民出版社，2002.

［28］祁志祥．中国美学原理［M］．太原：山西教育出版社，2003.

［29］胡晓明．中国诗学之精神［M］．2 版．南昌:江西人民出版社，2001.

［30］李泽厚．美学三书［M］．天津：天津社会科学院出版社，2003.

［31］宗白华．艺境［M］．合肥：安徽教育出版社，2000.

[32] 钱锺书. 管锥编 [M]. 北京：中华书局，1986.

[33] 黄伟. 略谈说理能力和理性精神的培养 [J]. 语文建设，2016 (22)：4-6，16.

[34] 黄伟. 体验在语文教学中的运用 [J]. 课程·教材·教法，2005 (7)：48-52.

[35] 莫郁然，黄伟. 试论语文教师的文本解读——基于教师解读与专家解读的比较 [J]. 教育视界，2018 (10)：4-9.

[36] 梅培军，黄伟. 群文阅读研究与教学实践的进展轨迹 [J]. 南京晓庄学院学报，2018，34 (3)：39-44.

[37] 梅培军. 语文教学中文本解读研究的元分析 [J]. 教育理论与实践，2018，38 (26)：52-55.

[38] 梅培军. "言、象、意"的文意解读：诗教文化的基因 [J]. 语文教学与研究，2018 (11)：122-127.

[39] 黄伟. 阅读教学中语文知识提取、激活与内化 [J]. 中学语文教学，2018 (4)：8-12.

[40] 黄伟. 语文教师阅读素养提升简论 [J]. 教育研究与评论（中学教育教学），2018 (3)：37-41.

[41] 黄伟. 课文研读的三个"度"——语文教学专业性侧议 [J]. 教育视界，2017 (10)：4-8，2.

[42] 黄伟. 语文教学专业性初议 [J]. 教育视界，2017 (2)：4-9.

[43] 黄伟. 阅读教学中文本解读的三个层级 [J]. 教育视界，2016 (6)：4-5.

[44] 黄伟. 语文知识刍论及吁求 [J]. 课程·教材·教法，2014，34 (5)：29-33.

[45] 梅培军，黄伟. 互文性阅读的教学形态及其教学价值 [J]. 课程·教材·教法，2018，38 (11)：98-103.

后　记

这本书在我心中酝酿有五年之久，有感于阅读教学的探索和课文解读的繁荣。它们促使我思考：指向阅读教学的文本解读何为何能？思考不断加深，观点不断明确，提纲也不断细化，但迟迟未能动笔。

2017年，我有一名教育学博士生梅培军入学。他来自中学教学一线，有丰富的教学经验，有一定的科研经历，也有较好的理论修养。在上课之余，我与他谈起我的这一构想。交流中，感到他深得吾意，便将提纲和相关观点全部交与他。在撰写过程中，我们虽有分工，但更多的是合作。写一章，我们便讨论、修改一章，在充分的交流中仔细打磨文本，于是就有了这本《阅读教学中的文本解读》。本书是真正意义上的合作成果。

本书能够顺利付梓出版，首先要感谢顾之川先生，感谢他盛情邀约，否则该书可能还是提纲，提纲还在沉睡。当然，还要特别感谢广西教育出版社相关编辑的辛勤加工。

为保证图书质量，本书内容经过深入研究与考证，但难免还有错谬，请读者批评斧正。

于南京师范大学随园

2019年9月3日

图书在版编目（CIP）数据

阅读教学中的文本解读 / 黄伟，梅培军著. —南宁：广西教育出版社，2019.12（2025.7 重印）
（中国语文教育研究丛书 / 顾之川主编）
ISBN 978-7-5435-8690-1

Ⅰ. ①阅… Ⅱ. ①黄… ②梅… Ⅲ. ①阅读课—教学研究—中小学 Ⅳ. ①G633.332

中国版本图书馆 CIP 数据核字(2019)第 236664 号

策　　划：黄力平　　　组稿编辑：林春燕　黄力平
责任编辑：陈亚菲　农　郁　　　装帧设计：刘相文
责任校对：谢桂清　　　责任技编：蒋　媛
封面题字：李　雁

出 版 人：石立民
出版发行：广西教育出版社
地　　址：广西南宁市鲤湾路 8 号　　邮政编码：530022
电　　话：0771-5865797
本社网址：http://www.gxeph.com
电子信箱：gxeph@vip.163.com
印　　刷：广西民族印刷包装集团有限公司
开　　本：787mm×1092mm　1/16
印　　张：19.5
字　　数：291 千字
版　　次：2019 年 12 月第 1 版
印　　次：2025 年 7 月第 5 次印刷
书　　号：ISBN 978-7-5435-8690-1
定　　价：46.00 元